외국어로서의 **한국어학**

외국어로서의 **한국어학**

박덕유 · 김은혜

역락

머리말

한국어는 과학적이며 체계적인 표현 수단의 한글과 이를 효율적으로 이해할 수 있는 한자의 상호보완으로 이루어져 세계 그 어느 언어보다 경쟁력 있는 우수한 언어임에 틀림없다. 따라서 국민은 한국어를 정확하고 체계적으로 사용함으로써 한국어 발전과 한국 문화 창달에 기여해야 할 책임이 있다. 더욱이 21세기 들어 K-Pop 등 한류 열풍과 더불어 세계 곳곳에서 한국어를 배우려는 사람들이 늘어나고 있으며 한국어 전문기관 설립 또한 점점 증가하고 있는 추세에 있다. 이에 『외국어로서의 한국어학』은 한국어를 배우려는 학습자들의 입문서이며 필독서이다. 따라서 외국어로서의 한국어를 전공하는 모어 화자 및 외국인 학습자를 대상으로 한국어학의 연구 분야를 전체적으로 조감하고, 각 분야별로 주요 교수·학습 내용을 용이하고 체계적으로 살펴볼 수 있게 집필하였다.

한국어학은 한국어를 대상으로 연구하는 특수 언어학이며 개별 언어학으로 한국어의 주요 특징을 이해해야 한다. 한국어는 소리글자인 한글로 표기하되 뜻글자의 표기 방식인 음절문자의 방식을 따르고 있다. 이러한 한국어의 개별 언어학으로서의 음성목록을 통해 한국어의 음소적 특징을 학습하고, 첨가어로서 한국어의 형태적 특징을 고찰해 형태소 결합의 어형성법을 학습하며, 한국어의 통사적 특징을 살펴봄으로써 한국어의 어순배열과 기본 문형을, 그리고 한국어의 화용적 특징을 통해 담화 중심적 언어를 학습하도록 구성하였다. 이에 본서는 한국어학에 대한 제반 지식을 갖추고 이를 한국어 교육에 활용할 수 있도록 주요 내용을 기초적인 내용에서 심화적인 내용으로 단계적으로 발전시켜 기술하였다.

본서는 제1장 언어와 한국어, 제2장 한국어의 음성과 음운, 제3장 한국어의 형태와 어휘, 제4장 한국어의 문장과 문법 요소, 제5장 한국어의 의미와 담화로 구성하여 한국어학의 연구 분야인 한국어 음성학, 한국어 음운론, 한국어 형태론, 한국어 통사론, 한국어 의미론, 한국어 화용론을 학습하는 데 필요한 기본 개념 및 용어 등을 다루도록 하였다. 그리고 각 장의 절마다 학습 목표를 제시하여 학습에 주안점이 무엇인지를 밝혔으며, 각 장의 마무리 부분에는 개별 언어학으로서의 한국어학에 대한 전반적인 개념과 특징, 내용을 숙지하였는지를 실제 사례를 탐구하여 확인할 수 있도록 정리 문제를 실었다. 이를 통해 한국어학의 이론적인 면과 응용적인 면에서의 조화를 도모하고 한국어 교사로서 문법 지식을 정확하게 설명하고 이를 적용할 수 있도록 하여 역량기반 학습 성과를 얻도록 하였다.

외국인에게 한국어를 가르치는 교수자들은 한국어의 무엇을 어떻게 가르쳐야 하는지, 그리고 한국어를 배우려는 외국인 학습자들은 무엇을 어떻게 배워야 하는지를 고민하고 있는 상황이므로 본서가 이런 문제를 해결하는 지침서가 되기를 기대한다. 이 책이 나오기까지 도와주신 모든 분께 감사드리며 아울러 흔쾌히 발간해 주신 역락 관계자 여러분께도 고마움을 전한다.

2019년 8월 10일
저자 씀

차 례

| 제3장 | **한국어의 형태와 어휘**

| 제4장 | 한국어의 문장과 문법 요소

| 제5장 | **한국어의 의미와 담화**

| 제1장 | **언어와 한국어**

1. 언어의 정의와 특징

1.1. 언어의 정의

사람들은 자신의 생각과 느낌을 타인에게 전달하며 살고 있다. 우리는 일상생활에서 숫자, 소리, 몸짓, 표정, 그림 등 다양한 수단을 사용하여 소통을 할 수 있다. 그러나 언어는 이러한 다양한 의사소통 수단 중 인간이 전하고자 하는 내용 즉 생각과 느낌, 감정과 의도에 해당하는 의미를 말이나 글과 같은 형식에 대응시킨 것이다. 인간만이 가진 고유한 능력으로서의 언어는 말소리와 의미 내용을 일정한 규칙 가운데 대응시킴으로 실현된다.

말소리와 의미를 대응시키는 규칙은 질서정연한 체계 속에 운용되는데

이 규칙은 보편적이고 추상적인 차원에서 개별적인 언어들을 종합하고 일반화 할 수 있는 원리로 탐색될 수도 있고 개별적인 언어에만 존재하는 특수한 원리로 탐색될 수도 있다. 한국어, 영어, 중국어 등 세상에 존재하는 많은 언어들의 보편적인 운용 원리가 추상적인 언어에 해당한다면, 한국어를 사용하기 위해 알아야 하는 규칙들은 구체적이고 개별적인 언어의 모습이다.

언어는 언어를 운용하는 사람들인 언중(言衆)의 공인(公認)으로 이루어지는 사회적인 특성을 가지며, 그 언어사회와 불가분의 관계를 맺는다. 그러므로 여러 언어에서 동일한 의미를 나타내는 것이 각 언어에 따라 다른 형식으로 표현되는 것이다. E. Sturtevant은 그의 저서 『언어학입문』(1947)에서 "언어는 사회집단의 구성원들이 협력하고 상호작용하는 자의적(恣意的)인 음성기호이다."라고 정의하고 있다.[1]

1.2. 언어의 특징

1) 자의성

자의성(arbitrary)은 언어의 소리와 의미의 관계가 필연적이지 않고 관습적으로 형성된다는 것이다. 일정한 음성 및 음성연쇄는 특정한 언어사회의 약속에 의해서만 일정한 의미를 갖게 되는 것으로 그 언어사회의 범위를 벗어나서는 의미 전달이 불가능하다. 따라서 단어는 사물이나 생각을 나타내는 것이긴 하지만 기호와 그것이 나타내는 의미 사이에 직접적인 관계는 없다. 다음 예에 제시된 것처럼 한국어의 동물 '개'는 다른 언어에서는 모두 다르게 표현된다.

---

[1] E. Sturtevant(1947:5) 참조

한국어	개
영어	dog
독일어	Hund(d는 [t]로 발음함)
불어	chien
중국어	狗 [gǒu]
베트남어	con chó
인도네시아어	anjing

이처럼 의미에 연관된 소리가 정해져 있지 않다는 증거는 언어가 시간의 변화에 따라 표현이 달라진 사례에서도 찾아볼 수 있다. 만일 소리와 의미의 관계가 필연적이라면 소리가 변할 수 없기 때문이다. 중세국어에서 '개'를 일컫는 말은 '가히'였다(狗는 가히라(月釋21:42)).

언어의 자의성은 의성어에서도 발견할 수 있다. 의성어는 실제 소리를 모방한 것으로 언어의 자의성에 반하는 사례로 생각할 수도 있겠지만, 다음 사례를 보면 개 짖는 소리가 각 언어의 소리 체계에 맞게 표현되어 동일하지 않음을 알 수 있다.

한국어	멍멍
영어	bow- wow
독일어	wauwau(w는 [v]로 발음함)
불어	toutou
중국어	汪汪 [wāngwāng]
베트남어	gâugâu
인도네시아어	gukguk

이렇게 볼 때 소리를 직접 흉내 내는 의성어의 경우도 어느 정도 임의적으로 선택되는 것이며, 다분히 인습적이라는 것을 알 수 있다.

2) 사회성

사회성은 언어의 의미와 소리가 사회 구성원들의 약속에 의해 그 결합이 인정됨을 뜻한다. 언어는 개인적인 것이 아니라 사회 대중 곧 언어공동체의 약속에 의해 이루어진 객관적인 현상이다. 언어사회(Speech Community)는 동일한 언어로써 의사를 소통하며 공동생활을 영위하는 사회 집단인 언어공동체를 말한다. 엄밀한 의미에서 언어사회의 구성원들이 구사하는 동일한 언어가 존재하지 않는다고 할 수 있다. 실제로 언어는 시대, 지역, 연령, 성별, 직업, 계층 등에 따라 다양한 변이를 보인다. 이러한 변이 속에서도 공통적인 언어생활이 유지되는 것은 언중의 언어 경험에 공통적인 현상이 있기 때문이다.

언어는 음성과 의미와의 자의적인 결합으로 이루어지지만, 의미가 음성기호로 나타날 때에는 그 사회 구성원들의 약속이 전제되어야 한다. 언어사회는 어느 개인에 의해서나 어느 특정한 집단에 의해서 언어가 임의로 변개(變改)되는 것을 용납하지 않는다. 언어는 한 언어 공동체가 공유하는 것으로 언중의 사회적 약속 없이는 바뀌지 않는 일종의 불역성(不易性)의 성질을 갖는다.

3) 역사성

언어가 어떤 사회 구성원의 약속에 의해 성립되더라도 문화의 발달과 인간 사회의 제반 요소들의 변화에 의해 언어도 끊임없이 변화한다. 새로운 말이 생겨나기도 하고, 있던 말이 변화하기도 하며 쓰이던 말이 없어지기도 한다. 이러한 언어의 특성을 역사성이라 한다.

(1) 신생: 컴퓨터, 인터넷 등

(2) 성장: 기호변화 - 거우르>거울, 곳>곶>솢>꽃
　　　　의미변화 - 어리다(어리석다(愚) → 어리다(幼),
　　　　어엿브다(불쌍하다(憐) → 예쁘다(艶))
(3) 사멸: 슈룹(우산), 나조(저녁), 즈믄(천) 등

　그러나 이렇게 역사적으로 신생, 성장, 사멸하는 것도 어느 개인이나 특정한 집단에 의해 변화하는 것이 아니라, 반드시 언어사회의 구성원인 언중의 협약이 있어야 하는 것이다. 이는 언어가 가역성(可易性)의 성질을 갖고 있는데 이를 위해서는 언중의 공인이라는 전제가 뒷받침되어야 함을 뜻하는 것이다. 이와 같은 언어의 변화는 어휘, 음운, 문법 등의 언어 전반에 걸쳐 일어나지만, 가장 두드러진 변화는 어휘에서의 변화다.

4) 기호성

　기호는 어떠한 뜻을 나타내기 위하여 쓰이는 부호, 문자, 표지 따위를 통틀어 이르는 것이다. 다시 말해 기호는 A(뜻)를 나타내기 위해 대체하여 사용하는 B라 할 수 있다. 언어기호는 인간이 가지고 있는 지식, 의지, 언어, 감정 등인 A를 나타내기 위해 B로써 음성이나 문자를 사용한 것이다. 언어기호는 언어의 내용인 의미 A가 언어의 형식인 음성 B와 관계를 맺고 있는 것을 보여 주는데 특정한 음의 연쇄는 특정한 의미와 연합되어 있다. 가령, 'ㅅ+ㅏ+ㄴ'이 연쇄된 '산[san]'이라는 음성은 '山'이라는 의미와 연합되어 있는 기호인 것이다.

　언어기호의 특성은 해당 언어사회 구성원이 공유하는 것으로 다른 언어사회 구성원이 공유하는 것과는 구별되는 표현과 전달의 도구이다. 원칙적으로 모든 언어기호는 고유의 의미용법을 갖는다. 그 기호의 사용이 어떤 규칙이나 제약에 기반을 두고 있는가는 그들 기호의 창작과정과 그 후

의 발달 과정 여하에 의해 자연스럽게 결정되어 그 사회의 관습으로 전승된 것이다. 결국 기호 체계로서의 언어는 그 사회 구성원이 공유하는 표현 전달의 도구로 이는 언어의 역사성과 사회성을 지닌다.

5) 규칙과 체계성

언어를 이루는 음운, 단어, 문장, 담화는 각각의 구조를 가지며, 그 구조는 일정한 규칙과 체계로 짜여 있다. 이를 언어의 규칙성 및 체계성이라 한다. 여기서 규칙은 일종의 문법을 일컫는 것으로 문장 구조는 물론 조사, 어미, 나아가 의미적으로도 타당해야 한다.

(1) 다혜는 착한 작년에 제주도에 갈 것이다.
(2) 책이 밥을 먹는다.

위 예문은 문법적으로 맞지 않는다. 한국어의 어순은 피수식어 앞에 수식어가 오는 문장 구조를 가진다. 또한 '작년'과 어울리는 과거시제를 나타내는 어미 '-았/었-'이 서술어에 결합되어야 한다. 예문 (2)에서는 서술어의 의미를 온전히 실현하기 위해 주어에 유정성 자질을 갖는 명사가 필요하다.

언어가 하나의 체계(system)라고 하는 것은, 음성기호와 의미와의 관계가 비록 임의적이긴 하지만, 말의 최소단위로서의 음성, 그리고 통사적 의미와 어휘적 의미를 지닌 상위단위로서의 음성 결합체가 주어진 언어에서 결합되기 위해서는 반드시 하나의 일관성이 있다는 것이다. 따라서 언어에 있어서 음성들이 결합되는 방식과, 그들이 모형을 이루어 상위단위를 형성하는 방식은 체계적이라고 말할 수 있다.

(1) 짐승 ⊃ 날짐승 ⊃ 꿩 ⊃ 장끼, 까투리

(2) 여자(←녀자), 노인(←로인), 오이

(3) 낫, 낮, 낯, 낱, 낳 → [낟]

(4) 나는 동생에게/꽃에 물을 주었다.

(5) 나는 한국어를 공부한다.

(1)의 '짐승, 날짐승, 꿩, 장끼, 까투리'로 나뉜 이 단어들은 상위와 하위의 체계를 이루고 있다. 우리가 사용하는 모든 단어들은 이와 같은 체계를 이루고 있으며, 언어의 또 다른 단위인 음운, 형태소, 문장들도 그 나름대로의 체계를 이루고 있다. 어휘는 단어들이 무의미하게 엉켜 있는 집합이 아니라 일정한 체계를 이루고 있는 구조로 하나의 단어는 여러 다른 단어들과 의미적으로 유기적인 관계를 맺으며 하나의 체계를 이루고 있다.

(2)는 한국어에서 'ㄹ'과 'ㄴ' 단어의 첫머리에 나타나지 못하며, 'ㅇ'은 음가 없이 모양으로만 존재하는 것(어두음의 제약)을 보인다. (3)은 한국어에서 종성에 7개의 대표음만 올 수 있기 때문에 어떤 음성은 단어의 끝자리에 오지 못함(어말음의 제약)을 보이는 것이다. 개별언어에 따라 명사는 성별, 형태별, 생물과 무생물의 구별에 따라 여러 가지로 분류되기도 한다. 한국어의 명사는 성, 수, 격에 따른 형태적 변화가 없지만 (4)에서 보듯이 유정명사인지에 따라 조사가 달리 사용되는 경우가 있다.

(5)는 한국어가 주어+목적어+서술어의 어순으로 문장을 구성하는 것을 보인다. 어순상의 특징을 보아도 인구어는 산열문(散列文, loose order sentence)의 어순구조, 즉 S+V+O인데, 한국어는 도미문(掉尾文, periodic order sentence)의 어순구조, 즉 S+O+V여서 인구어와는 상이한 특징을 보인다.

6) 초월성

인간은 언어를 사용해 과거와 미래에 대하여, 그리고 발화의 장소 이외의 것에 대하여 언급할 수 있는데 이를 초월성이라 한다. 말하는 이가 존재하지 않았던 과거의 사건을 누군가에게 언어로 전달할 수 있고 아직 다가오지 않은 미래에 대해서도 표현할 수 있다. 화자와 청자가 함께하지 않는 어딘가에 존재하는 장소에 대해서도 소통할 수 있다. 가령, 천국과 지옥, 창조주, 외계인, 우주 세계, 미래의 가능한 세계를 기술할 수 있다.

이에 비해 동물의 전달은 오로지 그 순간, 그 장소, 바로 지금에 한해서만 사용된다. 예를 들어 새는 위험이 직접 다가왔을 때 위험을 알리기 위해 소리를 지른다. 새는 시간상이나 공간상으로 멀리 떨어져 있는 위험을 알릴 수는 없다. 벌의 경우는 새보다 약간의 초월성이 있다고 한다. 복잡한 춤을 춤으로써 어느 정도 떨어져 있는 지점을 가리키는 능력(원을 그리는 춤. 꼬리를 흔드는 춤. 춤의 회전 속도 등)이 있다고 한다. 그러나 이는 매우 제한적인 형식의 초월성이다.

7) 창조성

새로운 사태가 출현하거나 새로운 사물을 기술할 필요성이 생겼을 때, 언어사용자는 언어 능력을 구사하여 새로운 표현이나 새로운 문장을 산출하게 되는데 이를 창조성이라 한다. 언어의 창조성은 인간이 언어를 사용하여 만들 수 있는 발화의 수가 무한하기 때문에 무한성이라고도 한다. 다음 대화는 어스름해진 저녁에 엄마 등에 업힌 세 살도 되지 않은 어린 아이와 아이의 엄마가 나눈 것이다.

아이: 엄마, 불 켜졌어.

엄마: 음, 저녁이라 아파트에 불이 켜졌네.

아이: 아니, 아니. 달님이 불 켰어.

엄마: 그러네. 달이 떴구나.

아이는 '달이 뜨다'는 표현을 모르지만 새로운 표현을 창조하고 엄마와 소통을 할 수 있다. 인간의 사전에는 해마다 새로운 단어가 많이 등재되고 있다.

그러나 동물들의 경우는 표현할 수 있는 신호가 제한되어 있다. 매미는 4가지의 신호, 원숭이는 36가지의 소리(여기에는 구토하는 소리나 재채기 소리까지 포함)가 있다고는 하지만 동물에게는 새로운 신호를 만들어 낼 능력이 없다. 일벌의 경우는 어느 정도 시간과 공간을 초월한다고 하지만 그것은 어디까지나 수평적 거리에만 해당되고 무한한 거리는 역시 제한된다. Karl von Frisch에 의하면 "꿀벌의 언어 중에는 '상(up)'이라는 단어가 없다."고 했다. 즉, 벌들에게는 '上'이라고 하는 단어를 만들어 낼 능력이 없다는 것이다. 동물의 신호에는 고정적 지시 대상(fixed refer- ence)이라고 이르는 특성이 있다는 점이다.[2]

8) 이중성

언어라고 하는 것은 동시에 두 레벨 또는 두 계층으로 이루어지는데 이 특성을 이중성(二重性, duality) 또는 이중분절(double articulation)이라 한다. 예를 들어 ㄱ, ㅁ, ㅗ와 같은 음이 있다고 할 때 이는 아직 소리의 차원에 있어 그 의미를 알기 어렵다. 그러나 이들 소리가 결합하여 ㄱ+ㅗ+ㅁ이나 ㅁ+ㅗ+ㄱ과 같은 언어 형식을 이루게 되면 의미를 지닌다. 즉

---

[2] 각각의 개별적 신호는 개별 대상이나 경우에 따라서 고정적으로 사용할 수 있다(George Yule, 1985:19-20).

ㄱ+ㅗ+ㅁ이라고 하면 곰(bear)이 되고, ㅁ+ㅗ+ㄱ으로 결합하면 목(neck)이 된다.

따라서 언어는 하나의 레벨에는 서로 다른 음이 있고, 또 하나의 레벨에서는 서로 다른 의미를 갖는다. 이와 같은 레벨의 이중성은 실제로 인간 언어가 지닌 경제적인 면으로 볼 수 있다. 그 이유는 한 언어에서 사용되는 서로 다른 음은 모두 합해도 그 수가 많지 않기 때문이며, 그들을 여러 가지로 결합하면 그 결과 여러 개의 단어가 만들어지게 될 뿐만 아니라 그들 단어는 모두 의미가 달라지기 때문이다. 이러한 언어 형식의 결합은 형태소, 단어, 문장으로 확대되어 나타난다.

9) 문화적 전승

부모에게 유전적으로 갈색의 눈과 검은 머리를 이어받을 수는 있지만, 언어를 유전적으로 이어받을 수는 없다. 언어를 습득하는 것은 문화적 공동체 속에서 다른 화자를 통하여 습득되는 것이지, 부모의 유전자에서 습득되는 것이 아니다. 한국어를 사용하는 한국인 부모에게서 태어난 아기가 생후 즉시 미국으로 데려가 영어를 사용하는 사람들에게서 양육되었다면, 이 아이의 신체적 특징은 한국인 부모에게서 받았지만 아이는 영어를 사용한다. 이렇게 언어가 한 세대에서 다음 세대로 이어지는 과정을 문화적 전승이라 한다. 인간은 태어나면서부터 선득적(先得的)으로 언어를 습득할 수 있는 소질이 있지만 학습을 통해 언어를 사용할 수 있는 능력을 갖게 된다.

2. 언어의 전달 방법과 기능

2.1. 음성언어와 문자언어

언어는 자기의 의사를 상대방에게 알리는 전달기능을 가진 음성기호 체계로 의사 전달의 방법에는 비언어적 방법과 언어적 방법이 있다. 전자는 다시 동작언어(gesture language)와 신호언어(signal language)로 나뉘는데, 동작언어에는 표정, 손짓, 발짓, 몸짓, 수화 등을 들 수 있으며, 신호언어에는 깃발, 횃불, 신호, 호각소리, 나팔소리, 군호(軍號) 등을 들 수 있다.

언어적 방법으로는 음성언어와 문자언어로 나뉘는데, 음성언어는 사람의 발음기관을 통해 나오는 소리로 상대방의 청각에 호소하는 진정한 의미의 언어로 1차적 언어에 해당된다. 문자언어는 음성언어의 단점을 보완하기 위해 문자로써 시각에 호소하는 언어로 2차적 언어라고 한다. 그러나 대중매체의 발달과 인터넷 발달에 따른 영향으로 의사소통의 수단이 문자로 되면서 음성언어보다 문자언어가 더욱 중요시 되었다. 특히 Vachek(1973) 이후, 귀로 듣는 언어보다 눈으로 보는 언어의 표의주의(表意主義) 이론이 대두되어 정서법을 개정하는 일면의 동기부여도 일으키게 되었다.

음성언어는 청각의 감각기관을 수단으로 하며 시간과 공간적으로 제한을 받지만, 문자언어는 시각적인 수단에 의한 것으로 시·공간의 제한을 받지 않는다. 또한, 음성언어는 화자의 발화에 직접적인 반응으로 동적인 특성으로 나타나지만, 문자언어는 간접적인 반응으로 정적인 특성을 갖는다. 또한, 음성언어는 감정 표현이 자유롭고, 직접 문답이나 자동 이해가 가능한 반면, 문자언어는 생각을 정리하거나 수정이 가능한 장점을 갖는다. 그리고 음성언어는 선천적으로 습득되지만, 문자언어는 후천적으로 학습된다.

2.2. 언어의 기능

언어의 기능은 사람들이 언어를 어떠한 목적에서 사용하는지를 설명해 준다. K. Bühler(1933)은 그가 쓴 『언어학원론』에서 언어는 표출, 호소, 진술의 세 기능을 갖는다고 하였다. 언어의 표출 기능은 발화자의 관점에서, 호소 기능은 청취자의 행동 변화에, 진술은 사물을 인식하고 서술하는 점과 밀접한 연관이 있음을 알 수 있다.

Halliday(1973)은 다음과 같은 7가지의 언어 기능을 제시하고 있다. 도구적 기능은 환경을 조작하여 어떤 사건이 발생하게 하는 역할이며 규정적 기능은 동의, 반대, 행동 통제, 법률 및 규칙의 제정 등을 위해 언어를 사용하는 것으로 어떤 사건을 통제하는 기능이 있다. 표상적 기능은 그대로의 현실을 표현하기, 진술하기, 사실과 지식을 전달하기, 설명하거나 보고하기와 관련이 있다. 상호 작용적 기능은 속어, 은어, 농담, 민속적 풍습, 문화적 풍습, 공손함, 격식과 같은 사회적 교류에 필요한 것을 알고 사회적 관계 유지를 위해 언어를 사용하는 것이다. 개인적 기능은 자신의 감정이나 느낌, 개성, 본능적인 반응을 표현하는 것이고 발견적 기능은 지식을 습득하고 환경에 대해 배우기 위해 언어를 사용하는 것이다. 마지막으로 상상적 기능은 상상의 체계나 아이디어를 창조하게 하는 기능이다. 동화나 농담 말하기, 소설 쓰기, 말장난하기와 같은 사례를 들 수 있다. 이 일곱 가지 기능은 서로 분리된 것이 아니며 배타적인 것이 아니다.

R, Jakopson(1960) 또한 그의 논문 「언어학과 시학」에서 언어의 여러 기능에 대해 논의한 바 있다. 여기서는 R, Jakopson(1960)을 중심으로 구체적인 언어 사용 사례를 통해 언어의 기능을 살펴보기로 한다.

1) 정보전달 기능

정보전달 기능은 사실, 정보 지식 등의 내용을 언어를 사용하여 알려주는 기능이다. 이를 지시적(指示的) 기능 혹은 정보적(情報的) 기능이라 한다. 정보전달 기능은 언어에 있어 가장 기본이 되는 기능으로 이 기능을 1차적 기능이라고 한다. 정보전달 기능은 상대방에 전달하는 내용 즉 메시지의 진술적 명제적 내용을 말한다.

(1) 눈이 와요.
(2) 휴, 또 눈이 와요.

예문 (1)과 (2)는 전달하고자 하는 메시지의 내용이 다르다. (1)은 눈이 온다는 명제를 진술하는 것이지만 (2)는 말하는 이의 감정 상태를 나타내는 정서적 내용을 담고 있다. 정보전달 기능은 (1)과 같이 명제적 내용을 전달하는 경우에 해당한다.

2) 표현적 기능

말하는 이의 감정 상태나 어떤 일에 대한 태도를 나타내는 언어의 기능을 표현적 기능 혹은 정서적(情緒的) 기능이라고 한다. 정보전달 기능이 말하고자 하는 주제에 초점을 둔다면 표현적 기능은 화자에 초점을 둔다. 표현적 기능은 감정적 의미를 중시함으로써 화자의 감정과 태도를 전달하는 데 사용된다. 감탄, 독백, 자문자답, 욕설 등은 표현적 기능의 대표적 사례이다.

(1) 우와, 눈이 내린다!
(2) 이 문제는 어려워도 너어어무 어려워.

(1)은 감탄사를 사용하여 화자의 반가운 감정을 나타내었다면 (2)는 정의적(情意的) 음장을 사용하여 화자의 좌절감을 표현한 것이다.

3) 욕구적 기능

말하는 이가 전달하는 내용을 통해 청자가 화자의 의도에 따라 행동하도록 유도하는 언어적 기능을 욕구적(欲求的) 기능 또는 지령적(指令的) 기능이라 한다. 욕구적 기능은 화자의 전달된 내용이 청자의 감정과 행동 및 이해에 영향을 끼치는 점에 초점을 둔다. 즉 욕구적 기능은 청자에게 명령이나 요청 또는 부탁을 하여 청자의 행동을 이끌어 오거나, 질문하여 언어적 응답을 바라는 언어적 기능이다.

    (1) A: (창밖을 내다보며) 날씨가 좋구나!
       B: (같이 창밖을 내다보며) 산책할까?
    (2) A: 목이 마르구나.
       B: (물을 떠다 줌)

(1)은 화자가 독백처럼 중얼거렸어도 창밖을 내다보는 청자의 행동적 반응을 이끌고 나아가 청자가 화자의 의도를 헤아려 제안하는 방식으로 반응을 하게 한 것이다. (2)는 화자가 '물을 좀 떠다 줄래?' 혹은 '물 줘'와 같은 요청이나 명령의 발화를 하지 않았어도 화자의 요구가 청자의 행동적 반응으로 수행된 경우이다.

4) 친교적 기능

언어의 1차적 기능인 정보전달 기능처럼 전달할 명제가 있는 것은 아니지만 예의적이며 형식적으로 사용되는 언어 기능이 있다. 친교적(親交

的) 기능은 대화자 사이의 사회적 유대를 확인하고 우호적인 분위기 속에서 대화의 길을 터주는 언어의 기능이다. 무슨 말을 하는지 언어적 내용이 중요한 것이 아니라 말을 한다는 그 자체가 중요하게 여겨진다. 친교적 기능은 인간의 언어생활에서 원만한 사회적 관계를 유지하게 해주기 때문에 매우 중요하다.

(1) A: (아침에 출근길에 이웃 사람에게) 비가 오네요.
    B: 네, 비가 오네요. 출근하세요?
(2) 존경하는 사원 여러분, 저는 ……

(1)은 사회적 관계를 유지하기 위해 사용하는 인사말이고 (2)의 경우는 사회적 상황이나 대화자 사이의 사회적 관계를 나타내 주는 표현이 사용된 것으로 이러한 격식적인 표현도 친교적 기능에 해당한다.

5) 심미적 기능

청자가 음성기호 또는 독자가 문자기호를 통해 전달된 내용을 감상할 수 있도록 언어표현을 선택하는 기능을 언어의 심미적(審美的) 기능 혹은 시적(詩的) 기능이라고 한다. 이 기능은 시가 시인의 감정을 발산 표현하는 점에서 시 자체로 인한 별도의 미적 기능이 있다고 보는 것에서 비롯되었다. 예를 들어 시인이 '슬픔'에 대해 시를 쓸 때 "나는 슬프다"라고 기술하기보다 시적 운율과 형상화를 통해 "물 먹은 별이 반짝 보석처럼 박힌다"와 같이 메시지에 주제와 정서를 모두 담아 표현하는 것과 같다. 심미적 기능은 발화 그 자체에 초점이 있고 순수하게 발화 그 자체로부터 우러나오는 아름다움을 느낄 수 있도록 하는 기능이며 운율적 조화를 중히 여긴다. 그러나 이 기능은 시에만 국한된 것은 아니며 언어 일반에 걸쳐 나타난다.

6) 관어적 기능

발화 내용이 언어기호 자체를 설명하기 위해 혹은 언어기호 자체를 지시하기 위해 사용되는 것을 관어적(關語的) 기능이라 한다. 관어적 기능은 메타언어적(meta-lingual) 기능이나 어휘적(語彙的) 기능으로 불린다.

> (1) 와규(和牛)는 한국의 한우에 해당하는 일본의 고급 소로 일본 소 품종군을 일컫는 말이다.
> (2) '세젤예'는 세상에서 제일 예쁘다는 뜻이고, '세젤귀'는 세상에서 제일 귀엽다는 뜻으로 이들은 줄임말이다.
> (3) "내가 한 말의 뜻은 '미안하다'는 말처럼 가혹한 말이 없다는 거였어."

위 예문 (1)과 (2)는 언어기호 "와규, 세젤예, 세젤귀"에 대해 설명하는 내용이다. 이처럼 사전에서 표제어에 대해 뜻풀이를 하는 것처럼 언어기호에 대해 설명하는 기능을 관어적 기능이라 한다. 그리고 (3)과 같이 상대방에게 부연 설명하거나 앞서 한 말에 대해 표현을 달리 바꾸어 말하는 환언의 경우도 관어적 기능에 해당한다.

지금까지 살펴본 것처럼 각 언어의 기능은 의사소통의 상황에서 화자(작가), 청자(독자), 화자와 청자 사이의 소통 경로, 주제, 메시지 자체 중 어느 하나를 부각하여 설명되었다. 그러나 하나의 발화 행위에는 이들 기능이 복합적으로 작용하는 일이 많다. 발화 "오늘 날씨가 참 좋은데요"는 이웃에게 건네는 인사말로 친교적 기능으로 사용되기도 하고, 날씨를 묻는 이에게는 정보를 알려주는 정보전달 기능으로 사용될 수 있다. 또한 발화 "오늘 날씨가 참 좋은데요"는 날씨가 좋으면 나들이를 가자고 했던 화자가 청자에게 의도를 알리는 욕구적 기능으로 작용하기도 한다.

1. 한국어의 특징

1.1. 한국어의 계통과 위상

인간에게 조상이 있듯이 언어에도 그 언어의 뿌리가 되는 조어(祖語)가 있다. 에스놀로그에 의하면 언어의 어족을 분류하면 141개가 있는데 이 수치의 5%에 해당하는 6개 어족이 전 세계 언어의 2/3에 해당하는 언어들의 조어에 해당한다고 한다. 다음에 제시된 이 주요 어족에 대한 표를 보면 6개 어족에 해당하는 현재 생존하는 언어는 모두 4,486개이며 56억 6천만 명에 해당하는 사람들이 이들 언어를 구사하고 있음을 알 수 있다[3].

<표 1-1> 세계의 주요 어족

어족	언어 수	사용자 수	국가
Afro-Asiatic	366	444,845,814	Algeria, Bahrain, Cameroon, Chad, Cyprus, Egypt, Eritrea, Ethiopia, Georgia, Iran, Iraq, Israel, Jordan,

---

3) www.ethnologue.com 참조.

			Kenya, Kuwait, Libya, Mali, Malta, Mauritania, Morocco, Niger, Nigeria, Oman, Palestine, Saudi Arabia, Somalia, Sudan, Syria, Tajikistan, Tanzania, Tunisia, Turkey, United Arab Emirates, Uzbekistan, Yemen
Austronesian	1,224	324,883,805	Brunei, Cambodia, Chile, China, China-Taiwan, Cook Islands, East Timor, Fiji, French Polynesia, Guam, Indonesia, Kiribati, Madagascar, Malaysia, Marshall Islands, Mayotte, Micronesia, Myanmar, Nauru, New Caledonia, New Zealand, Niue, Northern Mariana Islands, Palau, Papua New Guinea, Philippines, Samoa, Solomon Islands, Suriname, Thailand, Tokelau, Tonga, Tuvalu, United States, Vanuatu, Viet Nam, Wallis and Futuna
Indo-European	440	3,077,112,005	Afghanistan, Albania, Armenia, Austria, Azerbaijan, Bangladesh, Belarus, Belgium, Bosnia and Herzegovina, Brazil, Bulgaria, Canada, China, Croatia, Czechia, Denmark, Egypt, Faroe Islands, Fiji, Finland, France, Germany, Greece, Iceland, India, Iran, Iraq, Ireland, Isle of Man, Israel, Italy, Jersey, Latvia, Lithuania, Luxembourg, Macedonia, Maldives, Myanmar, Nepal, Netherlands, Norway, Oman, Pakistan, Peru, Poland, Portugal, Romania, Russian Federation, Serbia, Slovakia, Slovenia,

			South Africa, Spain, Sri Lanka, Suriname, Sweden, Switzerland, Tajikistan, Turkey, Ukraine, United Kingdom, United States, Vatican State, Venezuela
Niger-Congo	1,526	458,899,441	Angola, Benin, Botswana, Burkina Faso, Burundi, Cameroon, Central African Republic, Chad, Comoros, Congo, Côte d'Ivoire, Cuba, Democratic Republic of the Congo, Equatorial Guinea, Gabon, Gambia, Ghana, Guinea, Guinea-Bissau, Kenya, Lesotho, Liberia, Malawi, Mali, Mayotte, Mozambique, Namibia, Niger, Nigeria, Rwanda, Senegal, Sierra Leone, Somalia, South Africa, South Sudan, Sudan, Swaziland, Tanzania, Togo, Uganda, Zambia, Zimbabwe
Sino-Tibetan	452	1,355,708,295	Bangladesh, Bhutan, China, India, Kyrgyzstan, Laos, Myanmar, Nepal, Pakistan, Thailand, Viet Nam
Trans-New Guinea	478	3,553,780	East Timor, Indonesia, Papua New Guinea
Totals	4,486	5,665,003,140	

한국어는 계통적으로 알타이어족에 속하며 동일한 알타이 공통 조어를 갖는 터키어, 몽골어, 퉁구스어와는 아주 이른 시기부터 가장 먼저 분리되어 분화되어 왔다. 위 표에 제시된 주요 어족에 속하지 않는 독자적인 계보를 갖는다.

세계에 얼마나 많은 언어가 존재하는지 그 수를 정확히 언급하기 어려운 면이 있다. 아프리카 남미 대륙의 오지에 단 한 사람의 화자만 남아 있는 언어도 있고, 방언과 언어의 차이도 불분명하고 무엇보다 언어 자체가 유동적으로 변화하기도 한다. 2015년 워싱턴 포스트에서 제시한 기사 '차트로 보는 언어'에 의하면 다음과 같은 정보를 얻을 수 있다[4]. 세계에는 7,102개의 언어가 존재하는데 언어의 지역별 분포로 살펴보았을 때 아시아에는 2,301개, 아프리카에 2,138개, 태평양의 도서 지역에는 1,313개, 유럽에 286개 언어가 분포하여 상위 4개 지역을 차지하였다.

한편 2018년 에스놀로그[5] 홈페이지에 의하면 세상에 존재하는 언어는 모두 7,099개이지만 그 수치는 유동적일 수 있다고 한다. 이 중 대략 1/3은 멸종의 위기에 있는데 대부분이 그 언어를 구사하는 사람이 1,000명도 채 되지 않는다. 반면에 세계 인구의 반 이상은 오직 23개의 언어에 의지해 살고 있다. 에스놀로그에서 제시하는 언어사용자 수에 따른 언어별 순위를 간략히 정리하면 다음 <표 1-2>와 같다.

<표 1-2> 언어사용자 수에 따른 언어별 순위

순위	언어	언어사용자 수
1	중국어	12억 8400만
2	스페인어	4억 3700만
3	영어	3억 7200만
4	아랍어	2억 9500만
5	힌디어	2억 6000만
6	벵골어	2억 420만
7	포르투갈어	2억 1900만
8	러시아어	1억 5400만

---

4) http://www.washingtonpost.com/blogs/worldviews/wp/2015/04/23/the-worlds-languages-in-7-maps-and-charts/?tid=sm_fb
5) www.ethnologue.com

9	일본어	1억 2800만
10	란다어	1억 1190만
11	자바어	8440만
12	한국어	7720만

위 표를 통해 7,099개나 되는 수많은 언어 중 한국어가 12위를 차지할
만큼 언어적 위상이 높음을 알 수 있다. 한국어는 남한(4,930만)과 북한(2420
만)을 비롯해 일본(100만), 중국(270만), 러시아(10만) 등에서 사용되고 있다.6)

한국어는 여러 언어들과 언어로서 공유되는 보편적인 특성이 있지만
동시에 여러 언어들과는 구별되는 개별성을 지닌다. 한국어가 지닌 언어
적 특징을 음운, 형태, 통사, 화용의 범주로 나누어 살펴보기로 한다.

1.2. 한국어의 음운적 특징

한국어의 음운적 특징은 우선 음성목록(音聲目錄, sound inventories)에서 찾
을 수 있다. 영어에 있는 순치음(脣齒音, labiodentals)인 /f, v, θ, ð/이나 중국
어의 권설음(捲舌音, retroflex)같은 음성이 한국어에는 없다. 한국어에는 다른
언어에 비해 마찰음(摩擦音)이 많지 않다

한국어의 자음은 /ㄱ ㄲ ㅋ/, /ㄷ ㄸ ㅌ/, /ㅂ ㅃ ㅍ/, /ㅈ ㅉ ㅊ/ 처럼 예
사소리, 된소리, 거센소리가 짝을 이루는 삼지상관속(三肢相關束)을 갖는다.
영어, 독일어, 프랑스어와 같은 서양어나 일본어는 '/k/-/g/, /t/-/d/, /p/-/b/,
/ch/-/j/'처럼 유성과 무성의 대립을 이룬다. 한국어에서는 무성음과 유성
음이 음운으로서 변별되지 않는다. 단어 '바보'에서 앞의 'ㅂ'이 무성음
이고 뒤의 'ㅂ'은 유성음이지만, 이들 'ㅂ'을 동일한 음소에 속하는 변이

6) http://www.scmp.com/infographics/article/1810040/infographic-world-languages?page=all

음으로 보아 뜻을 구별하는 음운(bat:pat)으로 받아들이지 않는다.

한국어는 음절 끝 위치에 오는 파열음이 파열되지 않는다. 즉, 파열음이 음절 끝 위치에 올 때에는 터뜨림의 단계를 갖지 않고 닫힌 상태로 발음되는데, '밭'이 [받]으로, '꽃'이 [꼳]으로 발음되는 것은 이 때문이다. 그러나 영어에서 파열음은 종성에서도 외파되어 단어의 의미를 구별한다(bat: bad). 한국어는 파열음이 종성에서 내파되기 때문에 '국물'은 [국물]이 아닌 [궁물]로 발음된다. 심지어 영어 단어 'nick-name'도 한국어의 발음 방식을 따르면 [닝네임]으로 본연의 발음을 잃고 뒤에 오는 비음에 동화되어 비음으로 발음한다.

한국어 어두에는 자음 'ㅇ'은 절대 오지 못하며, 'ㄹ'이나 'ㄴ'은 어두에 제약을 받지만, 영어는 'split', 'strike'와 같이 여러 개의 자음이 첫소리에 올 수 있다. 또한 한국어는 음절구조에 있어서 폐음절(閉音節)과 개음절(開音節)이 공존하는데, 현대 일본어, 중국어는 개음절이 주를 이룬다.

운소(韻素, prosody)에 있어서 현대 한국어는 음장운소(音長韻素), 즉 소리의 길이가 말의 뜻을 구별하는 데 쓰인다. 음장에 따라 '눈[眼]'과 '눈[雪]'이 구분된다. 현대 한국어는 음절(音節)·시간 리듬(syllable-timed rhythm)인데 비해 영어는 강세(强勢)·시간 리듬(stress-timed rhythm)이고, 중국어는 고저(高低)·시간 리듬(pitchtimed rhythm)이다. 더불어 한국어에서는 문장의 억양(intonation)도 중요한 운소적 특징을 갖는다. 예를 들어, '집에 가'라는 문장에서 뒤를 높이면 의문문이, 낮추면 평서문이, 높이지도 않고 낮추지도 않고 수평으로 발음하면 명령문이 된다.

마지막으로 한국어에는 모음조화 현상이 있다. 양성모음인 'ㅏ, ㅗ'는 양성모음끼리, 음성모음인 'ㅓ, ㅜ, ㅡ'는 음성모음끼리 어울린다. 현대에 와서는 모음조화 현상이 발음의 강화 현상으로 많이 붕괴되었지만, 아직도 어미(-아/어; -았/었)와 음성상징어(의성어, 의태어)에는 철저한 편이다.

1.3. 한국어의 형태적 특징

언어를 굴절어(屈折語), 첨가어(添加語, 또는 교착어(膠着語)), 고립어(孤立語), 포합어(抱合語)로 나눌 때 한국어는 첨가어에 속한다. 한국어에는 조사나 어미, 접사와 같은 허사가 많이 발달되어 있다. 조사는 체언 뒤에서 붙어 문장성분을 결정하고, 어미는 용언 어간에 붙어 문장의 시제, 상, 높임, 문장의 접속이나 종결, 서법을 결정짓는 중요한 역할을 한다. 첨가어로서의 한국어의 특징을 잘 보여주는 또 다른 사례로 어근에 첨가되는 접사를 들 수 있다. 한국어는 접두사와 접미사를 활용하여 다양한 파생어를 만들기도 하지만 어근과 어근이 결합하는 합성법도 발달해 있다.

실사인 어휘에서 보이는 한국어의 대표적 특징은 어종에 의한 것이다. 한국어의 어휘는 크게 고유어와 외래어(外來語)로 양분된다. 한자어는 고유어는 아니지만 한국어의 어휘체계에 매우 큰 비중을 차지하고 있으며 다른 외래어와 달리 한국의 발음체계에 동화되어 한국식 발음으로 정착되어 오랜 시간 고유어가 표현하지 못하는 어휘의 빈자리를 대신해 왔다. 외래어는 중국어(김치(沈茶), 배추(白茶), 붓(筆), 한탕(一趟), 시늉(形容), 핑계(憑借, 憑藉) 등), 몽골어(보라매(秋鷹,boro), 송골매(海青, šingqor), 수라(水刺, šüllen), 깁(絹, kib) 등), 여진어(두만강(豆滿江, tümen<萬>, 衆水至此合流故名之也), 바치(把持, 工匠), 아씨(丫寸<婦>) 등), 만주어(/muke/(水), /tümen/(萬), /firu-/(祈), /holo/(谷, /kol/) 등), 일본어(고데(コテ, 鏝)하다, 오뎅(オデン)집, 구두(クツ)방, 다다미(タタミ)방, 찹쌀모지(モチ), (電氣) 다마(タマ) 등), 서양어(빵(pāo<포>, pan<서>), 뎀뿌라(テンプラ, tempora<포>), 고무(신)(gomme<프>), 담배(tabacco<포>), 깡패(gang- 牌) 등)와 같이 여러 언어에서 들어왔다.

고유어는 감각어와 상징어에서 많은 양을 차지하고 있다. 고유어를 사용하면 미세한 감각의 차이를 다양하게 표현할 수 있다. '발갛다, 벌겋다,

빨갛다, 뻘겋다, 새빨갛다, 시뻘겋다, 붉다, 불긋불긋하다' 등 다채롭다. 그리고 한국어에는 의성어나 의태어도 발달하여 있다. '졸졸, 줄줄, 퐁당, 풍덩, 알록달록, 얼룩덜룩' 등 표현이 다채롭다. 더불어 한국어에는 친족 관계를 나타내는 어휘가 발달하였는데, 영어의 'aunt'에 해당되는 말로 관계에 따라 '큰어머니, 작은어머니, 이모, 고모' 등 다양하다. 한국어는 인구어와 달리 명사가 성, 수, 격 변화를 보이지 않으며 단위성 의존명사가 발달하였다. 한국어는 대명사의 쓰임이 제한되어 있어 청자의 나이나 신분에 따라 2인칭 대명사를 쓰기 어렵고 구어에서 3인칭 대명사의 쓰임도 제약이 크다. 또한 한국어에는 관계대명사와 접속사가 없다. 인구어에서 형용사와 명사가 유사한 범주적 속성을 공유한다면, 한국어에서는 형용사가 동사 범주와 잘 구분이 되지 않으며 형용사에 비교급과 최상급이 없다.

1.4. 한국어의 통사적 특징

한국어의 통사적 특징은 우선 어순에서 찾을 수 있다. 한국어의 어순배열(語順配列)은 '주어+목적어+서술어' 순으로 배열(S+O+V, 掉尾式)되어 영어의 어순배열인 '주어+서술어+목적어'(S+V+O, 散列式) 및 히브리어 어순 배열인 '서술어+주어+목적어'(V+S+O)와 대조적이다. 주어가 반드시 존재해야 하는 영어와 달리 한국어에서는 주어와 목적어가 생략된 문장들이 있을 수 있다. 한국어는 서술어의 의미 특성에 따라 다른 성분들이 오게 되며, 이로 인해 한국어를 서술어 중심 언어라고 한다.

한국어는 실질적인 의미를 가진 단어, 또는 어간에 문법적인 기능을 가진 조사와 어미가 결합함으로써 즉 문장 속에서 문법적인 역할을 하는 첨가어로서의 속성 때문에 어순 배열에 있어 어느 정도 자유롭다. 특히 부사어가 이동에 있어서 자유로운 특징이 있다. 그러나 수식어는 반드시 피수식어 앞에 와야 한다. 관형어는 체언 앞에 와야 한다. "예쁜 꽃"은 가능하지만 "꽃 예쁜"은 한국어의 어순 배열에 어긋난다.

또 다른 한국어의 통사적 특징은 주어와 목적어가 중복되어 출현할 수 있다는 것이다. '다혜가 손이 크다.'와 같은 문장에서는 주어가 두 번, '할머니가 용돈을 만 원을 주셨다.'에서는 목적어가 두 번 나타나 있다.

1.5. 한국어의 화용적 특징

한국어의 대표적인 화용적 특징으로 한국어가 담화 중심적 언어임을 들 수 있다. 담화는 화자와 청자가 구체적인 의사소통 상황에서 구사하는 문장의 연쇄를 뜻한다. 한국어에서는 화자와 청자가 담화 맥락에서 공유하는 정보를 문장 속에서 생략하고 표현하는 일이 많다. 한국어에서는 주어와 목적어가 없는 다음과 같은 문장이 많이 쓰인다.

(1) A: 다 했어?
  B: 아니, 아직.
(2) 오천 원입니다.

사례 (1)에서 누가 무엇을 다 한 것인지 담화가 이루어진 맥락을 모르면 알 수 없다. 그러나 화자와 청자는 공유된 정보로 인해 의사소통을 성공적으로 수행한다. (2)는 물건을 살 때 판매자로부터 자주 듣는 일상적 표현이다. 상정될 수 있는 주어 '값'이나 '가격'이 표현된 문장보다 예문 (2)가 더 자연스럽게 사용된다. 흥미로운 것은 사례 (3)의 경우이다.

(3) A: 나는 자장면이야. 너는?
   B: 나는 짬뽕.

　(3)은 식당에서 음식을 주문하는 상황이다. 서술어 '-이다'에 해당하는 주어를 '나'로 상정하면 의미 논리적으로 매우 이상하다. 한국어에서 자주 발견되는 이러한 표현은 한국어가 주제 중심의 언어임을 보여주는 것이다. '나는'은 서술어에 일치하는 주어가 아니라 문장이 서술하고자 하는 대상인 주제로서 '내가 먹을 음식은'으로 볼 수 있다. 한국어에서는 '다혜는 머리가 좋지', '머리는 다혜가 좋지.' '머리가 좋기로는 다혜지.' 와 같이 주제가 될 수 있는 문장 성분에 제약이 거의 없다.

　또한 한국어는 높임법이 매우 발달한 언어이다. 높임법은 문장의 주체를 높이는 주체 높임법, 말 듣는 이를 높이는 상대 높임법, 문장의 객체를 높이는 객체 높임법으로 크게 구분된다. 이들 각각은 기본적으로 선어말 어미, 종결 어미, 특수 어휘 등을 통해서 실현되고, 또 '-께서, -님' 등과 같은 조사나 접미사를 통해서도 실현되기 때문에 매우 다양하고 복잡한 양상을 띤다.

　　(4) 다혜가 지환이에게 선물을 주었다.
　　(5) 다혜가 할머니께 선물을 드렸다.

　한국어의 높임법은 문장 자체뿐만이 아니라, 발화가 이루어지는 상황을 고려해야 하기 때문에 한국어의 통사적 특징과 함께 화용적 특징을 잘 보여준다. 담화 맥락이 상정되어야 화자와 청자의 위계를 알 수 있기 때문에 예문 (4)만으로 높임법이 제대로 사용된 것인지 알 수가 없다. 그러나 예문 (4)가 화용적으로 적절한 것이라면 화자와 청자의 관계가 동등

하거나 화자가 청자보다 연장자임을 알 수 있다. 청자가 연장자라면 상
대높임법의 화계를 높여야 하기 때문이다. 또한 화자는 다혜와 지환이보
다 연장자이거나 동년배이다. 다혜와 지환이가 연장자라면 조사 '가'와
'에게'를 쓰기 어렵기 때문이다. (5)는 문장의 객체인 할머니가 다혜보다
연장자이기 때문에 조사 '-께'와 '주다'의 겸양 표현인 '드리다'를 쓰고
있다.

2. 한국어학의 연구

2.1. 한국어학의 연구 분야

언어학은 여러 언어가 보편적으로 공유하는 일반적 특성을 대상으로
연구하는 일반언어학과 개별언어를 대상으로 그 언어에 나타나는 언어
적 특성을 연구하는 개별언어학으로 구분된다. 한국어학을 연구하는 것
은 개별언어로서의 한국어가 지닌 언어적 특성에 대한 연구를 의미한다.
한국어가 개별언어로서 연구되더라도 그 연구의 기반이 되는 이론적 근
거는 일반언어학의 연구 내용과 다른 것이 아니다. 일반언어학은 개별언
어의 다양한 면모를 관찰하고 종합화하여 원리를 찾고 개별언어학은 일
반언어학의 이론적 내용에 근거하여 기술된다. 그러므로 한국어에 대한
연구는 일반언어학에서 제공하는 언어학적 개념과 원리가 한국어라는
개별언어에서 구체적으로 어떻게 실현되고 있는지를 살펴보고 이를 기
술하는 것이라 하겠다.
한국어학의 연구 분야는 일반적으로 연구 대상에 따라 한국어 음운론,
한국어 문법론, 한국어 의미론으로 나뉜다. 경우에 따라서는 한국어 문법

론을 한국어 형태론과 한국어 통사론으로 세분하기도 하고 한국어화용론을 한국어 의미론 영역에서 다루거나 한국어 의미론과 별개로 독립된 영역으로 추가하기도 한다.

한국어 음운론은 한국어의 음성 목록과 음성 배열, 음운현상과 같은 한국어의 소리를 연구하는 학문이다. 한국어 문법론은 한국어의 형태구조와 문법 범주를 연구하는 학문으로 한국어의 단어와 문장의 구성과 구성 원리를 탐구한다. 한국어 의미론은 한국어의 언어 형식이 어떤 의미를 나타내기 위하여 어떤 작용을 하는지 연구하는 학문이다. 한국어 의미론은 한국어의 단어 또는 어휘의 의미와 단어 간의 의미 관계 등을 연구하는 어휘의미론, 문장의 의미와 그 속성을 연구하는 문장의미론, 발화 사용의 원리나 그 의미, 발화 맥락의 속성을 연구하는 화행의미론으로 대별된다.

이 외에도 한국어는 한국어 문자론, 한국어 방언학, 한국어정책론, 한국어 교육의 범주에서 연구될 수 있다. 한국어 문자론은 한국어의 문자의 역사적 발달 과정, 장단점, 문자 운용의 원리를 다룬다. 한국어 방언학은 한국어 안에서의 지역적 차이에 초점을 두고 한국어의 다양한 면모를 밝힌다. 한국어정책론이나 한국어 교육에서의 한국어 연구는 한국어학의 연구 성과를 실용적인 문제에 적용한 것으로 응용언어학의 관점에서 연구되고 있다.

2.2. 한국어학의 연구 방법

한국어는 한국어를 일정한 시대의 공간적 입장에서 연구하는 공시언어학과 역사적인 관점에서 시간의 흐름에 따라 언어를 연구하는 통시언어학의 연구 방법 속에서 이루어진다. 공시언어학은 앞이나 뒤 시대의 한국어와 관련시킴이 없이 특정 시대의 한국어의 모습만을 대상으로 언어를 횡적(橫的)으로 연구한다.

반면 통시언어학은 언어를 종적(縱的)으로 관찰하는 입장으로 역사언어학이라 부르기도 한다. 예로 15, 16, 17세기의 모음조화 현상을 변천사 중심으로 연구하거나 한국어의 모음체계의 변화 과정을 기술한 것을 들 수 있다. 공시언어학과 통시언어학의 연구 방법이 함께 발전해야 언어 연구에서 좋은 성과를 얻을 수 있다. 각 시기별로 언어가 잘 연구되어 있어야 언어의 통시적 연구가 가능하고, 통시적 연구 결과에 대한 올바른 이해가 있어야 동시대의 연구 결과만으로는 설명하기 어려운 언어적 현상에 직면했을 때 실마리를 찾을 수 있다.

1. 다음 설명에 해당하는 언어의 특성은 무엇인가?

(1) 가령, '배'라는 사물에 대한 개념적 의미는 다른 나라에서 모두 동일하지만 사물과 이름과의 관계에서 나타나는 명칭이 다른데 이는 언중의 우연한 관습에 의한 표현의 차이를 나타낸다.

(2) 새로운 상황과 사물에 대해 새로운 표현이나 문장을 표현하거나 이해할 수 있는 언어의 속성으로 사람들은 유한한 음운과 어휘를 가지고 무한수의 문장을 생성해 낼 수 있다.

(3) 언중의 공인 하에 문화의 발달과 인간 사회의 제반 요소들의 변화에 의해 언어도 끊임없이 변화한다. 언어는 음운, 형태, 문법, 의미 체계에서 변화를 보이는데 '어린 백성이'에서 '어리석다'란 의미의 '어린'이 오늘날 '나이가 젊은'의 의미로 바뀐 것은 의미에서의 변화를 보인 것이다.

(4) 언어는 한 언어 공동체가 공유하는 것으로 언중의 약속 없이는 바뀌지 않는 일종의 불역성을 가진다. '자장면'과 '짜장면'이 모두 표준어로 인정되는 것은 언어 공동체의 약속에 의해 가능해진 것이다.

2. 다음 예문으로 알 수 있는 언어의 기능은 무엇인가?

    (1) (아침 출근길에 이웃을 향하여) 비가 오네요.
    (2) (혼잣말로) 비가 오네.
    (3) (빨래를 밖에 널어 둔 엄마에게 학교에서 돌아오는 아이가) 비가 오네요.
    (4) (시를 지으며) 비, 떠도는 슬픔의 비애
    (5) (과학시간에) 대기 중의 수증기가 높은 곳에서 찬 기운을 만나 엉겨 맺혀서 땅 위로 떨어지는 물방울을 '비'라고 합니다.

3. 다음 사례를 참고하여 알 수 있는 한국어의 특징을 모두 기술하시오.

    (1) 낟[낟], 낫[낟], 낮[낟], 낯[낟], 낱[낟], 낳[낟]

    (2) ㄱ-ㅋ-ㄲ   ㄷ-ㅌ-ㄸ   ㅂ-ㅍ-ㅃ   ㅈ-ㅊ-ㅉ

    (3) 예쁜 여자를 그 남자가 사랑한다.

    (4) 이제 봄이다.

| 제2장 | 한국어의 음성과 음운

Ⅰ. 한국어 음성학
■ 음성을 연구하는 방법은 무엇인가?
■ 한국어의 말소리에는 어떠한 것들이 있는가?
■ 한국어의 말소리는 어떤 방법으로 생성되는가?

1. 음성학의 연구 분야

인간이 낼 수 있는 수많은 종류의 소리 중에서 언어에 이용되는 소리를 언어음(speech sounds)이라 하고, 이 언어음을 연구하는 것을 음성학이라 한다. 음성학에서는 소리가 어떻게 나오며 어떻게 음파를 타고 전달되고 어떻게 지각되는지 언어음의 특성에 대한 일반적인 연구를 다룬다.

음성학은 언어음을 과학적으로 기술하고 분류한다. 음성언어는 사람의 음성기관을 움직여서 내는 언어음(speech sound)인 말소리로 이루어진다. 이 말소리는 여러 가지 방법으로 분석 기술된다. 첫째, 말소리가 발생하는 점에 중점을 두고 화자가 소리내는 조음기관의 움직임을 연구하는 조음음성학(調音音聲學), 둘째, 음향적 방면에서 소리를 전파 매개하는 음파의 성질을 연구하는 음향음성학(音響音聲學), 그리고 청취자의 입장에서 귀로 감지하는 음성을 고찰하는 청취음성학(聽取音聲學)의 방법을 통해 말소리를 기술할 수 있다.

1.1. 조음음성학

말소리를 구체적으로 포착하여 처리하려고 할 때 취할 수 있는 3가지 방법 중 생리적 발생적 측면에서 하나의 말소리가 음성기관을 사용해서 어떻게 만들어지는가를 기술하고, 그 음성의 분류를 위한 기틀을 제공한다. 이와 같이 음성기관의 움직임을 생리적으로 연구하는 음성학을 조음음성학(articulatory phonetics) 또는 생리음성학(physio logical phonetics)이라 한다. 화자가 발음할 때의 음성기관의 움직임을 연구하고, 이것에 근거하여 말소리가 어떻게 산출되느냐에 따라 언어음을 정의하고 분류한다. 예를 들면, [ʃ]라는 음은 "혀의 앞부분을 윗잇몸보다 약간 후면에 대어 날카롭게 마찰한 소리를 내며, 성대가 진동하지 않는 무성음이다"와 같이 분석한다.

1.2. 음향음성학

공기 중의 진동으로서의 음성의 파형(波形)을 연구 대상으로 하는 음성학을 음향음성학(acoustic phonetics)이라 한다. 음성 자체의 물리적 구조를 살피고, 그 음파의 특성을 물리 기계의 도움으로 분석 기술한다. 지금까지 가장 많이 쓰이는 기록계로는 음파기록기(kymograph), 진동기록기(oscillograph), 음향스펙트럼 분석기, 오실로스코프(oscilloscope) 등이 있다. 특히 음향스펙트럼 분석기는 물리현상으로서의 음파를 진동수·진폭·스펙트럼 분포 등 3가지 측면에서 관찰할 수 있다. 귀로만 들어서 아는 청각인상만으로는 음성의 물리적 성격을 정확히 규명할 수 없으므로 음향음성학에서는 이들을 기계로 측정 처리하여 보다 더 정확하고 수량화된 음성학을 시도하는 것이다.

1.3. 청취음성학

흔히들 cash, father에서 나는 a음을 평탄한(flat) 혹은 넓은(broad) a음이라 하고, go에서 소리 나는 g를 센(hard) g 소리라고 한다. 거센소리(harsh)니 밝은 소리(bright)니 하여 음성을 특징짓게 되는데, 어떤 소리가 아무리 개인의 귀에 거세게 들렸다 해도 그것이 다른 사람의 귀에는 전혀 다르게 들릴 수도 있다. 이와 같이 청자가 느끼는 청각인상(聽覺印象)에 근거하여 말소리를 기술하는 일은 마치 식물학자가 색깔과 냄새에 의하여 꽃과 나무를 판별하는 것과 같이 객관적이고 과학적인 면이 결여되어 있다. 더구나 청자의 관점에서 말소리를 연구한다면 말소리의 특성을 확인하는데 필요한 객관적 기준이 없으므로 청자의 주관으로 좌우되기 쉽다. 따라서 청자의 귀로 감지하는 음성을 고찰하는 청취음성학(auditory phonetics)은 고도의 경지에 이른 음성학자의 섬세하고 정확한 귀로 판단한다는 장점보다는 음성의 물리적 성질을 과학적으로 규명할 수 없다는 점에서 문제가 있다.

2. 음성과 발음기관

2.1. 음성

'고기'에서 첫음절의 'ㄱ'과 둘째 음절의 'ㄱ'은 혀와 입천장을 이용하여 공기의 흐름을 막았다(폐쇄)가 터뜨려 낸다(파열)는 공통점이 있지만, 첫음절의 'ㄱ'은 무성음(無聲音)이고 둘째 음절의 'ㄱ'은 유성음(有聲音)이라는 차이점이 있다. '목'에서의 'ㄱ'은 '고기'의 첫 'ㄱ'과는 무성음이라는 공통점이 있지만 공기의 흐름을 폐쇄(閉鎖)하기만 하고 파열(破裂)하지 않는다는 점에서 다르다. 이와 같이 구체적인 소리의 하나하나를 음성(音聲)이라 한다.

(1) 유성음과 무성음

음성은 성대진동, 즉 성(聲, voice)의 유무에 따라 유성음과 무성음으로 나뉜다. 성대를 진동시킴으로써 발음되는 소리, 곧 성대 진동을 동반하여 산출되는 소리를 유성음(voiced)이라 하고, 유성음과는 달리 성대 진동을 동반하지 않는 소리를 무성음(voiceless)이라 한다. 예를 들면 모든 모음과, 자음 중 /ㄴ, ㄹ, ㅁ, ㅇ/ 등이나 /b, d, g/ 등은 유성음이고, 한국어에서 모음과 /ㄴ, ㄹ, ㅁ, ㅇ/을 제외한 모든 자음은 무성음이다. 영어의 pit(구멍)에서 p는 무성음이고, bit(작은 조각)에서 b는 유성음이다.

(2) 구음과 비음

음성은 기류가 입안으로 향하느냐 코 안으로 향하느냐에 따라 구음(口音, orals)과 비음(鼻音, nasals)으로 나뉜다. 연구개(velum, 라틴어로 '돛'의 뜻)를 올려서 코로 들어가는 기류를 차단하고 입안 쪽으로 기류를 향하게 하여 산출되는 소리를 구음 또는 구강음(orals)이라 하고, 연구개를 아래로 내려서 기류 전체 혹은 일부를 코로 통하게 하여 비강에서 공명하여 산출되는 소리를 비음 또는 비강음(nasals)이라 한다. /ㄴ, ㅁ, ㅇ/은 비음이고, 다른 자음은 모두 구음이다.

(3) 지속음과 비지속음

호기(呼氣)를 완전히 차단하느냐, 혹은 부분적으로 차단하느냐에 따라 조음시의 소요되는 시간이 달라져 지속음과 중단음인 비지속음으로 발음된다. 발화할 때 기류가 완전히 막히지 않거나 부분적으로 막혀서 내는 소리를 지속음(continuant)이라 하고, 완전히 차단하여 내는 소리를 중단음 또는 비지속음(interrupted)이라 한다. 기류가 음성기관에서 방해를 받는 정도에 따라 자음과 모음으로 나뉜다.

(4) 저지음과 공명음

조음방법에 따른 분류의 하나로서 폐쇄의 정도와 비강공명과 같은 소리의 변화에 따라 저지음(沮止音)과 공명음(共鳴音)으로 나뉜다. 저지음(obstruents)은 공기의 흐름을 저지함으로써 산출되는 폐쇄음, 마찰음, 파찰음 등을 말한다. 반면에 공명음(resonants)은 성대를 떨게 한 공기가 구강이나 비강으로 흘러 나갈 때 성도를 저지하지 아니하고 성도의 모양을 변형함으로써 산출되는 비음, 설측음, 설전음, 반모음, 모음 등을 말한다.

(5) 성절음과 비성절음

모음과 같이 음절을 이루는 핵심인 분절음을 성절음(成節音, syllabics)이라 하고, 자음과 같이 음절을 이루지 못하는 분절음을 비성절음(unsy- llabics)이라 한다. 성절음을 이루는 가장 일반적인 것은 모음이지만, 영어와 같은 일부 개별언어에는 성절자음도 있다. 그러나 반모음은 비성절음이다.

2.2. 발음기관

음성을 발음해 내는 인체의 모든 기관을 발음기관(organs of speech)이라고 한다. 발음기관은 크게 3부위로 나뉘는데, 공기를 움직이게 하는 발동부(發動部, initiator)와 소리를 발성해 내는 발성부(發聲部, vocalizator) 그리고 발성된 소리를 고루는 조음부(調音部, articulator)가 있다.

```
                 ┌─ 발동부: 공기를 움직이게 하는 부분(폐, 후두, 후부구강)
        발음기관 ─┼─ 발성부: 소리를 발성하는 부분(성대)
                 └─ 조음부: 발성된 소리를 조음하는 부분(구강, 비강)
```

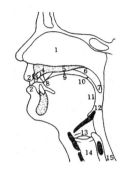

1. 코안 2. 입술 3. 이
4. 윗잇몸 5. 경구개(센입천장)
6. 연구개(여린입천장) 7. 목젖
8. 혀끝 9. 혓바닥 10. 혀뒤
11. 혀뿌리 12. 후두개(울대마개)
13. 목청 14. 기관 15. 식도

【발음기관(The Organs of Speech)】

발음기관 가운데에서, 소리를 내는 데 적극적으로 움직이는 부위로 성대에서 발성된 소리를 조음하는 입안(구강)과 코안(비강)을 조음부(articulator)라고 한다. 조음부에는 비교적 적극적으로 움직이는 능동부와 거의 움직이지 않는 고정부로 이루어진다. 윗입술, 윗잇몸(치조), 경구개, 연구개 등은 고정부에 속하고, 아랫입술, 혀끝(설단), 혓바닥(설면), 혀뿌리(설근) 등은 능동부에 속한다. 고정부는 조음기관에서 가장 큰 수축이 일어나는 조음 위치를 나타내므로 조음점(point of arti- culation)이라 하고, 능동부는 기류를 막거나 일변하는 데 사용하는 조음기관이므로 조음체(articulator)라 하여 구별하기도 한다.

II. 한국어 음운론

- 한국어의 자음과 모음체계는 어떠한가?
- 한국어의 음소는 어떠한 배열을 이루는가?
- 한국어의 음소는 배열되면서 어떤 소리상의 변동을 가져오는가?

1. 한국어의 음운 체계

1.1. 음성과 음운

우리가 들을 수 있는 소리는 모든 자연의 소리를 말한다. 자연과 동물에서 나는 소리, 기침소리, 재채기, 울음소리는 자음과 모음으로 구분되지 않는다. 그러나 음성은 인간의 발음기관을 통하여 만들어진 소리로, 말을 만드는 데 활용되는 분절적인 소리이다. '고기'의 첫음절 'ㄱ'는 무성음[k]이고 둘째 음절의 'ㄱ'는 유성음[g]이다. 음성은 이처럼 발음기관의 조음에 의한 구체적이고 개별적인 소리라고 할 수 있다.

객관적 말소리인 음성에 비해 개별언어 화자가 같은 음이라고 인식하는 여러 유사음의 집합을 음운이라고 한다. 음운은 여러 변이음의 관계에 의해서만 존재하는 추상적 개념으로 의미 분화를 일으키는 최소의 단위이다. 한국어에서 '굴, 꿀, 둘, 물, 불, 뿔, 술, 줄' 등은 첫소리 'ㄱ, ㄲ, ㄷ, ㅁ, ㅂ, ㅃ, ㅅ, ㅈ'에 의하여 서로 뜻이 다른 단어가 되고, '발 벌, 볼, 불' 등은 가운뎃소리 'ㅏ, ㅓ, ㅗ, ㅜ'에 의하여 뜻이 다른 단어가 된다. 이처럼 말의 뜻을 구별해 주는 기능을 가진 소리의 단위를 음운(音韻)이라 한다.

변이음은 하나의 음운이 음성 환경에 따라서 음성적으로 실현된 각각의 소리이다. 예를 들어 '가곡'에 사용된 'ㄱ'이라는 음운은 각각의 음성 환경에 따라 무성음 'ㄱ'[k], 유성음 'ㄱ'[g], 내파음 'ㄱ'[k]으로 발음되지만 뜻을 구별 짓지 못한다. 이처럼 하나의 음소 'ㄱ'에 속하며 출현하는 환경이 상보적 분포를 이루는 구체적인 음성 'ㄱ'[k], 유성음 'ㄱ'[g], 내파음 'ㄱ'[k]을 변이음(變異音, allophone)이라 한다.

한국어의 음운에는 모음 21개(단모음 10개, 이중모음 11개), 자음 19개가 있다.

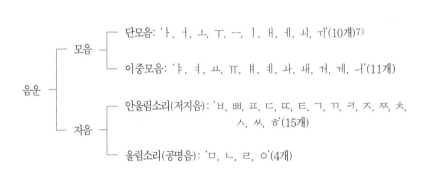

1.2. 자음체계

허파에서 나오는 공기가 성대를 거쳐 발음 기관에 의해 구강 통로가 좁아지거나 완전히 막히는 따위의 장애를 받으며 나는 소리를 자음(consonant)이라 한다. 자음은 조음위치와 조음방법에 의해 분류해 볼 수 있다. 먼저 자음은 조음위치에 따라 양순음, 치조음, 경구개음, 연구개음, 후음으로 나뉜다. 입술소리인 양순음(兩脣音)은 두 입술에서 나는 소리(ㅂ, ㅃ, ㅍ : ㅁ), 혀끝소리[舌端音]인 치조음(齒槽音)은 혀끝과 윗잇몸 사이에서 나는 소리(ㄷ,

---

7) 'ㅟ'와 'ㅚ'를 학교문법에서는 단모음으로 보고 있으나 'ㅟ'와 'ㅚ'는 [wi], [we]로 이중모음으로 보는 학자들이 있다.

ㄸ, ㅌ ; ㅅ, ㅆ ; ㄴ ; ㄹ), 경구개음(硬口蓋音)은 혓바닥과 경구개[센입천장] 사이에서 나는 소리(ㅈ, ㅉ, ㅊ), 연구개음(軟口蓋音)은 혀의 뒷부분과 연구개[여린입천장]에서 나는 소리(ㄱ, ㄲ, ㅋ ; ㅇ), 목청소리인 후음(喉音)은 목청 사이에서 나는 소리(ㅎ)이다.

자음은 조음방법에 따라 크게 저지음과 공명음으로 분류된다. 안울림소리인 저지음에는 파열음[폐쇄음], 마찰음, 파찰음이 있다. 파열음은 폐에서 나오는 공기를 막았다가 그 막은 자리를 터뜨리면서 내는 소리(ㅂ, ㅃ, ㅍ ; ㄷ, ㄸ, ㅌ ; ㄱ, ㄲ, ㅋ)이고, 마찰음은 입안이나 목청 사이의 통로를 좁혀서, 공기가 그 사이를 비집고 나오면서 마찰하여 나는 소리(ㅅ, ㅆ ; ㅎ)이며, 파찰음(破擦音)은 처음에는 파열음, 나중에는 마찰음의 순서로 두 가지 성질을 다 갖는 소리(ㅈ, ㅉ, ㅊ)이다. 이런 저지음(파열음, 마찰음, 파찰음)은 다시 예사소리(ㅂ, ㄷ, ㄱ, ㅈ), 된소리(ㅃ, ㄸ, ㄲ, ㅉ), 거센소리(ㅍ, ㅌ, ㅋ, ㅊ)로 나뉜다.

울림소리인 공명음(共鳴音)은 비음과 유음으로 나뉘는데, 비음은 입안의 통로를 막고 코로 공기를 내보내면서 나는 소리(ㅁ, ㄴ, ㅇ)이고, 유음(流音)은 혀끝을 잇몸에 가볍게 대었다가 떼거나('나라'의 'ㄹ'), 혀끝을 잇몸에 댄 채 공기를 그 양 옆으로 흘러 보내면서 나는 소리('달'의 'ㄹ')이다.

<표 2-1> 한국어의 자음체계

조음 방법		조음 위치	두입술	윗잇몸 혀 끝	경구개 혓바닥	연구개 혀 뒤	목청 사이
안울림 소 리 (저지음)	파열음	예사소리 된 소 리 거센소리	ㅂ ㅃ ㅍ	ㄷ ㄸ ㅌ		ㄱ ㄲ ㅋ	
	파찰음	예사소리 된 소 리 거센소리			ㅈ ㅉ ㅊ		
	마찰음	예사소리 된 소 리		ㅅ ㅆ			ㅎ

울 림 소 리 (공명음)	비음(鼻音)	ㅁ	ㄴ		ㅇ	
	유음(流音)		ㄹ			

1.3. 모음체계

성대의 진동을 받은 소리가 목, 입, 코를 거쳐 나오면서 장애를 받지 않고 목청이 떨어 나는 소리를 모음(vowel)이라 한다. 모음의 종류에는 말소리를 발음하는 도중에 입술이나 혀가 고정되어 움직이지 않는 소리인 단모음과 소리를 내는 도중에 입술 모양이나 혀의 위치가 처음과 나중이 달라지는 소리인 이중모음이 있다.

단모음은 혀의 앞뒤의 위치에 따라(二分法) 전설모음과 후설모음으로 나뉜다. 전설모음은 혀의 앞쪽에서 발음되는 모음('ㅣ, ㅔ, ㅐ, ㅚ, ㅟ')이고, 후설모음은 혀의 뒤쪽에서 발음되는 모음('ㅡ, ㅓ, ㅏ, ㅜ, ㅗ')이다. 또한, 혀의 높낮이에 따라(三分法) 고모음, 중모음, 저모음이 있다. 고모음은 입이 조금 열려서 혀의 위치가 높은 모음('ㅣ, ㅟ, ㅡ, ㅜ')이고, 중모음은 혀의 위치가 중간인 모음('ㅔ, ㅚ, ㅓ, ㅗ')이며, 저모음은 입이 크게 열려서 혀의 높이가 낮은 모음('ㅐ, ㅏ')이다. 이는 입의 크기에 따른 개구도에 의한 폐모음(閉母音, close vowel), 반폐반개모음(半閉母音半開母音, half-close vowel half-open vowel), 개모음(開母音, open vowel)의 분류와 같다. 즉, 고모음은 혀의 앞쪽이나 뒤가 입천장에 가까이 닿으므로 입의 크기가 작아지는 폐모음이 되며, 저모음은 혀의 앞쪽이나 뒤가 입천장으로부터 최대한 멀어지면서 입의 크기가 커지는 개모음이 된다.

그리고 모음은 입술의 모양에 따라 원순모음과 평순모음으로 나뉜다. 원순모음은 입술을 둥글게 오므려 내는 모음('ㅚ, ㅟ, ㅜ, ㅗ')이고, 평순모음은 원순모음이 아닌 모음('ㅏ, ㅓ, ㅡ, ㅣ, ㅔ, ㅐ')이다.

<표 2-2> 한국어의 모음체계

혀의 앞뒤 / 혀의 높이	전설모음		후설모음	
	평 순	원 순	평 순	원 순
고 모 음	ㅣ	ㅟ	ㅡ	ㅜ
중 모 음	ㅔ	ㅚ	ㅓ	ㅗ
저 모 음	ㅐ		ㅏ	

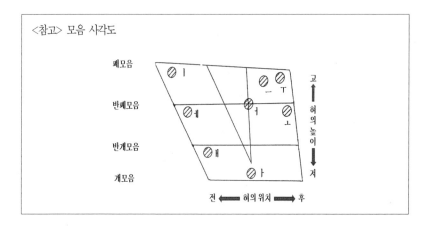

<참고> 모음 사각도

이중모음은 입술모양이나 혀의 위치가 처음과 나중이 달라지는 음운이므로 시작되는 혀의 위치에 따라 구분된다. 'ㅣ [j]'의 자리에서 시작되는 모음('ㅑ, ㅕ, ㅛ, ㅠ, ㅒ, ㅖ'), 'ㅗ / ㅜ [w]'의 위치에서 시작되는 모음('ㅘ, ㅙ, ㅝ, ㅞ, (ㅟ)'), 그리고 'ㅡ'의 위치에서 시작되어 'ㅣ'의 위치에서 끝나는 모음('ㅢ')이 있는데, 이들 이중모음을 형성하는 'ㅣ [j], 'ㅗ/ㅜ' [w]가 반모음(半母音, semivowel)이다.

	두 입술, 연구개	혓바닥, 경구개
반 모 음	ㅗ / ㅜ	ㅣ

1.4. 운소

운소란 단어의 의미를 분화하는 데 관여하는 음소 이외에 운율적 특징으로 소리의 높낮이, 길이, 세기 등이 있다. 운소는 그 경계 마디를 정확히 나타낼 수 없으며 자음, 모음이나 단어, 구, 문장 위에 덧붙어서 이루어진다. 표준 한국어에서 운소는 소리의 길이와 억양, 그리고 연접(juncture)을 들 수 있는데 이 중에 소리의 길이에 대한 규정만 한국어 표준 발음법에 제시되어 있다.

한국어에서는 같은 모음을 특별히 길게 소리를 냄으로써 단어의 뜻을 구별하는 경우가 많다. 이처럼 소리의 길이는 뜻을 구별하여 준다는 점에서 자음이나 모음과 같은 기능을 갖는다.

(1) 소리의 길이에 따라 뜻이 분별되는 말

눈:[雪] - 눈[目]	밤:[栗] - 밤[夜]
발:[簾] - 발[足]	장:[將, 醬] - 장[場]
벌:[蜂] - 벌[罰]	손:[損] - 손[手]
배:[倍] - 배[梨, 舟]	매:[鷹] - 매[磨石, 회초리]
돌:[石] - 돌(생일)	굴:[窟] - 굴(굴조개)
대:전(大戰) - 대전(大田)	광:주(廣州) - 광주(光州)
부:자(富者) - 부자(父子)	방:화(放火) - 방화(防火)
유:명(有名) - 유명(幽明)	성:인(聖人) - 성인(成人)
갈:다(耕) - 갈다(代)	곱:다(麗) - 곱다(손이)
걷:다(步) - 걷다(收)	묻:다(問) - 묻다(埋)
잇:다(續) - 있다(有)	적:다(小量) - 적다(記錄)

긴소리는 '그:네, 대:추, 자:랑, 호:박, 놀:다, 살:다, 울:다, 검:다, 멀:다, 좋:다, 모:두, 아:무리'에서와 같이 일반적으로 단어의 첫째 음절에서 나타난다. 본래 길게 나던 것도 둘째 음절 이하에 오면 짧게 발음된다.

말:솜씨 – 반말	병:원 – 위장병
눈:사람 – 함박눈	멀:다 – 눈멀다
일:꾼 – 집안일	

다만 합성어의 경우에는 둘째 음절 이하에서도 분명한 긴소리를 인정한다(선남선녀(善男善女)[선:남선:녀], 전신전화(電信電話)[전:신전:화]). 또한 용언의 단음절 어간에 어미 '-아/-어'가 결합되어 한 음절로 축약되는 '보아-봐:, 되어-돼:, 두어-둬:'와 같은 경우에도 긴소리로 발음한다.

말을 할 때 정확하게 뜻을 전달하기 위해서는 일정한 간격으로 띄어 말하게 되는데 그 띄는 간격을 연접이라고 한다. 한 어절이나 어구에서 어디를 끊어 말하고 읽느냐에 따라 의미가 달라지기도 한다. 연접은 문장의 길이, 말의 속도와 스타일, 문법, 의미구조, 발화의 초점 등 여러 요인들의 상호 작용에 의해 결정된다.

(2) 연접에 의해 뜻이 달라지는 표현
　　　아버지가방에들어가신다.
　　　강아지가면을좋아한다.
　　　오늘밤나무사온다.

억양은 음의 높낮이가 단어에 걸리지 않고 문장이나 구에 걸려 화자의 발화 의도나 감정 및 태도를 직접적으로 표시하는 기능을 하는 운소이다. 이러한 억양은 문장 유형 및 화자의 발화 의도에 따라 몇 가지 변이형을 갖는데 같은 문장이라 하더라도 문장의 끝을 높이느냐, 낮추느냐, 평탄하게 하느냐에 따라 그 의미가 다르게 된다.

(3) 억양에 의해 발화 의도가 달라지는 표현
　① 지금 집에 가요. /＼/
　② 지금 집에 가요? /／/
　③ 지금 집에 가요. /→/

　①은 문장의 끝이 서서히 약하게 되는 하강조로 화자가 단순히 자신의 행위를 서술하는 경우이다. ②는 문장의 끝이 상승조로 화자가 추정하여 알고 있는 사실을 청자에게 묻는 경우이다. ③은 문장의 음고를 그대로 유지하는 수평조의 억양으로 화자의 말이 끝나지 아니하고 청자의 반응을 기다리는 경우이거나 화자가 결정이 모호하여 끝을 맺지 못하고 발화가 계속 될 것을 암시하는 경우로 볼 수 있다.
　이처럼 문장 끝의 억양을 어떻게 하느냐에 따라 문장의 종결 유형이 달라질 수 있다. 문장의 끝을 낮추면 부드러운 느낌의 평서문이나 청유문의 의미를 나타낸다. 문장의 끝을 올리면 질문에 대한 대답을 요구하는 의문문이 되고, 문장의 끝을 갑자기 상승시켰다가 중단시키는 경우('지금 집에 가요/↕/)는 청자에게 직접적으로 지시하는 강한 느낌의 명령문의 의미를 나타낸다.

2. 한국어의 음절

2.1. 음절

음절(syllable)이란 모음과 자음이 결합되어 이루는 가장 작은 발음 단위로서 한 번에 낼 수 있는 소리의 마디라고 할 수 있다. 예를 들어, '한국어'라는 단어는 [한-구-거]와 같이 세 개의 소리마디로 이루어져 있는데, 이 각각의 소리마디를 음절이라고 한다. 이러한 음절은 받침의 유무에 따라 폐음절과 개음절로 나뉜다. 여기에서 '[구]'와 '[거]'는 개음절이고 '[한]'은 폐음절이다.

표기에 있어서 한글은 로마자처럼 소리글자인 표음문자이지만 풀어쓰기가 아닌 모아쓰기 방식을 취하고 있어 한글 표기에는 음절에 대한 인식이 뚜렷이 나타난다. 영어의 경우 'Korean'처럼 풀어쓰는데 한글의 경우는 영어처럼 'ㅎㅏㄴㄱㄱㄱㅜㅇㅓ'와 같이 풀어쓰지 않고 '한국어(韓國語)'처럼 모아쓰기를 하고 있다.

2.2. 한국어의 음절 구조

한국어의 음절은 초성, 중성, 종성으로 이루어져 있는데 초성, 종성의 자리에 자음(consonant)이 오고 중성의 자리에는 모음(vowel)이 온다. 한국어에서 모음은 음절을 구성하는 필수적인 요소로 자음 없이도 음절을 이룰 수 있으나 자음은 반드시 모음과 결합되어야 소리를 낼 수 있다. 한국어에서 가능한 음절 구조는 다음의 네 가지 경우이다.

(1) 모음(V): 아, 오, 이, 우, …

(2) 자음+모음(C+V): 가, 나, 소, 개, …

(3) 모음+자음(V+C): 안, 입, 약, 옷, 일, …

(4) 자음+모음+자음(C+V+C): 곰, 눈, 밥, 창, …

음절의 첫소리로 올 수 있는 자음은 모두 18개이며, /ㅇ/[ŋ]은 첫소리에 올 수 없다. 그리고 /ㄹ/의 경우는 '라디오, 러시아' 등과 같은 외래어를 제외하고는 단어의 처음에 오지 못한다. 또한 한자어에서는 어두의 /ㄹ/가 탈락하거나(력사(歷史)-역사), /ㄴ/로 바뀐다(로인(老人)-노인). 중성의 자리에는 모음만 올 수 있는데, '너'나 '예'에 보이듯 중성에는 단모음과 이중모음이 모두 쓰일 수 있다.

종성의 자리에는 표기상으로는 /ㄸ, ㅃ, ㅉ/를 제외한 16개의 받침이 올 수 있으나 발음상으로는 [ㄱ, ㄴ, ㄷ, ㄹ, ㅁ, ㅂ, ㅇ]의 7개의 자음만 올 수 있다. 이러한 원리로 어느 위치에서도 두 개의 자음이 연달아 발음되는 겹자음이 올 수 없다. 예를 들어, '닭, 삶, 값'은 철자상으로는 CVCC 구조이나 발음되는 것은 CVC 구조이다.

그러나 영어는 어두와 어말에 자음군을 허용하여 단 하나의 자음만이 올 수 있는 한국어와 대조적이다. 이 때문에 영어를 학습하는 한국인은 1음절 영어 단어 'strike'를 '스트라이크'와 같이 5음절로 발음하는 일이 있고 한국어를 학습하는 영어 화자는 '닭[tak]'을→'달그[talk]'와 같이 겹자음 낱낱을 발음하려는 경향이 있다.

이처럼 개별언어는 각 언어의 고유의 음절 구조를 가지고 있다. 일본어는 음절 끝에 자음이 없는 개음절 구조를 가지고 있다. 이로 인해 일본인 한국어 학습자가 '김치'의 음절 말 받침을 읽을 때 일본어 음절구조에 적용시켜 [기무치]와 같이 개음절로 발음하는 오류를 보이기도 한다.

3. 한국어의 음운 규칙

한 형태소가 다른 형태소와 결합할 때, 형태소의 음운이 조건에 따라 다른 음운으로 바뀌는 현상을 음운 규칙이라 한다. 형태소의 결합에서 일어나는 음운상의 변화는 대개 말하는 이의 입장에서는 발음을 편하고 쉽게 하려는 동기에서 때로는 듣는 이의 청각 인상을 명확하게 하기 위한 목적에서 일어난다. 어떠한 동기에서 음운의 변화가 일어나든 음운 변화는 해당 언어의 음운체계 속에서 매우 체계적으로 발생한다.

음운 규칙에는 어떤 하나의 음운이 다른 음운으로 바뀌는 대치[교체], 두 개의 음운이 하나의 음운으로 합쳐지는 축약, 두 음운 중 어느 하나가 없어지는 탈락, 형태소가 합성될 때 그 사이에 음운이 덧붙는 첨가 등이 있다.

3.1. 받침의 발음

한국어에서 종성 즉 음절의 끝소리로 발음될 수 있는 자음은 'ㅂ, ㄷ, ㄱ, ㅁ, ㄴ, ㅇ, ㄹ' 일곱 소리뿐이다. 따라서 음절 끝에 일곱 소리 이외의 자음이 오면 이 일곱 자음 중의 하나로 바뀌어 발음하는데, 이를 음절의 끝소리 규칙이라 한다. 가령 '낫, 낫, 낯'은 모두 다른 받침으로 표기되어 있는 별개의 단어들이지만 이들의 받침소리인 'ㅈ, ㅅ, ㅊ'가 모두 음절 끝에서 'ㄷ'로 교체되기에 다 똑같이 [낟]으로 발음된다. 이는 음절 첫머리에서는 모두 제 소리를 내던 자음들 'ㅈ, ㅅ, ㅊ'가 음절 끝에서는 그들을 서로 구별해 주는 소리 성질들을 잃어버리고 중화(中和)되기 때문이다.

(1) 홑받침의 발음

받침	대표음	예
ㄱ, ㅋ, ㄲ	[ㄱ]	책 [책], 부엌 [부억], 밖 [박]
ㄴ	[ㄴ]	산 [산]
ㄷ, ㅅ, ㅆ, ㅈ, ㅊ, ㅌ, ㅎ	[ㄷ]	숟가락 [숟까락], 옷 [옫], 있다 [읻따], 낮 [낟], 낯 [낟], 끝 [끋], 히읗 [히읃]
ㄹ	[ㄹ]	팔 [팔]
ㅁ	[ㅁ]	숨 [숨]
ㅂ, ㅍ	[ㅂ]	입 [입], 잎 [입]
ㅇ	[ㅇ]	공 [공]

음절의 끝소리 규칙은 두 개의 자음으로 이루어진 겹받침에도 그대로 적용되는데, 이는 한국어의 음절 구조상 초성과 종성의 위치에 하나의 자음밖에 올 수 없기 때문이다.

(2) 겹받침의 발음

앞 자음이 발음되는 경우			뒤 자음이 발음되는 경우		
겹받침	발음	예	겹받침	발음	예
ㄳ	[ㄱ]	넋 [넉]	ㄺ	[ㄱ]	닭 [닥]
ㄵ	[ㄴ]	앉다 [안따]	ㄻ	[ㅁ]	삶 [삼]
ㄼ	[ㄹ]	여덟 [여덜]	ㄿ	[ㅂ]	읊다 [읍따]
ㄽ	[ㄹ]	외곬 [외골]			
ㄾ	[ㄹ]	핥다 [할따]			
ㅄ	[ㅂ]	값 [갑]			
ㄶ	[ㄴ]	많고 [만코]			
ㅀ	[ㄹ]	싫다 [실타]			

종성에 온 겹받침은 하나만 발음된다. 종성의 'ㅄ, ㄳ, ㄽ, ㄾ, ㄵ'은 첫

째 자음만 발음되고 'ㄻ, ㄿ'은 둘째 자음만 발음된다. 종성의 겹받침 중 'ㄺ, ㄼ'은 불규칙적이다[8].

겹받침은 3가지 환경에 따라 발음된다. 첫째 겹받침이 말음이어서 단독으로 발음되는 경우, 둘째 자음으로 시작하는 말 앞에서 발음되는 경우가 있다. 이러한 경우는 '넋[넉]'과 '읊다[읍따]'처럼 겹받침의 두 자음 중 하나의 대표음으로 발음된다. 셋째 겹받침이 모음으로 시작하는 말 앞에서 발음될 때는 뒤에 오는 형태소의 실질적 의미 유무에 따라 두 가지 경우로 나뉜다. 뒤에 형식형태소가 올 경우에는 '값을[갑쓸]'처럼 뒤의 자음을 다음 음절의 첫 소리로 연음하여 두 자음을 모두 살려 발음하고, 뒤에 실질형태소가 올 경우에는 '값없이'[갑업시→가법씨]'처럼 겹받침의 대표음으로 바꾼 뒤 연음하여 발음한다.

3.2. 음운의 대치

하나의 음운이 다른 음운으로 바뀌는 현상을 교체 또는 대치라고 한다. 이러한 음운 현상으로는 경음화, 비음화, 유음화, 구개음화, 모음조화 등이 있다.

(1) 경음화

두 개의 안울림소리가 서로 만나면 뒤의 소리가 된소리로 발음되는 현상을 경음화라 한다. 경음화 현상은 어간과 어미 사이(①), 체언과 조사 사이(②), 명사와 명사의 합성어의 경우(③), 접사(④) 등에서 나타난다. 받침 'ㄱ(ㄲ, ㅋ, ㄳ, ㄺ), ㄷ(ㅅ, ㅆ, ㅈ, ㅊ, ㅌ), ㅂ(ㅍ, ㄼ, ㄿ, ㅄ)' 뒤에 연결

---

8) 읽고→[일꼬], 읽지→[익찌], 넓다→[널따], 밟다→[밥ː따], 넓둥글다→[넙뚱글다], 넓죽하다→[넙쭈카다]

되는 'ㄱ, ㄷ, ㅂ, ㅅ, ㅈ'는 예외 없이 된소리인 [ㄲ, ㄸ, ㅃ, ㅆ, ㅉ]로 발음된다.

① 입고→[입꼬], 먹자→[먹짜], 잡자→[잡짜]
② 법도→[법또], 떡과→[떡꽈], 밭과→[받꽈]
③ 앞길→[압낄], 젖소→[젇쏘]
④ 덮개→[덥깨], 값지다→[갑찌다]

한편 용언 어간에만 적용되는 경음화가 있는데 '신을 신고[신꼬], 머리를 감고[감꼬]'에서처럼 어간 받침 'ㄴ(ㄵ), ㅁ(ㄻ)' 뒤에 결합되는 어미의 첫소리 'ㄱ, ㄷ, ㅅ, ㅈ'는 된소리 [ㄲ, ㄸ, ㅆ, ㅉ]로 발음된다. 체언의 경우에는 '신과[신과], 바람도[바람도]'와 같이 된소리로 바꾸어 발음하지 않는다.

이 외에도 한자어에서 'ㄹ' 받침 뒤에 연결되는 'ㄷ, ㅅ, ㅈ'은 된소리로 발음되는 경우가 있고(갈등 [갈뜽], 절도 [절또], 물질 [물찔]), 관형사형 '(으)ㄹ' 뒤에 연결되는 'ㄱ, ㄷ, ㅂ, ㅅ, ㅈ'은 된소리로 발음한다(할 도리[할또리/ 할∨도리], 할 적에[할쩍에/ 할∨저게], 할지라도 [할찌라도]).

(2) 비음화

비음이 아닌 폐쇄음이 비음 앞에서 비음으로 바뀌어 발음되는 현상을 비음화라 한다. 그리고 이때 비음으로 바뀌는 폐쇄음은 동일한 조음 위치에 있는 비음으로 바뀐다. 즉, 연구개음인 'ㄱ'은 연구개 비음 'ㅇ'으로, 치조음 'ㄷ'은 치조 비음 'ㄴ'으로, 양순음 'ㅂ'은 양순 비음 'ㅁ'으로 바뀐다. 조음 위치를 동일하게 유지하며 조음 방법 면에서 발음하기 어려운 폐쇄음을 발음하기 편한 공명음인 비음으로 발음하는 것이 수월하기 때문이다.

① 받침 'ㄱ(ㄲ, ㅋ, ㄳ, ㄺ), ㄷ(ㅅ, ㅆ, ㅈ, ㅊ, ㅌ, ㅎ), ㅂ(ㅍ, ㄼ, ㄿ, ㅄ)'는 'ㄴ, ㅁ' 앞에서 'ㅇ, ㄴ, ㅁ'로 발음한다.

국물[궁물]   맏며느리[만며느리]   밥물[밤물]

비음화가 일어나기에 앞서 음절의 끝소리규칙이 먼저 적용된다. 빗물→[빋물→빈물], 앞날→[압날→암날], 몇리→[멷리→멷니→면니]

② 받침 'ㅁ, ㅇ' 뒤에 연결되는 'ㄹ'은 비음인 'ㄴ'으로 발음한다.

종로[종노]   대통령[대통녕]   강릉[강능]   침략[침냑]   담력[담녁]

③ 받침 'ㄱ, ㄷ, ㅂ' 뒤에 연결되는 'ㄹ'도 ①처럼 'ㄴ'으로 먼저 발음하고, 이 비음 [ㄴ]은 ②처럼 'ㄱ, ㄷ, ㅂ'을 'ㅇ, ㄴ, ㅁ'으로 발음하게 한다.

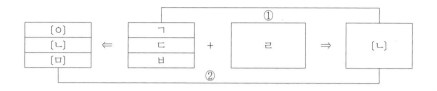

백로[백노→뱅노]　　협력[협녁→혐녁]　　섭리[섭니→섬니]

여기서 '르'이 'ㄴ'으로 발음되는 이유는 '신라→[실라]'처럼 받침 발음이 [ㄹ]이 올 경우에만 둘째 음절 초성 발음에 [ㄹ]이 올 수 있기 때문에 '백로'는 [백노]가 우선시 된 것이다[9].

(3) 유음화

유음이 아닌 자음이 유음으로 바뀌는 현상으로 'ㄴ'은 'ㄹ'의 앞이나 뒤에서 [ㄹ]로 발음한다.

[ㄹ]	⇐ ㄴ	+ ㄹ
ㄹ	+ ㄴ	⇒ [ㄹ]

난로[날로]　　신라[실라]　　천리[철리]　　설날→[설랄]
칼날[칼랄]　　물난리[물랄리]　　할는지[할른지]

---

9) 그러나 다르게 생각할 수 있다. '백로'에서 받침 'ㄱ'은 공명음인 'ㅐ'와 'ㄹ' 사이에 있으므로 공명음 'ㅇ'으로 먼저 바뀔 수도 있다. 즉, '백로→[뱅로→뱅노]'로 발음되고, '협력'과 '섭리'도 '협력→[혐력→혐녁]', '섭리→[섬리→섬니]'로 발음된다고 볼 수 있다.

(4) 구개음화

끝소리가 치조음인 'ㄷ, ㅌ'인 형태소가 'ㅣ'[i] 혹은 반모음 'ㅣ'[j]로 시작되는 형식 형태소와 만나면 경구개음인 'ㅈ, ㅊ'으로 발음되는 음운 현상을 구개음화(口蓋音化)라고 한다. 모음 'ㅣ'는 전설고모음으로 치조음 부근에서 나는 것이 아니라 경구개음 근처에서 발음된다. 이는 경구개음인 모음 '이[i]'와 '반모음 'ㅣ'[j]'의 영향으로 치조 자음 'ㄷ, ㅌ'이 동일한 조음 위치인 경구개 자음 'ㅈ, ㅊ'으로 변하여 발음을 쉽게 하려는 현상이다.

굳이[구디 → 구지]　　　　해돋이[해도디 → 해도지]
같이[가티 → 가치]　　　　붙이다[부티다 → 부치다]
붙여요[부텨요 → 부처요]

또한 받침 'ㄷ'이 히/혀와 결합되는 경우 자음 축약 현상으로 [ㅌ]이 되고, 다시 경구개음 [ㅊ]로 바뀌어서 뒤 음절 첫소리로 옮겨 발음한다.

ㅊ⇐ㅌ　⇐　ㄷ　+　히/혀

굳히다[구티다 → 구치다]　　　　닫히다[다티다 → 다치다]

닫혀요[다텨요 → 다쳐요]

(5) 모음조화

모음조화(母音調和)는 모음동화의 일종으로 양성모음('ㅏ, ㅗ, ㅑ, ㅛ')은 양성모음끼리, 음성모음('ㅓ, ㅜ, ㅡ, ㅕ, ㅠ')은 음성모음끼리 어울리는 현상으로 15세기에는 철저히 지켜졌지만, 현대 국어에서는 현실발음의 모음 강화현상으로 모음조화 현상이 많이 붕괴되었다. 용언어간에 붙는 어미는 대부분 모음조화를 지키고 있으나(①), 일종의 발음 강화현상으로 모음조화가 붕괴된 단어가 많다(②). 반면에 의성어와 의태어에서는 지금도 철저히 지켜지고 있다(③).

① 막아 : 먹어, 막았다 : 먹었다, 막아라 : 먹어라
② 오뚝이, 괴로워, 아름다워, 소꿉놀이
③ 졸졸 : 줄줄, 캄캄하다 : 컴컴하다, 알록달록 : 얼룩덜룩,
   살랑살랑 : 설렁설렁, 찰찰 : 철철, 달달 : 덜덜

3.3. 음운의 축약

두 음운이 만나 합쳐져서 하나로 줄어 소리 나는 현상으로 'ㅂ, ㄷ, ㄱ, ㅈ'과 'ㅎ'이 서로 만나면 'ㅍ, ㅌ, ㅋ, ㅊ'으로 축약되는 자음 축약과 두 모음이 서로 만나서 한 음절이 되는 모음 축약이 있다.

① 자음 축약

놓고→[노코], 좋던→[조 : 턴], 많고→[만 : 코] ,닳지→[달치]
각하→[가카], 잡히다→[자피다], 먹히다→[머키다], 젖히다→[저치다]

② 모음 축약

사이→[새], 아이→[애], 거이→[게](갑각류), 보이다→[뵈다],
오이→[외], 누이다→[뉘다], 수이→[쉬], 바꾸이다→[바뀌다]

모음 축약은 두개의 모음이 합쳐져 하나의 모음으로 줄어드는 현상이
다. 앞 뒤 음절의 두 단모음이 하나의 단모음으로 축약되는 모음 축약은
자음 축약과 달리 표기에 반영된다.

3.4. 음운의 탈락

두 형태소가 만날 때에 앞뒤 두 음운이 마주칠 경우, 한 음운이 완전

히 발음되지 않는 현상을 탈락이라 한다. 이는 말을 할 때 노력을 덜 들이고, 쉽고 빠르게 말하기 위하여 단어나 음절 사이의 어떤 소리를 줄여서 발음하는 경우로 소리의 생략에는 크게 자음이 탈락하는 경우와 모음이 탈락하는 경우가 있다. 자음이 탈락하는 경우는 자음군 단순화, 'ㄹ' 탈락, 'ㅎ'탈락 현상을 예로 들 수 있다. 자음군 단순화는 겹받침의 두 자음이 음절 끝에 놓일 때, 겹받침 뒤에 아무런 음이 따르지 않거나 자음이 뒤따르게 되어 두 자음 중 어느 한 자음이 탈락하는 음운현상이다.

① 'ㄹ' 탈락
'ㄹ'받침 용언에서 어간 끝소리 'ㄹ'이 'ㄴ, ㅂ, ㄷ, ㅈ', 그리고 '오, 시' 앞에서는 탈락한다.

살+니→사니, 울는→우는, 열닫이→여닫이, 울짖다→우짖다
살+ㅂ니다→삽니다, 살+오→사오, 살+시+어요→사세요

합성어나 파생어가 만들어질 때 'ㄹ'이 'ㄴ, ㄷ, ㅅ, ㅈ' 앞에 오는 경우 탈락한다.

딸+님 → 따님, 불+도덕→부도덕, 불+삽→부삽, 바늘+질 → 바느질

② 'ㅎ' 탈락
용언 어간의 끝소리 'ㅎ'이 모음과 모음 사이에서, 또는 'ㄴ, ㄹ'과 모음 사이에서 발음되지 않는 음운현상이다.

낳+은→[나은]   많아→[마나]   끓+어→[끄러]

이처럼 용언의 어간에서 일어나는 'ㅎ'탈락은 표준발음으로 인정하지만 '여행, 전화, 결혼' 등을 발음할 때 'ㅎ'을 탈락시켜 [여앵], [저놔], [겨론]처럼 발음하는 것은 표준발음으로 인정하지 않는다.

③ 동일모음 탈락

'ㅏ'나 'ㅓ'로 끝나는 용언 어간 뒤에 'ㅏ'나 'ㅓ'로 시작하는 어미가 와서 동일한 모음이 연속될 때 그 중 한 모음이 탈락한다.

가+아서 → 가서, 서+었+다 → 섰다, 건너+어서 → 건너서

④ '으' 탈락

'으'로 끝나는 어간은 첫째, 'ㅏ/ㅓ'로 시작하는 어미 앞에서 용언의 어간 'ㅡ'가 탈락한다. 둘째, 'ㄹ'이나 모음으로 끝나는 용언 어간+'ㅡ'로 시작하는 어미에서 'ㅡ'가 탈락한다. 셋째, 'ㄹ'이나 모음으로 끝나는 체언 뒤의 조사 '으로'는 'ㅡ'가 탈락한다.

크+어서 → 커서, 쓰+어도 → 써도, 담그+아도 → 담가도
알+으면 → 알면, 풀+으면 → 풀면, 배우+으니 → 배우니
서울+으로 → 서울로, 바다+으로 → 바다로

3.5. 음운의 첨가

단어나 어절의 어느 부위에 어떤 음을 첨가하여 발음하는 음운 현상을 첨가라 한다. 'ㄴ' 첨가는 합성어를 이루는 요소 사이에서 일어나는 음운 현상으로 합성어 선행 요소는 자음으로 끝나고 합성어 후행 요소는 '이'

나 'y'로 시작할 때 적용된다. 'ㄴ' 첨가는 주로 합성어를 이루는 요소 사이에서 일어나지만 파생어의 구성 성분 사이 또는 단어와 단어 사이에서 적용되기도 한다.

① 'ㄴ' 첨가
솜+이불→[솜니불], 헛+일→[헌닐], 못 잊는다→[몬 닌는다]
늑막+염→[늑막념→능망념], 들+일→[들닐→들릴]

위 사례 '솜이불'과 '늑막염'은 각각 '솜'과 '이불', '늑막'과 '염'이 결합된 합성어이다. 그리고 'ㄴ' 첨가 현상은 그러한 합성어 중 앞 요소가 자음으로 끝나고 뒤 요소의 첫 음절이 '이, 야, 여, 요, 유'로 시작하는 경우 나타난다. 'ㄴ'이 첨가된 후에는 첨가된 후의 발음이 용이하도록 동화가 일어나기도 한다. 예를 들어 '늑막염'[능망념]은 'ㄴ'첨가 후에 비음화가 일어난 예이고 '들일'[들닐→들릴]은 'ㄴ' 첨가 후에 유음화가 일어난 예이다[10].

---

10) 'ㄴ'첨가는 앞 말이 반드시 자음으로 끝나고 뒷말이 '이'나 'y'로 시작되는 말이 오지만 사잇소리현상은 그 적용환경이 다르다. 두 개의 형태소 또는 단어가 어울려 합성어를 이룰 때, 앞의 말의 끝소리가 울림소리이고 뒤의 말의 첫소리가 안울림소리이면 뒤의 예사소리가 된소리로 변하는 음운의 변동을 사잇소리 현상이라 한다.

합성어에서	①	모음 ㅁㄴㅇㄹ	+	'ㄱ, ㄷ, ㅂ, ㅅ, ㅈ'	ㄲ, ㄸ, ㅃ, ㅆ, ㅉ로 발음 냇가[내:까, 낻:까] 햇살[해쌀, 핻쌀]
	②	모음		'ㅁ, ㄴ'	[ㄴ] 콧날[콛날→콘날]
	③	모음 ㅁㄴㅇㄹ		'이, 야, 여, 요, 유'	[ㄴㄴ] 깻잎[깯닙→깬닙]
※ ②③은 'ㄴ첨가'와 달리 반드시 사이시옷 뒤에서 'ㄴ'소리가 덧난다.					

말에 따라서 사잇소리 현상이 일어나기도 하고 일어나지 않기도 한다.

② 활음 첨가

피+어도→[피여도], 되+었다→[되열따], 좋+아도→[조와도]

다혜+아→[다혜야], 유미+아→[유미야]

　　활음 첨가는 모음으로 끝나는 용언 어간 뒤에 '아, 어'로 시작하는 어미가 결합할 때 혹은 모음으로 끝나는 체언 어간 뒤에 처격조사 '에'나 호격조사 '아'가 결합할 때 활음 'y, w'가 첨가되는 음운 현상이다. 호격조사 앞에서 적용되는 활음첨가는 필수적이지만 그 밖의 적용되는 활음첨가는 필수적이지 않다.

　　노랫말, 본딧말, 존댓말, 혼잣말 : 인사말, 머리말, 반대말, 머릿기름, 머릿결, 머릿돌 : 머리글, 머리글자, 머리기사

1. 다음 영어의 자음 체계를 보고 한국어의 자음 체계와 어떠한 차이점이 있는지 알아보시오.

조음법 \ 조음점			양순음	순치음	치 음	치조음	경구개음	연구개음	성문음
폐쇄음		무성음	/p/ (pin)			/t/ (tin)		/k/ (coal)	
		유성음	/b/ (bin)			/d/ (din)		/g/ (goal)	
파찰음		무성음					/č/ church		
		유성음					/ǰ/ (judge)		
마찰음	평평한	무성음		/f/ (fine)	/θ/ (think)				/h/ (house)
		유성음		/v/ (vine)	/ð/ (this)				
마찰음	홈이생긴	무성음				/s/ (seal)	/š/ (shoe)		
		유성음				/z/ (zeal)	/ž/ (azure)		
설 측 음						/l/ (life)			
비 음			/m/ (man)			/n/ (now)		/ŋ/ (sing)	
반 모 음			/w/ (water)				/j/ (yes)		

2. 'ㅎ'의 발음을 적어봅시다.

   (1) ㅎ(ㄶ, ㅀ) + ㄱ, ㄷ, ㅈ: 놓고[   ] 좋던[   ] 쌓지[   ]

   (2) ㄱ(ㄹㄱ), ㄷ, ㅂ(ㄹㅂ), ㅈ(ㄴㅈ) + ㅎ: 맏형[   ] 좁히다[   ] 꽂히다[   ]

   (3) {ㅅ, ㅈ, ㅊ, ㅌ} → ㄷ + ㅎ: 옷 한 벌[   ] 숱하다[   ]

   (4) {ㅎ, ㄶ, ㅀ} + ㅅ: 닿소[   ] 많소[   ] 싫소[   ]

   (5) ㅎ(ㄶ, ㅀ) + 모음(어미, 접사): 놓아[   ] 쌓이다[   ]

3. 다음 문장을 소리 내어 읽어 보고 발음한 대로 적으시오.

   (1) 부엌에 멋있는 무쇠솥이 걸려 있다.

   (2) 꽃이 많이 피었다.

   (3) 닭이 흙을 함부로 밟고 다닌다.

   (4) 네가 오면 줄 밥을 했는데 김밥을 사 왔구나.

   (5) 저기 보이는 세 집은 내 것이고 여기 새 집은 네 것이야.

4. 다음 예문을 읽으며 경음화, 유음화, 비음화가 일어나는 단어를 찾고 그 발생
   환경을 살펴보시오.

   (1) 보고 있는 내용을 알아봅시다.
      낱말을 읽어 봅시다.
      흙냄새를 떠올리며 읽어 봅시다.
      재미있는 생각을 해 보아요.
   (2) 오늘 사람들과 떡국을 먹고 덕담을 나눴어요.
      저녁에 친구와 기숙사에서 국수를 먹었어요.
      친구가 책상 위에 잡지와 손수건을 두고 갔어요.

(3) 대관령에 있는 친구한테서 연락이 왔어요.

설날에 눈이 많이 왔대요

추운 대관령에는 난로가 꼭 필요해요.

눈이 오는 날은 지하철이 편리해요

5. 다음 질문에 알맞은 답이 되도록 올바른 억양으로 읽어보시오.

(1) A: 누가 왔니?

B: 다혜가 왔어.

(2) A: 누가 왔니?

B: 응./아니.

| 제3장 | 한국어의 형태와 어휘

1. 형태소

1.1. 형태와 형태소

일정한 뜻을 가진 가장 작은 말의 단위를 형태소라고 하며 하나의 형태소가 문맥에 따라 실제 어형(語形)으로 나타날 때 그 어형을 형태(morph)라 한다. 즉 형태는 어형과 의미가 동일한 최소의 분절기호이다.

(1) 지환이는 말을 타면 말을 너무 많이 한다.
(2) 누나는 밥을 먹고 지환이에게 밥을 먹인다. 그리고 다혜는 빵을 먹는다.

위 예문 (1)에서 동일한 어형으로 표기되어 나타난 '말'은 발음과 의미가 말(馬[mal])과 말(言[ma:l])로 다르기 때문에 동일한 형태가 아니다. (2)의 예문에서도 동일한 어형으로 표기된 '먹-' 역시 'eat'에 해당하는 동일한 의미를 지니지만 실제 발음은 각각 앞에서부터 [mʌk], [mʌg], [mʌŋ]으로 최소의 분절기호가 서로 다르다. 따라서 이들은 동일 형태가 아니라고 할 수 있다.

그런데 (1)의 '말(馬)'과 '말(言)'은 의미가 다르기 때문에 동일 형태소가 아니지만 (2)의 '먹[mʌk]-', '먹[mʌg]-', '먹[mʌŋ]-'은 모두 'eat'의 의미를 지닌 동사 '먹다'의 어간으로 동일 형태소에 속하는 형태들이다. 다시 말해 '먹[mʌk]-', '먹[mʌg]-', '먹[mʌŋ]-'은 한 형태소에서 변이한 이형태(allomorph)이다.

> (3) 어간 '먹-'이 자음 앞에 올 때: 먹[mʌk]다
> 어간 '먹-'이 모음 앞에 올 때: 먹[mʌg]이다
> 어간 '먹-'이 비음 앞에 올 때: 먹[mʌŋ]는다

(3)과 같이 하나의 형태소가 문맥에 따라 어형을 달리하며 나타날 때 그 근거를 음성적인 면에서 설명할 수 있는 경우를 음운적 조건의 이형태(phonological conditioned allomorph)라 한다. 한국어에서 음운적 조건의 이형태는 주로 조사와 어미 결합형에서 찾아볼 수 있다. 이들 이형태가 나타나는 환경은 상호 배타적이어서 동일한 환경에서 상호 교체될 수 없다.

<표 3-1> 음운적 조건의 이형태

	주제화 표지	주격 표지	목적격 표지	명사형 어미	관형사형 어미	관형사형 어미
모 음 뒤	우리는 {-는}	우리가 {-가}	우리를 {-를}	감 {-ㅁ}	간 {-ㄴ}	갈 {-ㄹ}

자음뒤	당신은 {-은}	당신이 {-이}	당신을 {-을}	먹음 {-음}	먹은 {-은}	먹을 {-을}

이에 비해 이형태의 분포가 음운적으로 설명할 수 없고 특별한 형태소에서만 교체가 일어나는 경우를 형태적 조건의 이형태(morphologically conditioned allomorph)라 한다. 가령 명령형 어미는 동사의 어간에 따라 형태를 달리하는 경우가 있는데 이에 해당한다.

　　(4) 먹어라, 잡아라 ; 하여라, 가거라, 오너라

일반적으로 명령형 어미는 음운적 조건에 의해 어간이 양성모음인지 음성모음인지에 의해 교체되나 (4)에 보이듯 동사 '하다(爲), 가다(去), 오다(來)'는 각각 특정한 교체형을 지닌다.

1.2. 형태소의 유형

뜻을 가진 가장 작은 말의 단위인 형태소는 자립성과 실질적인 의미를 기준으로 나눌 수 있다. 홀로 쓰일 수 있음과 없음에 따른 자립성의 여부에 따라 자립형태소와 다른 말에 의존하여 쓰이는 의존형태소로 분류된다. 또한 형태소가 실제 의미를 지니고 있는 것을 실질형태소라 하고 실질형태소에 붙어 말과 말 사이의 관계를 형식적으로 표시하는 형태소를 형식형태소라 한다. 형식형태소는 주로 문법적 의미를 나타내 주는 것으로 말과 말 사이의 관계를 나타내는 것일 수도 있고, 어떤 단어의 품사를 바꾸는 것일 수도 있다. 그리고 단어형성에 참여하는 접사도 형식형태소이다.

다혜가 창문을 열었다.

위의 문장을 형태소로 분류하면, 자립성의 여부에 따라 자립형태소인 {다혜}, {창}, {문}과, 의존형태소 {-가}, {-을}, {열-}, {-었-}, {-다}로 나뉜다. 또한, 의미가 실질적인가 형식적인가에 따라 실질형태소(자립형태소와 용언의 어간을 포함)인 {다혜}, {창}, {문}, {열-}과 형식형태소인 {-가}, {-을}, {-었-}, {-다}로 분류할 수 있다.

2. 단어의 형성

단어는 최소자립형식으로 자립형태소나 의존형태소들의 결합이되, 그 자체로 독립해서 쓸 수 있는 자립성을 가진 형식이다. 그런데 한국어에서는 자립형태소에 붙어 그것과 쉽게 분리되는 의존형태소인 조사도 단어로 인정하고 있다. '바다-에서'와 '나-에게'에서 조사 '에서'와 '에게'는 자립성이 없지만 그 앞에 붙은 '바다'와 '나'가 자립성을 가지고 쉽게 분리될 수 있는 점을 반영하여 단어의 지위가 주어진다. 이에 비해 실질형태소인 어간과 형식형태소인 어미가 결합된 '가다, 웃고' 등에서는 어미 '-다', 와 '-고'에 결합된 어간이 어미와 결합되는 것 없이 자립적으로 쓰일 수 없기에 '가다'와 '웃고' 전체를 하나의 단어로 본다.

단어는 내부에 휴지를 둘 수 없으며 그 사이에 다른 말이 들어갈 수 없다. 가령 '장미꽃'의 경우 '장미빨간꽃'과 같이 내부에 '빨간'이 끼어들어갈 수 없다. 대신 수식하는 단어를 '장미꽃'의 앞에 두어 '빨간 장미꽃'과 같이 꾸밈을 받을 수 있다.

2.1. 단어의 구조

단어는 하나의 형태소 혹은 둘 이상의 형태소의 결합으로 이루어진다. '바다, 꽃, 가(다), 피(다)'처럼 하나의 형태소로 된 단어를 단일어라고 하며,[11] 두 개 이상의 형태소로 결합된 단어를 복합어라 한다. 복합어는 그 단어를 구성하고 있는 요소가 실질적인 의미를 지닌 실질형태소와 실질형태소의 결합인 경우를 합성어로, 실질형태소에 형식형태소인 접사가 붙은 단어를 파생어로 구분한다. 합성어는 '장미꽃, 손발, 그림책, 노래방, 오르내리다, 굳세다'와 같이 둘 이상의 어근(실질적인 의미를 나타내는 부분)으로 이루어진다. 파생어는 어근에 접사(어근에 붙어 그 뜻을 더하거나 제한하는 부분)가 결합된 것으로 한국어에는 어근 앞에 접사가 붙은 접두파생어와 어근 뒤에 접사가 붙은 접미파생어가 있다. '맏아들, 참기름, 참외, 풋과일, 치솟다, 휘날리다'는 접두파생어이고 '다림질, 읽기, 놀이, 잡히다, 반짝거리다' 등은 접미파생어이다.

---

11) '가다'와 '피다'는 어간과 어미의 결합으로 두 개의 형태소로 이루어져 있지만 단어의 형성과 구조에 대한 논의에서 어미는 제외한다.
① 활용법 : 용언 어근+활용어미   예) 읽-는, 먹-다
② 파생법 : 접사+용언어근   예) 짓-밟(다)
　　　　　용언어근+접사   예) 먹-이(-다), 막-히(-다)

2.2. 합성어

합성어는 둘 이상의 어근이 결합된 단어이다. 어근이 결합되어 합성이 일어날 때 그 결합이 공고히 이루어졌음을 보이는 특징 중의 하나로 특이한 음운 첨가나 탈락이 일어나기도 한다. 다음의 (1)은 사이시옷이 들어간 사례이고 (2)는 '솔'과 '말'에서 음운 'ㄹ'이 탈락한 사례이다.

(1) 깻잎, 뱃노래
(2) 소나무, 마소

합성어의 갈래를 한국어의 일반적 단어 배열에 부합하는지를 기준으로 구분해 볼 수도 있다. 자립성을 지닌 두 단어가 한국어의 일반적 단어 배열과 같은 유형으로 합성되어 만들어진 단어를 통사적 합성어라 한다[12]. 반면 용언의 어근과 어근의 결합과 같이 자립성이 없는 두 어근이 결합되거나 한국어의 일반적 단어 배열에 어긋나는 합성법에 의해 이루어진 단어를 비통사적 합성어라 한다.

(3) 늦잠, 접칼, 검버섯 ; 작은집, 큰집
(4) 여닫다, 우짖다, 검푸르다 ; 들고나다, 돌아가다
(5) 부슬비, 산들바람, 척척박사 ; cf.매우 빨리
(6) 일출(日出), 필승(必勝), 고서(古書) ;
독서(讀書), 등산(登山), 급수(汲水)

한국어에서 체언을 수식하는 방법은 체언 앞에 명사가 오거나(돌다리,

---

12) 한국어의 어순은 일반적으로 ㉠ 관형어+체언, ㉡ 주어+목적어+서술어(주어+서술어, 목적어+서술어), ㉢ 부사어+서술어의 순서로 배열된다.

꽃길), 관형사가 오거나(새해, 첫사랑) 용언의 관형사형(큰집, 군밤, 젊은이)이 오게 하는 것이다. (3)의 '늦잠, 접칼, 검버섯'과 같이 용언과 체언이 연결될 때 '늦은잠, 접은칼, 검은버섯'에서 보이는 관형사형 전성 어미가 생략된 채 합성이 이루어지면 비통사적 합성어가 된다. 용언과 용언의 어근이 결합되는 (4)의 경우에도 어근을 연결하기 위해 '들고나다, 돌아가다'와 같이 연결어미를 취하면 통사적 합성어이고 연결어미 없이 연결된 '여닫다, 우짖다, 검푸르다'는 비통사적 합성어가 된다.

한국어에서 부사는 일반적으로 용언이나 또 다른 부사어를 수식하는데 (5)의 '부슬비, 산들바람, 척척박사'와 같이 부사가 명사 앞에서 수식하는 경우를 비통사적 합성어라고 한다. 한자어 구성인 (6)에서 우리말의 일반 어순과 같은 방식인 '해가 뜨다, 반드시 이기다, 오래된 책'의 경우는 통사적 합성어이다. 그러나 한국어 어순과 다른 방식을 보이는 '읽다 책을, 오르다 산에, 긷다 물을'의 경우는 비통사적 합성어이다.

또한 합성어의 유형을 합성어를 이루는 두 어근의 의미 관계에 따라 병렬합성어, 수식합성어, 융합합성어로 구분해 볼 수 있다.

(7) 손발, 앞뒤, 오르내리다
(8) 손수건, 책가방, 핥아먹다
(9) 큰형, 밤낮, 돌아가다

(7)과 같이 두 어근이 의미적으로 대등하게 결합되어 '손과 발', '앞과 뒤', '오르고 내리다'로 해석되는 합성어를 병렬합성어라 한다. (8)은 앞의 어근이 뒤의 어근을 의미적으로 한정하는 역할을 하는 수식합성어의 예이다. 수건인데 손을 닦는 수건, 가방인데 학교에 다닐 때 책을 넣어 메고 다니는 가방, 먹는데 핥아서 먹는 것과 같이 뒤에 오는 어근이 중심

적인 의미를 나타낸다. 합성어가 되면서 새로운 의미가 덧나기도 한다. (9)의 '큰형'은 키가 큰 형이 아니라 '맏형'의 의미를, '밤낮'은 '늘, 항상'의 의미를 '돌아가다'는 '죽다'의 의미를 지녀 합성어의 의미가 구성 요소들의 축자적인 의미를 결합한 것이 아닌 새로운 의미를 지니고 있음을 알 수 있다. 이를 융합합성어라 한다.

2.3. 파생어

어근의 앞이나 뒤에 접사가 붙어서 만들어진 단어를 파생어라 한다. 파생어는 접사의 위치와 기능에 따라 구분이 가능하다. 우선, 접사는 위치에 따라 접두사와 접미사로 그리고 기능에 따라 한정적 접사와 지배적 접사로 나뉜다. 이때 어근 앞에 붙는 접사를 접두사, 어근 뒤에 붙는 접사를 접미사라고 한다. 접사는 어근의 의미를 더하거나 제한하는 한정적 기능이 있는데 접미사의 경우에는 '읽기'와 '놀이'에서 보이듯 동사를 명사로 바꾸어 주는 것과 같은 품사를 바꾸는 지배적 기능이 있다.

  (1) 덧-신, 들-장미, 맨-손, 애-벌레, 올-벼, 풋-사랑, 홀-아비
  (2) 들-볶다, 빗-나가다, 설-익다, 짓-누르다, 치-솟다, 새-빨갛다
  (3) 부채-질, 떡-보, 풋-사과, 장난-꾸러기, 짓-밟-다, 보-이-다
  (4) 사랑-하-다, 먹-이, 지혜-롭-다, 검-정, 높-이-다, 밝-히-다

(1)은 체언어기 앞에 접두사가 온 파생어들이며 (2)는 용언어근 앞에 접두사가 온 사례이다. (1)과 (2)에 보이는 접두사는 뒤에 오는 어근의 뜻만을 제한하는데 체언 앞에 오는 접두사는 관형사적 성격을 가지며, 용언 앞에 오는 접두사는 부사적인 성격을 가진다.

(3)과 (4)는 체언어기나 용언어근 뒤에 접미사가 온 접미 파생의 사례

들이다. (3)과 (4)의 접미사는 어근의 뜻을 제한하는 공통점이 있으나, (4)의 경우는 어간(어근+접미사)의 품사가 달라짐을 알 수 있다. (3)에서 명사는 동일한 명사로 동사는 동일한 동사로 파생되었으나 (4)에서는 명사가 동사나 형용사로, 동사는 명사로, 형용사는 명사나 동사로 각기 파생됨을 알 수 있다. 이처럼 접미사는 어근의 품사를 바꾸는 기능이 있다. 나아가 사동, 피동 접미사의 경우는 문장 구조와 의미를 바꾸기도 한다.

참고로 한국어교육에서 중급 학습자를 위해 선정한 94개의 접사를 제시하면 다음과 같다.[13]

-가13(건축가)	-법03(사용법)	-추09-(맞추다)
-가량06(10%가량)	-별04(단계별)	남-09(남동생)
-간16(이틀간)	-부20(부정적)	-제21(영화제)
-감19(자신감)	-불15(불가능)	-친03(친누나)
-객02(관광객)	-비32(비공개)	대-18(대규모)
-과14(인사과)	-비33(교육비)	-제22(제일)
-관18(경찰관)	-사37(변호사)	-품08(화장품)
-관19(도서관)	-사41(여행사)	맨-05(맨눈)
-관20(세계관)	-사42(간호사)	-제24(소화제)
-구22-(돋구다)	-생07(12 월생)	-하다 02(공부하다)
-권07(입장권)	-생08(대학생)	소-22(소규모)
-기37-(감기다)	-성17(다양성)	-증12(영수증)
-기38(크기)	-소23(매표소)	-학07(경제학)
-기41(상반기)	-스럽다(사랑스럽다)	신-15(신제품)
-기42(계산기)	-실12(강의실)	-지27(시험지)
-기43(비행기)	-심09(자존심)	-행07(서울행)
-께05(이달 말께)	-씩03(조금씩)	여-26(여동생)
-님04(교수님)	-어08(한국어)	-질11(양치질)
-답다01(아름답다)	-여27(십여년)	-형08(최신형)
-당하다 02(거절당하다)	-우18-(깨우다)	짜리 02(열 살짜리)

13) 강현화(2013: 164-5) 참조

-되다 05(잘되다)　　-원17(공무원)　　-화16(세계화)
-력02(경쟁력)　　-원18(대학원)　　저-11(저혈압)
-롭다(슬기롭다)　　-율04(증가율)　　-째02(첫째)
-료02(수수료)　　-음10(믿음)　　-히06-(읽히다)
-률04(시청률)　　-이31-(녹이다)　　헛-(헛수고)
-리18-(늘리다)　　-이32(가까이)　　-쯤02(내일쯤)
-무11(무관심)　　-인17(외국인)　　-히07(조용히)
-문11(감상문)　　-자30(과학자)　　-초22(초가을)
-물09(농산물)　　-장44(수영장)　　고-29(고혈압)
-미18(미완성)　　-적18(감동적)
-받다04(버림받다)　　-점11(백화점)

Ⅱ. 한국어 품사

- 품사의 분류 기준은 무엇인가?
- 한국어 품사에는 어떠한 것들이 있나?
- 각 품사의 특징은 무엇인가?

공통된 문법적 성질을 지닌 단어끼리 모아 놓은 단어의 갈래를 품사라고 한다. 일반적으로 단어의 공통된 문법적 성질은 형태, 기능, 의미를 기준으로 구분한다. 형태적 기준은 단어가 어미를 취하여 굴절하는지의 어미변화상의 특징에 따른다. 단어가 지닌 기능은 단어들이 문장 안에서의 다른 단어와 가지는 관계 속에서 결정된다. 끝으로 의미를 기준으로 단어를 구분할 수 있는데 의미상의 공통점을 가지는 단어들을 문법적인 성질도 대개 같게 나타나는 경향이 있다. 그러나 언어마다 단어의 문법적 성질이 얼마씩 다르기 때문에 품사를 의미에 의해서만 분류하기는 어렵다. 품사를 구분하는 기준은 단어가 문장 속에서 담당하는 기능과 형태적 특징이 우선시 된다.

한국어 품사(品詞)의 갈래는 다음과 같다.

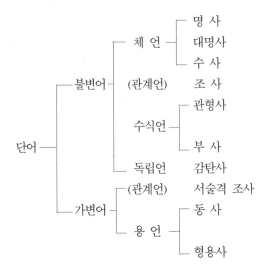

1. 체언 : 명사, 대명사, 수사

체언은 문장에서 주로 주어의 자리에 오며, 조사와 결합한다. 때로는 목적어나 보어의 자리에도 올 수 있으며, 체언에는 명사, 대명사, 수사가 있다. 이들은 일반적으로 형태의 변화가 없다.

1.1. 명사

명사는 뒤에 격조사를 취할 수 있으며, 그 앞에 관형사를 비롯한 관형어가 놓일 수 있는 사물의 명칭을 나타내는 단어의 묶음이다. 명사에는 고유성(固有性)의 여부에 따라 특정한 사람이나 물건을 다른 것과 구별하기 위하여 고유의 기호를 붙인 고유명사와, 같은 종류의 모든 사물에 두루 쓰이는 보통명사로 나뉜다.

또한, 명사는 자립성의 여부에 따라 다른 말의 도움 없이 홀로 쓰일 수 있는 자립명사와 반드시 그 앞에 꾸며 주는 말, 즉 관형어가 있어야만 문장에 쓰일 수 있는 의존명사로 구분해 볼 수 있다. 그리고 유정성(有情性)의 유무에 따라 사람이나 동물에 해당하는 유정명사와 식물이나 무생물에 해당하는 무정명사로 나뉜다. 예문 (5)와 (6)에서 보듯이 한국어의 여격 조사는 앞에 오는 명사의 유정성 여부에 따라 형태가 달리 나타난다.

(1) 고유명사: 김다혜, 홍길동, 한국, 한강, 덕유산
(2) 보통명사: 나라, 강, 산
(3) 자립명사: 바다, 하늘, 꽃
(4) 의존명사
 ① 보편성 의존명사: 모든 성분으로 두루 쓰임(분, 이, 것, 데 등).
 ② 주어성 의존명사: 주어로만 쓰임(지, 수, 리 등).
 ③ 서술성 의존명사: 서술어로만 쓰임(따름, 뿐, 터 등).
 ④ 부사성 의존명사: 부사어로 쓰임(대로, 양, 듯, 체, 척, 만큼, 채, 뻔, 줄 등).
 ⑤ 단위성 의존명사: 앞에 오는 명사의 수량을 단위의 이름으로 가리킴(개, 분, 마리, 말, 섬, 자루, 그루, 채 등).
(5) 유정명사: 동생에게 물을 주었다.
(6) 무정명사: 꽃에 물을 주었다.

1.2. 대명사

대명사(代名詞)는 뒤에 격조사를 취할 수 있으며, 명사만큼 자유로운 결합을 보이지는 않지만 그 앞에 관형어가 놓일 수 있는 단어의 묶음으로 말 그대로 명사를 대신하는 품사이다. 즉, 사람, 장소, 사건의 내용 등을 대신하여 쓰이는 단어들의 묶음을 뜻하는 것으로 대명사의 종류에는 인

칭대명사와 지시대명사가 있다.

 (1) 인칭대명사
  ① 1인칭(나, 저, 우리, 저희, 소인)
  ② 2인칭(너, 자네, 그대, 당신, 여러분, 임자, 자기)
  ③ 3인칭 대명사(그, 그분, 저분, 이분, 이이, 그이, 저이)
 (2) 지시대명사
  ① 사물대명사(이, 그, 저, 이것, 그것, 저것, 무엇)
  ② 처소대명사(여기, 저기, 거기, 어디)

1.3. 수사

 수사(數詞)는 앞서는 명사의 수량이나 순서를 가리키는 단어의 묶음을 뜻하는 체언으로 그 종류로는 양수사와 서수사가 있다. 수사는 뒤에 격조사를 취할 수 있으며, 그 앞에 관형어나 관형사 결합이 거의 가능하지 않다. 다만 '다른 하나'와 같이 특수한 경우에는 결합이 되기도 한다.

 (1) 양수사 : 수량을 가리키는 수사(하나, 둘, 셋, 일, 이, 삼, 세 개째 등)
 (2) 서수사 : 순서를 가리키는 수사(첫째, 둘째, 셋째, 제일, 제이, 제삼, 세 번째 등)

 한국어 수사는 고유어계 수사와 한자어계 수사로 구분된다.

 (3) 고유어계 수사: 하나, 둘, 셋 등
 (4) 한자어계 수사: 일, 이, 삼 등

2. 관계언 : 조사

주로 체언 뒤에 붙어서 다양한 문법적 관계를 나타내거나 특별한 뜻을 더해 주는 관계사를 조사(助詞)라고 한다. 조사는 주로 체언에 붙지만, 용언의 연결어미나 어말어미에 결합되기도 한다. 때로는 부사에 결합되기도 한다. 여러 개의 조사가 겹쳐 쓰일 수도 있다. 조사는 형태상으로 활용하지 않지만, 서술격 조사 '이다'는 '이고, 이며, 이니, 이다'처럼 활용한다.

(1) 이것을 한번 먹어만 보면 자꾸 사게 된다.
(2) 비가 내리는데요. 동생에게 우산을 가져가라고 말했어요?
(3) 시간이 참 빨리도 간다.
(4) 인천에서부터 부산까지 배로 간다.
(5) 다혜는 한국인이고, 리엔은 영국인이다.

조사는 체언과 결합되어 쓰이는 의존형태소이지만 한국어에서 하나의 단어로 인정된다. 조사를 단어로 인정하는 이유는 그 자체로는 자립성이 없어도 이들과 결합되는 체언이 자립형태소로서 쉽게 분리되기 때문이다. 의미상으로는 격조사와 접속조사는 문법적 관계를 나타내는 형식형태소이지만 보조사는 앞말에 뜻을 더하는 구체적인 의미가 있다.

2.1. 격조사

한 문장에서 선행하는 체언으로 하여금 일정한 자격을 갖도록 해 주는 조사를 격조사[4)라고 한다. 격조사에는 주격, 목적격, 보격, 관형격, 서술격, 호격, 부사격 조사가 있다.

(1) 주격 조사: 이/가, 께서(높임), 에서(단체)

(2) 목적격 조사: 을/를

(3) 보격 조사: 이/가

(4) 관형격 조사: 의

(5) 서술격 조사: 이다

(6) 호격 조사: 아/야, (이)여, (이)시여

(7) 부사격 조사:

　① 처소: 에, 에서, 한테, 께, 에게

　② 도구: 로써, 로

　③ 자격: 로, 로서

　④ 지향점: 로, 에

　⑤ 원인: 에

　⑥ 시간: 에

　⑦ 소재지: 에

　⑧ 낙착점: 에, 에게

　⑨ 출발점: 에서, 에게서, 한테서

　⑩ 비교: 처럼, 만큼, 대로, 하고, 와/과, 보다

　⑪ 동반: 하고, 와/과

　⑫ 변화: 으로, 가/이

　⑬ 인용: 고, 라고

2.2. 보조사

　보조사는 앞말에 특별한 뜻을 더하여 일정한 의미를 나타내는 조사로
서, 말하는 이의 어떤 생각이 전제되었을 때 쓰인다. 보조사는 부사나 용
언의 보조적 연결어미 뒤에 쓰이기도 한다. 보조사는 격조사의 뒤나 앞

---

14) 주격 조사 '가'와 목적격 조사 '를'에는 다음과 같은 강조의 용법이 있다. 본래<u>가</u> 그런
　　사람은 아니다. 너는 또 서점에<u>를</u> 갔니?

에 결합되어 격조사+보조사(부사격)의 순서나 보조사+격조사(주격, 목적격)의 순서로 쓰인다. 보조사가 가진 고유한 의미에 따라 제시하면 아래 (1)과 같다.

(1) 보조사의 유형
　① 대조와 주제: 는/은
　② 배타와 한정: 만, 뿐, 밖에
　③ 포함, 더함: 까지, 마저, 조차, 도
　④ 선택: 이나, 이라도, 이든지, 이나마
　⑤ 인정: 나마
　⑥ 강조: 말로
　⑦ 고사: 커녕
　⑧ 양보: (이)ㄴ들
　⑨ 같음: 대로, 같이

보조사들은 미묘한 어감의 차이를 보이며 사용된다. (2)는 '그 사람'에 대해 화자가 어떤 생각을 가지고 있는지를 청자에게 달리 전달하고 있다.

(2) 보조사의 의미: 는, 도, 만
　① 그 사람 키는 커.
　② 그 사람 키도 커.
　③ 그 사람 키만 커.

예문 ①은 화자가 그 사람의 키에 대해서만 말하자면 키가 큰 편에 속하며 여타의 다른 정보에 대해서는 중립적인 태도를 지니고 있음을 혹은 여타의 다른 정보는 잘 모르고 있거나 논의하지 않겠다는 의도를 담을 수 있다. 그러나 ②의 경우는 화자가 그 사람의 다른 점도 긍정적으로 생각하고 있는데 키 또한 크다는 정보를 전달하는 것이며 ③의 경우는 화자가 그 사람에 대해 매우 부정적으로 생각하는데 한 가지 키에 한정해서 말하면 크다는 의미를 전달한다.

2.3. 접속조사

접속조사는 두 단어를 같은 자격으로 이어주는 조사로 '과/와, (에)다, 하고, (이)며, 랑' 등을 들 수 있다.

(1) 다혜와 지환이는 서로 닮았다.
(2) 간식으로 떡에다 빵에다 과일에 고구마까지 너무 많이 먹었다.
(3) 제주도는 친구랑 같이 가고 싶다.

3. 용언 : 동사, 형용사

문장의 주어를 서술하는 기능을 가진 말들을 용언이라 한다. 용언은 어미 '-다'가 붙는 기본형을 갖는다.

3.1. 동사

문장의 주어가 되는 말의 움직임을 나타내는 단어의 부류를 동사(動詞)라고 한다. 즉, 사물의 동작이나 작용을 나타내는 품사로 형용사, 서술격조사와 함께 활용을 하며, 그 뜻과 쓰임에 따라 본동사와 보조동사, 성질에 따라 자동사와 타동사, 어미의 변화 여부에 따라 규칙 동사와 불규칙

동사로 나뉜다. 동사에는 '가다, 걷다, 살다, 놀다'처럼 움직임이 그 주어에만 관련되는 자동사와 '먹다, 입다, 잡다'처럼 움직임이 목적어에 미치는 타동사가 있다. 그리고 '가다, 놀다' 등과 같은 동작동사와 '피다, 뜨다' 등의 작용동사로 분류하기도 한다. 동작동사는 사람의 움직임을 나타내며 명령문과 청유문이 가능하지만 작용동사는 자연의 움직임을 나타내며 명령문과 청유문이 불가능하다.

동사는 활용어미를 취하는, 특히 명령형어미와 청유형어미를 취할 수 있는 단어로서 부사어의 수식을 받고 주로 사물의 움직임을 나타내는 단어 부류이다.

3.2. 형용사

문장의 주어가 되는 말의 성질이나 상태를 나타내는 단어의 부류를 형용사(形容詞)라고 한다. 형용사는 동사와 같이 활용어미는 취하나, 동사와 달리 명령형어미나 청유형어미를 취하지 못하며, 부정형을 취하는 데 있어서도 제약이 크다. 형용사에는 '곱다, 달다, 아름답다, 향기롭다'처럼 성질이나 상태를 나타내는 성상형용사와 '이러하다, 그러하다, 저러하다'처럼 지시성을 띤 지시형용사가 있다. 어순 배열에 있어 '이렇게 예쁜 꽃'과 같이 지시형용사가 성상형용사 앞에 위치한다.

3.3. 용언의 활용

동사와 형용사는 활용을 하는 점에서 용언에 속하여 문장의 서술어로 쓰이는 점이나 활용어미에 의해 관형어나 부사어가 되는 점 등에서 공통점이 있으나 동사는 명령형어미 '-아(어)라', 청유형어미 '-자'와 결합 가능하고 현재형어미 '-ㄴ(는)다와 결합할 수 있다는 점에서 차이가 있다.

문장에서 의미의 중심이 되는 용언으로서 스스로 자립하여 실질적인 의미를 나타내는 용언을 본용언이라 하고, 단독으로 쓰일 수 없고 반드시 다른 용언의 뒤에 붙어서 그 의미를 더하여 주는 용언을 보조용언이라 한다. 용언과 용언의 결합에 있어 앞선 용언의 뒤에 다른 어미가 결합하거나 두 용언 사이에 다른 성분의 단어가 삽입되어도 문장이 성립되면 두 용언을 본용언으로 볼 수 있고 이러한 결합이 불가능할 때는 본용언과 보조용언의 결합으로 볼 수 있다.

> (1) 다혜는 편지를 찢어 버렸다. (본용언+본용언)
> → 다혜는 편지를 찢어서 버렸다.
> → 다혜는 편지를 찢어 휴지통에 버렸다.
> (2) 할머니는 온갖 시련을 겪으며 평생을 살아 오셨다. (본용언+보조용언)
> → *할머니는 온갖 시련을 겪으며 평생을 살아서 오셨다.
> → *할머니는 온갖 시련을 겪으며 평생을 살아 지금까지 오셨다.

(1)은 '찢다'와 '버리다'가 온전한 의미를 유지한 '본용언+본용언'이 결합된 구성이지만 (2)의 경우는 '할머니는 온갖 시련을 겪으며 평생을 사셨다.'의 '살다'만 그 본래의 의미를 지닌 '본용언'의 문장이다.

보조용언에는 동사처럼 활용하는 보조동사와 형용사처럼 활용하는 보조형용사가 있다. 보조동사와 보조형용사는 본용언의 품사에 따라 결정된다. 즉, '가지 못하다'에서 '가다'의 본용언이 동사이므로 '못하다'는 보조동사이고, '곱지 못하다'에서 '곱다'의 본용언이 형용사이므로 '못하다'는 보조형용사이다. 또한, 선어말어미 '-는-, -ㄴ-'이나 '-고 있-'이 붙을 수 있으면 보조동사이고, 그렇지 못하면 보조형용사이다. '책을 읽어 본다'에서 '보다'는 보조동사이고 '가나 보다'에서 '보다'는 보조형용사이다.

(1) 보조동사
　① 부정: (-지) 아니하다, 말다, 못하다
　② 사동: (-게) 하다, 만들다
　③ 피동: (-어) 지다, 되다
　④ 진행: (-어) 가다, 오다, (-고) 있다
　⑤ 종결: (-어) 나다, 내다, 버리다
　⑥ 봉사: (-어) 주다, 드리다
　⑦ 시행: (-어) 보다
　⑧ 강세: (-어) 대다
　⑨ 보유: (-어) 두다, 놓다

(2) 보조형용사
　① 희망: (-고) 싶다
　② 부정: (-지) 아니하다, 못하다
　③ 추측: (-는가, -나) 보다
　④ 상태: (-어) 있다

　용언이 일정한 문법적 관계를 표시하기 위하여 어간에 어미를 여러 가지로 바꾸는 것을 활용(活用)이라고 한다. 어간은 단어에서 가장 중핵적인 부분으로 항상 원래의 모습에 변화가 없지만 어미는 어간 뒤에 붙어 한 단어나 문장을 끝맺거나 연결하는 역할을 하기 위해 수시로 모양을 바꾸어 활용을 한다. 용언의 활용은 문장의 종결 방식에 따라 문장을 끝맺는 종결형, 문장을 연결시켜주는 연결형, 문장이 기능을 바꾸어주는 전성형이 있다.

(1) 지환이가 축구를 한다. (종결형)

(2) 다혜는 공부를 <u>하고</u> 지환이는 축구를 한다. (연결형)
(3) <u>예쁜</u> 다혜가 그림을 그린다. (전성형)

또한 용언의 활용은 활용의 규칙성 여부에 의해 구분된다. 활용해도 어간이 바뀌지 않는 규칙 활용과 '아름답다'의 '아름다워, 아름다우며'처럼 활용할 때 어간이나 어미의 기본형태가 달라지는 경우를 불규칙 활용이라고 한다. 어간이 바뀌는 불규칙에는 'ㅅ' 불규칙, 'ㄷ' 불규칙, 'ㅂ' 불규칙, '르' 불규칙, '우' 불규칙이 있다. 그리고 어미가 바뀌는 불규칙으로 '여' 불규칙, '러' 불규칙, '너라' 불규칙, '오' 불규칙이 있으며, 어간과 어미가 바뀌는 불규칙에는 'ㅎ' 불규칙이 있다.

<표 3-2> 용언의 활용

	활용의 유형		활용이 일어나는 환경	예시
규칙 활용		'으'탈락	어간말음 '으'+ '-아/어'→ '으'탈락	뜨다, 슬프다, 기쁘다, 바쁘다 등
		'ㄹ'탈락	받침 ㄹ+ '-ㄴ, -ㅂ-, -오, -시'→'ㄹ'탈락	울다, 살다, 알다, 멀다 등
		'-아/어' 교체	모음조화 규칙에 의한 '-아라/-어라' 교체	찾아라, 주어라; 아름다워라, 괴로워라
		'-으'삽입	'ㄹ'외의 받침+ '-ㄴ,-ㄹ, -오, -시-, -며'→'-으'삽입	잡은, 잡을, 잡으오, 잡으시고, 잡으며
불규칙 활용	어간	'ㅅ'불규칙	모음어미 앞에서 'ㅅ'이 탈락	잇다, 젓다, 긋다, 짓다, 낫다
		'ㄷ'불규칙	모음어미 앞에서 'ㄷ'이 'ㄹ'로 변함	듣다, 걷다, 일컫다, 묻다(問)
		'ㅂ'불규칙	모음어미 앞에서 'ㅂ'이 반모음 'ㅗ/ㅜ'로 변함	곱다, 줍다, 돕다, 접미사 -답다, -롭다, -스럽다가 붙는 말
		'르'불규칙	어간 말음 '르'+ 모음어미→'으'탈락, 어간에 'ㄹ'	흐르다, 오르다, 고르다, 다르다, 이르다(謂), 배부르다

		덧생김	
어미	'여'불규칙	'하-'+-아/어 →여	'-하다'가 붙는 모든 용언
	'러'불규칙	어간이 '르'로 끝나는 일부 용언에서 어미 '-어, -었'이 '-러, 렀'으로 변함	이르다(至), 누르다, 푸르다
어간어미	'ㅎ'불규칙	'ㅎ'이 탈락하는 경우 파랗- + -ㄴ/-ㄹ/-ㅁ→파란, 파랄, 파람 어간 및 어미가 변하는 경우 파랗-+-아서→파래서 파랗- + -았다→파랬다	파랗다, 하얗다, 빨갛다, 노랗다, 보얗다, 부옇다 등의 형용사

'ㅎ' 불규칙 용언은 어간과 어미가 함께 바뀌는 용언이다. 이는 '좋아→조아, 좋+은→조은'에서처럼 'ㅎ'이 탈락하는 규칙 활용과는 달리 '파랗+아→파래, 파랗+은→파란'이 되는 것을 보면 어간과 어미가 함께 바뀌는 것이다. 'ㅎ' 불규칙 용언은 동사는 없고 '빨갛다, 노랗다, 누렇다, 까맣다' 등 형용사만 있다.

> 파랗 + 은→파란(어간의 'ㅎ'이 탈락되고, 어미 '으'가 탈락)
> 파랗 + 아→파래(어간 '앟'이 탈락되고, 어미 '아'가 '애'로 바뀜)
> 노랗 + (아)지다→노래지다
> 하얗 + 아서→하얘서

활용에 있어 극히 제한된 변화를 보이는 동사들이 있다. 이러한 불완전동사에는 '데리다(데리고, 데리러, 데려), 가로다(가로되), 더불다(더불어, 더불어서), 달다(與, 달라, 다오) 등이 있다.

4. 수식언 : 관형사, 부사

관형사와 부사처럼 다른 말을 수식하는 기능을 가진 말을 수식언(修飾言)이라 한다. 관형사는 체언 앞에서 주로 명사를 꾸며 주며, 부사는 용언이나 문장을 수식하는 기능을 한다.

4.1. 관형사

관형사는 체언 앞에 놓여서 그 내용을 자세하게 꾸며주는 수식어로서 어미변화를 하지 않는 불변화사다. 그리고 관형사에는 조사가 붙지 않는다. 관형사에는 성상관형사, 지시관형사, 수관형사가 있다.

> (1) 성상(性狀)관형사 : 체언이 가리키는 사물의 성질이나 상태를 꾸며 주는 관형사로 '새, 헌, 첫' 등.
> (2) 지시(指示)관형사 : 지시성을 띠는 관형사로 '이, 그, 저, 어떤, 무슨, 다른' 등.
> (3) 수(數)관형사 : 명사의 수량이나 순서를 표시하는 관형사로 '한, 두, 세, 첫째, 둘째, 제일, 제이' 등.

관형사는 '새, 헌, 첫, 다른, 이, 그 저, 한, 두, 세'와 같이 위에 제시된 것이지만 용언의 관형사형은 동사나 형용사의 어간에 관형사형 어미 '-(으)ㄴ, -(으)ㄹ' 등과 같이 어미가 결합된 형식이다. 이 둘은 모두 체언을 수식하는 문장 성분인 관형어이지만 품사에 있어서는 관형사와 용언으로 차이가 있다.

> (4) 그는 자기 일 밖의 <u>다른</u> 일에는 관심이 없다.

(5) 지환이는 다혜와 말하는 방식이 <u>다르다</u>.

가령 예문 (4)에서 '다른'은 '他(other)'의 의미로 관형사로 굳어진 것이지만, 예문 (5)의 '다른'은 '다르다(different)'의 의미로 용언의 관형사형이다. 따라서 전자의 품사는 관형사이지만, 후자의 품사는 형용사이다.

수사는 사람이나 사물 장소 등의 수량이나 순서를 나타내는 말이다. 명사와 대명사처럼 체언에 속해 뒤에 조사가 결합할 수 있으며 관형사의 수식을 받을 수 있다. 그러나 '-들'과 결합된 복수 표현이나 관형사 결합에 있어서 제약이 크다.

수관형사(한, 두, 세, 네, 다섯, 여섯, 일곱, 여덟, 아홉, 열, 백, 천 등)와 수사(하나, 둘, 셋, 넷, 다섯, 여섯, 일곱, 여덟, 아홉, 열, 백, 천 등)의 경우, 다섯 이상의 수 표시가 동일하다. 따라서 이 둘의 차이를 구분하기 위해서 조사를 결합해 볼 수 있다. 예문 (6)의 수관형사는 체언을 수식하므로 조사가 붙지 않으나, 예문 (7)의 수사는 체언의 일종이므로 조사가 붙는다.

(6) 다섯 명이 참석하였다. / 여섯 켤레의 신발을 샀다.
(7) 다섯(의) 식구를 책임져야 한다. / 식구가 여섯<u>이나</u> 된다.
(8) 저 헌 집, 저 헌 집 다섯 채

관형사는 체언 앞에 여러 개가 올 수 있는데 이때 결합하는 순서는 예문 (8)에 보듯이 '지시관형사+성상관형사+수관형사'의 순서로 나타난다.

4.2. 부사

주로 용언(동사나 형용사)이나 문장을 꾸밈으로써 그 의미를 더욱 명확하게 한다. 어미활용을 하지 못하는 불변화사이며, 보조사를 취하기도 하고, 명사를 꾸미기도 한다[15].

> (1) 다혜는 교회로 <u>바로</u> 갔다.(용언 수식)
> (2) <u>과연</u> 이 일은 앞으로 어떻게 될 것인가?(문장 수식)
> (3) 음식에 소금을 <u>조금만</u> 넣어 먹어라.(부사+보조사)
> (4) 내가 원하는 것이 <u>바로</u> 그것이다.(대명사 수식)
> (5) <u>오직(다만, 단지)</u> 다혜뿐이다.(명사 수식)

부사는 문장에서의 역할에 따라 성분부사와 문장부사로 나뉜다. 성분부사는 문장의 한 성분을 수식하는 부사이다. 성분부사에는 어떠한 방식으로 수식어를 꾸며주는가를 보이는 성상부사, 소리와 모양을 흉내내는 의성·의태부사, 방향 및 거리 등을 지시하는 지시부사, 용언의 의미를 부정하는 부정부사가 있다.

> (6) 성분부사의 유형
> ① 성상부사(날씨가 <u>매우</u> 차다. 오늘은 날이 <u>아주</u> 좋다.)
> ② 의성·의태부사('따르릉따르릉, 새살새살')
> ③ 지시부사(<u>이리</u> 가보자.)
> ④ 부정부사(<u>못</u> 보았다, <u>안</u> 만났다)

문장부사는 문장 전체를 수식하는 부사로 말하는 이의 태도를 나타낸다. 양태부사에는 '설마, 과연, 의외로, 제발, 정말, 확실히, 결코, 모름지기, 응당, 어찌, 다행하게도' 등이 있다.

---

15) 부사는 용언(동사, 형용사)이나 문장을 수식함으로써 그 의미를 분명하게 하는 주된 기능을 갖는다. 그러나 몇 가지 부수적인 기능도 있다. 철수는 매우 부자다.(명사 수식), 영희는 겨우 하나를 먹었다.(수사 수식), 아버지는 아주 새 차를 사셨다.(관형사 수식), 여기 앉아라.(지시부사로 대명사적 용법)

끝으로 부사에는 앞의 체언이나 문장의 뜻을 뒤의 체언이나 문장에 이어 주면서 뒤의 말을 꾸며 주는 접속부사가 있다. 접속부사의 예로는 '그래서, 그러므로, 그리고, 그러나, 그런데, 하지만' 등을 들 수 있다.

5. 독립언 : 감탄사

독립언에 속하는 감탄사는 화자의 부름, 말하는 이의 본능적 놀람이나 느낌을 표시하는 품사로 형태가 변하지 않으며, 놓이는 위치가 비교적 자유롭다. 독립언에는 감탄사 외에도 '다혜야'처럼 체언에 호격조사가 붙는 경우와 '청춘, 이는 듣기만 하여도'처럼 제시어를 내포한다. 또한 '예, 맞습니다'에서처럼 대답하는 말도 독립언이다.

감탄사는 문장의 다른 단어들과 직접적인 관계를 가지지 않는 단어들이기 때문에 다른 품사와 구별된다.

(1) <u>좋다!</u> 우리 함께 가자.(감탄사) : 나는 이 그림이 더 <u>좋다</u>.(형용사)
(2) <u>아니</u>, 그것이 더 좋아.(감탄사) : <u>아니</u> 놀고 무엇해?(부사)
(3) <u>정말</u>, 그가 말한 것이 진실이야.(감탄사) : 그것이 <u>정말</u>이야?(명사)
(4) <u>웬걸!</u> 아직 시작도 못했어.(감탄사) : <u>웬 걸</u> 이렇게 많이 보내왔니?
   (관형사+의존명사)

■ 어휘란 무엇인가?
■ 한국어 어휘는 어떤 특징이 있나?
■ 고유어, 한자어, 외래어의 특성은 무엇인가?

1. 한국어 어휘의 특징

국립국어연구원에서 발간한 <표준국어대사전>(1999)에는 50만개가 넘는 한국어 단어가 실려 있다. 그러나 한국인들이 사전에 존재하는 많은 수의 단어를 파악하고 실제로 사용하는 것은 어렵다. 보통 인간은 정상적인 대화에서 시간당 4,000~5,000개의 단어를 사용하고, 쉼이 더 적은 라디오 담화에서는 시간당 8,000~9,000개의 단어를 사용하며, 정상적인 속도로 독서하는 사람은 시간당 14,000~15,000개의 단어를 사용한다고 한다.

사람이 각기 얼굴이 다르고 성격이 다르듯이 개개의 단어도 각각 다른 의미와 성격을 가지고 존재한다. 동시에 각각 다른 개성을 가지고 있는 단어도 한편으로는 하나의 특성을 가진 통합된 총체를 형성한다. 한국어라든가 영어라든가 하는 것도 이러한 면에서 바라보면, 개개의 단어가 모여 이루어진 통합된 형성체라고 말할 수 있다. 이처럼 어휘[16]는 일정한 범위 안에서 사용되는 단어의 집합으로 정의될 수 있다. 이 어휘 안에는 실질적인 의미를 가지는 내용어뿐 아니라 접사, 어미 결합형, 조사 결

---

16) 김광해(2003: 21-23)에 의하면 어휘는 어휘소(lexeme)의 집합인 lexicon과 어휘항목(lexical unit)의 집합인 vocabulary의 실질적인 지시 대상으로 볼 수 있다. 어휘소는 언어를 구성하는 작은 의미 단위를 뜻한다.

합형 등 형식적 의미를 포함한 언어 단위가 포함되며, 연어구, 관용구와 같이 단어를 넘어선 단위도 포함될 수 있다.

어휘라는 집합체를 바라보는 시각에 있어서도 어휘 연구의 분야별 특징에 따라 어휘를 단어의 체계적인 장으로 보는 시각과 단어의 개별적인 집합으로 보는 시각으로 대별될 수 있다. 이는 어휘가 지닌 양면적인 성격으로 전자는 어휘를 체계적이며 조직적인 통일체로 보며 유의어, 반의어와 같이 어휘를 단어들과의 관계 속에서 정의하는 것인 반면, 후자는 어휘를 계량이 가능한 단위로서 보아 궁중어, 심마니 말, 김소월 시에 등장하는 단어들과 같이 어휘를 낱낱이 셀 수 있는 개별적인 단어들의 집합으로 보는 것이다.

어휘에 대한 개념을 이해하기 위해 한국어 어휘가 지닌 특징을 살펴보는 것이 도움이 된다. 한국어 어휘는 이충우(1997)에서 논의한 바와 같이 다음과 같은 특징을 지닌다고 할 수 있다. 첫째, 첨가어로서 조사에 의해 문법 관계를 나타내고, 선어말어미로 시제, 존경, 겸양, 추측, 회상을 표현하며, 다양한 어말어미로 문장의 유형을 나타내고 문장을 종결한다. 둘째, 고유어와 한자어 그리고 외래어의 3종 체계를 이루다보니 유의어가 많고 동음이의어도 많이 존재한다. 셋째, 높임과 겸양을 표현할 수 있는 어휘가 따로 존재한다. 넷째, 음운을 교체함으로 어감의 차이를 보이는 의성어와 의태어가 다양하게 존재한다. 다섯째, 기초 어휘에서는 고유어의 체계가 발달하였고 전문 어휘에서는 한자어가 발달하였다. 여섯째, 한국어 어휘는 대체로 2·3·4음절어로 표현된다.

2. 한국어 어휘의 체계

한국어의 어휘를 어종(語種)에 따라 분류하면 '고유어, 한자어, 외래어'의 삼종 체계로 나뉜다. 다음 <표 3-3>은 '표준 국어 대사전'에 수록된 단어들을 어종별로 분류하여 통계를 낸 결과이다. 한자어는 한국어에서 차지하는 비중이 높고, 한자어나 외래어가 고유어와 결합하여 사용되는 혼합형태도 전체 어휘의 11%에 이른다.

<표 3-3> 표준 국어 대사전(1999) 수록 어휘의 어종별 통계

	고유어	한자어	외래어	기타(혼합형태)	합계
표제어	111,299	251,478	23,196	54,289	440,262
부표제어	20,672	46,438	165	1,234	68,509
합계	131,971	297,916	23,361	55,523	508,771
백분율	25.9%	58.5%	4.7%	10.9%	100%

고유어는 소리글자[表音主義]이고, 한자어는 뜻글자[表意主義]이다. 따라서 표현 수단으로는 고유어가 적절하고, 이해 수단으로는 한자어가 적절하다. 한국어는 바로 표음주의 문자인 고유어와 표의주의 문자인 한자어의 상호보완으로 이루어진 것으로 서로의 단점을 보완할 수 있다.

2.1. 고유어

고유어는 일상생활의 구어에서 자주 쓰이는 어휘로 기초어휘가 많다. 문법적 기능을 하는 조사나 어미 역시 고유어이다. 고유어는 9품사에 모두 존재한다. 미세한 감각의 차이를 다양하게 표현할 수 있고, 하나의 표제어가 여러 개의 의미를 갖는 다의어로 표현될 때는 의미상으로 경제적이다. 고유어는 의성어, 의태어, 색채어, 미각어에서 보이듯 자음과 모음을 변형하여 미묘한 어감의 변화를 주는 일이 많아 다채로운 표현으로 사용된다.

그러나 고유어는 한자어 동음이의어(同音異義語)에서처럼 정확한 의미 파악이 어렵고, 어형성에 있어서도 한자어가 더 생산적인 조어력(造語力)을 보인다. 한자어는 이처럼 고유어를 보완하며 고유어와 더불어 한국어의 어휘를 더 풍성하게 하고 있다.

2.2. 한자어

원시한국어는 원시부여어와 원시한어로 분화되고, 전자는 다시 고구려어와 원시일본어로, 그리고 후자는 백제어와 신라어로 분화되었다. 그러다가 7세기 신라가 삼국을 통일하면서 신라어는 우리 민족의 최초 언어가 되었다. 이후 10세기의 고려어를 거쳐 15세기 조선의 세종 이전까지 우리말을 한자로 표기해 오다가 1443년 훈민정음을 창제한 이후에 표기 수단은 한자어 외에 고유어인 한글로도 표기해 오면서 오늘에 이르렀다. 따라서 적어도 7세기 이후에 통일된 우리말이 한자(漢字)의 문자를 차용해 표기해온 것이 사실이다[17].

한자어는 글자 하나하나가 독립성이 있고 품사가 고정적이지 않다. 단어 형성에 제약이 없어 어형성이 활발하다. 한자어는 훈(訓)을 알면 의미를 파악하기 쉽다. 최상진(2006:10-11)에 의하면 대사전 한자 표제어를 빈

---

17) 『鷄林類事』(1103-1104)에 기록된 '天(하늘)'을 '漢捺(ᄒᆞ놀>ᄒᆞ놀>하늘)', '雲(구름)'을 '屈林(굴림>구림>구름)', '七(칠)'을 '一急(일급>일곱)', '暮(저물다)'를 '占沒(졈몰다>저몰다>저물다)', '今日(오늘)'을 '烏捺(오놀>오늘)' 등에서 알 수 있다.

도를 통해 고찰한바 총 7,310자의 한자를 사용하는데, 이 중 누적 사용률 90%에 해당되는 한자(漢字)가 1,589자라고 한다. 25만개의 어휘를 이해하려면 1,600자 정도의 한자를 알면 된다. 일례로 '大'(크다)를 알면 '大國, 大小, 大學, 大洋' 등 823개의 어휘를 알 수 있는 것이다.

한자어는 아래 (1)과 (2)에서 보이듯 새로운 단어를 만드는 조어력이 뛰어나며 약자를 만드는 것이 수월하다. 한자를 사용하여 더 세분화된 의미를 나타낼 수 있어 학술어나 전문용어로 자주 사용된다. 한자어에는 愛國, 出國, 登山과 같이 중국식 어순을 따르는 결합과정이 나타나기도 한다.

(1) 한자어 파생어
　① 접두파생
　　　假建物, 假校舍, 假調印 …
　　　不合理, 不可能, 不滿足…
　　　無關心, 無價値, 無感覺…
　　　未開拓, 未成年, 未登錄…
　　　副市長, 副會長, 副敎授 …
　　　新記錄, 新紀元, 新小說…
　② 접미파생
　　　敎育家, 事業家, 政治家…
　　　科學化, 近代化, 合理化…
　　　政治的, 社會的, 學問的…
　　　椅子, 箱子, 粒子, 帽子…
　　　韓國語學, 醫學, 物理學…
　　　音韻論, 文法論, 意味論…

(2) 한자어 합성어
　① 주술관계: 日出, 天高, 夜深, 山高, 水麗
　② 술목관계: 讀書, 愛國, 求職, 問病, 植木, 修身

③ 술보관계: 下山, 歸鄕, 入場, 登山

④ 수식관계: 徐行, 必勝, 雲集, 北送, 過用, 前進; 靑山, 北風, 草家

⑤ 병렬관계: 桃李, 眉目; 師弟, 遠近

⑥ 반복관계: 奇奇妙妙, 明明白白

⑦ 약어법(略語法): 여러 글자로 된 말을 줄여 쓰는 조어법

　高等學校→高校, 韓國銀行→韓銀,

　仁荷大學校師範大學→仁荷師大

김지형(2003)은 비한자어권 외국인 한국어 학습자를 위해 기초 한자어 332개를 선정하였다. 숫자, 요일과 자연, 시간과 계절, 신체, 가족, 동식물, 천체와 기후, 방향, 색채, 물건, 생활, 동작, 정도, 접사와 같은 범주로 구분하여 기초어휘로 제시한 한자는 다음과 같다.

(3) 한자어 기초어휘

① 숫자: 一, 二, 三, 四, 五, 六, 七, 八, 九, 十, 百, 千, 萬

② 요일과 자연: 日, 月, 火, 水, 木, 金, 土, 地, 石, 山, 野, 江, 海

③ 시간과 계절: 年, 時, 分, 春, 夏, 秋, 冬, 朝, 夕, 晝, 夜

④ 신체: 身, 體, 耳, 目, 口, 鼻, 面, 手, 足, 心, 力, 血, 肉

⑤ 가족: 人, 間, 父, 母, 子, 女, 兄, 弟, 男, 夫, 婦, 家, 族

⑥ 동식물: 動, 植, 物, 牛, 馬, 犬, 羊, 鳥, 蟲, 魚, 草, 花

⑦ 천체와 기후: 天, 星, 風, 雨, 雲, 雪, 寒, 冷, 熱, 溫, 氣, 光

⑧ 방향: 上, 中, 下, 左, 右, 東, 西, 南, 北, 前, 後, 方, 位

⑨ 색채: 色, 靑, 白, 黑, 黃, 赤, 紅, 綠, 眞, 善, 美

⑩ 물건: 車, 歌, 書, 冊, 衣, 服, 酒, 畵, 票, 電, 藥, 茶, 器

⑪ 생활: 生, 活, 事, 業, 國, 會, 言, 語, 文, 化, 音, 樂, 産

⑫ 동작: 學, 習, 敎, 育, 行, 立, 作, 入, 出, 見, 聞, 問, 答

⑬ 정도: 大, 小, 多, 少, 高, 低, 長, 短, 輕, 重, 同, 異, 等

⑭ 접사: 不, 非, 主, 實, 反, 先, 再, 半, 全, 正, 代, 對, 本

2.3. 외래어

외래어는 외국어가 들어와 한국에서 일정 기간, 일정 빈도 이상 쓰여 한국말로 정착한 어휘를 뜻한다. 현대 한국어는 외래어가 어휘의 상당 부분을 차지하고 있다. 사람들이 외래어를 차용하는 이유로는 Hockett (1958)에서 언급한 바와 같이 위세적(威勢的) 동기(prestige motive)와 필요충족 (必要充足)의 동기(need-filling motive)에서 찾아볼 수 있다. 위세적 동기는 정치적으로나 문화적으로 지배되고 있는 사람들이 지배계급이나 자기들보다 높은 문화를 가지고 있는 사람들을 동경하는 경우에 생기는 현상으로 필요한 어구(語句)가 자국어에 갖추어져 있는데도 불구하고 권위 있는 말, 위신 있는 언어로부터 차용함으로써 스스로의 위신을 높이려는 동기에서 차용한 경우를 말한다. 이와 같은 위세적 동기에서의 차용의 방향은 일방적인 것이 특징이다.

필요충족의 동기는 언어접촉의 과정에서 새로운 문물에 접했을 때, 그 문물이 전혀 이질적인 것으로서 자국어로는 표현할 알맞은 말이 없을 때, 그 문물과 함께 외국어를 자국어의 언어체계 속에 수용하는 경우를 말한다.

(1) 차용어원에 따른 외래어
　① 프랑스어: crown, price, public, royal, slave, innocent, judgement, religion, navy, peace, soldier, spy, ivory, jewel, ruby, bacon, beef, cherry, dinner, medicine, romance
　② 라틴어: apostle, candle, disciple, hynm, psalm, prime, temple, chest, silk, lily, pine, plant, fig, tiger, elephant, grammatical, master, meter, school, talent, accent, history, paper, prologue, title
　③ 이태리어: cameo, cartoon, design, model, umbrella, balcony, allegro,

andante, solo, sonata, alarm, bank, bravo, carnival, influenza, libra, macaroni, magazine, traffic, volcano

④ 그리스어: angel, butter, church, copper, devil, paradise, academy, rose, center, character, climate, diet, echo, fancy, harmony, hero, ink, logic, magic, mystery

외국어가 한국어로 유입되어 정착되는 과정에서 음운, 형태, 의미 면에서 한국어로의 동화가 일어난다. 영어의 /r/, /f/, /v/는 한국어에 없는 발음인데 이들 발음은 한국어에서 각각 /ㄹ/, /ㅍ/, /ㅂ/로 발음한다. 형태적인 면에서 영어의 형용사 cool, 동사 study는 한국어 접미사 '-하다'와 결합하여 마치 어근과 같이 인식된다. 외래어의 표기는 서서히 확산되기 때문에 일상생활에서 일률적으로 표기가 통일되어 쓰이지 않아 혼동을 초래하기도 한다.

아래는 한국어 학습을 위해 국제통용 한국어 표준모형에 제시된 301개의 외래어 목록이다.

(2) 국제통용 한국어 표준모형의 외래어 목록
① 초급

게임(game)	메뉴(menu)	스키(ski)
골프(golf)	메모 (memo)	스타(star)
크리스마스(Christmas)	메시지(message)	스트레스(stress)
기타(guitar)	바나나(banana)	스포츠 (sports)
넥타이(necktie)	버스(bus)	아나운서 (announcer)
노트 (note)	볼펜(ball+pen)	아르바이트 (Arbeit(독))
뉴스(news)	빌딩 (building)	아이스크림(ice+cream)
드라마 (drama)	서비스 (service)	아파트(apartment)
라디오(radio)	소파(sofa)	에어컨(air+conditioner)
라면 (ramen(일))	쇼핑(shopping)	엘리베이터(elevator)
레스토랑(restaurant(프))	슈퍼마켓 (supermarket)	올림픽(Olympic)

월드컵(World Cup)   컴퓨터 (computer)   테이블(table)

월드컵(World Cup)	컴퓨터 (computer)	테이블(table)
인터넷(internet)	컵(cup)	텔레비전 (television)
주스(juice)	콜라 (cola)	토마토(tomato)
초콜릿 (chocolate)	키(key)	티셔츠(T-shirts)
카드(card)	킬로그램(kilogram)	팀(team)
카메라(camera)	킬로미터 (kilometer)	파티(party)
캠퍼스(campus)	택시 (taxi)	피아노(piano)
커피(coffee)	탤런트(talent)	호텔(hotel)

② 중급

가스(gas)	센티미터 (centimeter)	코트(coat)
노트북(notebook)	쇼(show)	콘서트(concert)
다이어트(diet)	슈퍼 (super)	콤플렉스(complex)
드레스(dress)	스타일(style)	키(key)
디자인(design)	시리즈(series)	터널(tunnel)
로봇(robot)	알코올(alcohol)	터미널 (terminal)
마라톤(marathon)	에너지(energy)	테니스(tennis)
매스컴	오렌지(orange)	테스트 (test)
(mass+communication)	온라인(on-line)	테이프 (tape)
모델(model)	인터뷰(interview)	파일 (pile)
미니(mini)	치즈(cheese)	파트너(partner)
미디어 (media)	캠페인(campaign)	패션(fashion)
미스(miss)	커튼 (curtain)	퍼센트(percent)
미터(meter)	컬러(color)	포인트(point)
벤치(bench)	케이크(cake)	프로그램(program)
비닐(vinyl)	코너(corner)	플라스틱(plastic)
비타민(vitamin)	코미디 (comedy)	피자(pizza(이탈리아)
세트(set)	코스(course)	홈페이지(home+page)
센터(center)	코치(coach)	

③ 고급

가이드(guide)	그린벨트(greenbelt)	나이트클럽(nightclub)
골프 (golf)	글로벌(global)	네트워크 (network)

네티즌(netizen)
다이아몬드 (diamond)
다큐멘터리
(documentary)
댄스(dance)
데모(demo)
데이터 (data)
데이터베이스
(data+base)
데이트 (date)
드라이브(drive)
디스크 (disk)
디자이너 (designer)
디지털 (digital)
라운드 (round)
라이터(lighter)
라인 (line)
레이저 (laser)
레저(leisure)
렌즈 (lens)
로비 (lobby)
룸 (room)
르네상스(Renaissance
(프))
리더십 (leader+ship)
리어카 (rear+car)
리얼리티(reality)
립스틱 (lipstick)
마사지(massage)
마스크(mask)
마이너스 (minus)
마이크(mike)
마케팅 (marketing)
마크(mark)
매너(manner)

매니저 (manager)
멀티미디어 (multimedia)
메이저(major)
메이커(maker)
메커니즘(mechanism)
멤버 (member)
모니터(monitor)
모더니즘(modernism)
뮤지컬(musical)
뮤직(music)
밀레니엄(millennium)
밴드(band)
버터 (butter)
버튼(button)
베스트(vest)
베스트셀러 (best+seller)
벤처(venture)
보너스(bonus)
보트(boat)
부르주아(bourgeois(프))
브로커(broker)
브리핑(briefing)
블라우스(blouse)
블랙홀(black+hole)
비자 (visa)
비즈니스(business)
사이버(cyber)
사이트(site)
샌드위치 (sandwich)
서비스(service)
서클(circle)
세미나 (seminar)
섹스(sex)
섹터 (sector)
셔츠(shirt)

쇼크(shock)
스웨터(sweater)
스카우트(scout)
스캔들 (scandal)
스커트(skirt)
스케줄(schedule)
스크린 (screen)
스탠드(stand)
스테프(Steff)
스토리 (story)
스튜디오(studio)
스피드(speed)
스피커 (speaker)
시나리오(scenario)
시스템(system)
시즌(season)
실리콘 (silicone)
아스팔트(asphalt)
아트 (art)
알레르기 (Allergie(독))
알루미늄(aluminium)
애니메이션(animation)
액션(action)
앵커(anchor)
에피소드 (episode)
엑스포(Expo)
엔젤(angel)
엘리트(élite(프))
오디오(audio)
오케스트라 (orchestra)
오토바이(auto+bicycle)
오페라(opera)
오픈(open)
오피스텔(office+hotel)
옵션 (option)

와이셔츠(white+shirts)
워드(word)
원피스(one-piece)
월드(world)
웹(web)
유머(humor)
유토피아 (utopia)
이메일(e-mail)
이벤트 (event)
인테리어(interior)
인플레이션(inflation)
재즈 (jazz)
점퍼(jumper)
지프(jeep)
체크(check)
카운터 (counter)
카지노(casino(이탈리아))
칵테일 (cocktail)
칼럼(column)
칼로리(calorie)
캐릭터 (character)
캐피털(capital)
캔(can)
캠프(camp)
커뮤니케이션
(communication)
커플 (couple)
케이블(cable)
케이스(case)

코드(code)
콘크리트(concrete)
쿠데타(coupd'État(프))
쿼터 (quota)
클래식 (classic)
클럽(club)
키스 (kiss)
타운(town)
타이어(tire)
타이틀 (title)
타임 (time)
탱크(tank)
테크놀로지
(chip+technology)
텍스트(text)
텐트 (tent)
텔레콤 (telecom)
투어(tour)
트렁크 (trunk)
티켓(ticket)
파시즘(fascism)
파운드(pound)
파워(power)
파이프 (pipe)
패러다임(paradigm)
패러디 (parody)
패턴 (pattern)
팩스(fax)
팬티(panties)

펀드 (fund)
페놀(phenol)
페미니즘(feminism)
페스티벌(festival)
페이지(page)
페인트 (paint)
펜(pen)
포르노(pornography)
포스터(poster)
포스트(post)
포스트모더니즘
(postmodernism)
포크(fork)
프로듀서 (producer)
프로젝트(project)
프롤레타리아(prolétariat
(프))
플롯(plot)
피라미드 (pyramid)
픽션 (fiction)
하드웨어(hardware)
하우스(house)
해프닝(happening)
핸드백(handbag)
헤게모니(hegemonie(독))
휴머니즘 (humanism)
히트(hit)

1. 한국어 어휘의 양상

1.1. 지역방언과 사회방언

언어학에서 말하는 방언(方言, dialect)은, 한 언어가 외적이거나 내적인 변화에 의하여 지역적으로나 계층적으로 분화되었을 때, 그 지역 또는 사회적 계층의 언어를 총칭한다. 전자를 지역방언(地域方言), 후자를 사회방언(社會方言) 또는 계층방언(階層方言)이라고 하는데, 흔히 좁은 의미로 방언이라고 할 경우에는 (1)~(6)에 해당하는 지역방언을 가리킨다.

　(1) 어서 오세요.(서울)
　(2) 어여 오드래요.(강원도)
　(3) 빨리 와유.(충청도)
　(4) 언능 오랑께요.(전라도)
　(5) 퍼뜩 오이소.(경상도)
　(6) 혼저 옵서예.(제주도)

지역방언은 지역의 다름에 의해서 생긴 방언이지만 사회방언은 사회적 요인, 즉 사회계층, 연령, 성별, 종교, 직업, 종족 등의 요인에 의해 생긴 방언이다. 사회방언의 차이는 지역방언의 차이만큼 뚜렷하지 못한 것이 일반적이다.

> (7) 새로 산 옷이 뽀대(폼)가 안 나서 짱난다(짜증난다). 쌤(선생님)한테 혼나서 짱난다(짜증난다).
> (8) 어머, 잘 어울린다! 어쩜 언니는 뭘 입어도 이렇게 예쁜지 몰라.

위 (7)과 (8)은 각각 연령과 성별에 따른 사회방언의 사례로 (7)은 중고 등 학생의 (8)은 여성의 발화임을 알 수 있다. 어느 방언이든 지역의 다름 에 의해서만 이루어지는 법은 없으며 여러 가지 요인이 복합적으로 작용 하여 형성된다. 비록 서로 의사가 소통되지 않을 만큼 말의 차이가 심하 더라도 그 두 말이 기대고 있는 표준어가 같고 동시에 같은 정서법을 쓰 는 말이라면, 두 말은 한 언어의 두 방언으로 본다.

표준어는 대개의 경우 한 언어가 지닌 여러 방언들 중의 하나로 방언 의 차이에서 오는 의사소통의 불편을 덜기 위하여 전 국민이 공통적으로 쓰는 하나의 공통어이다. 표준어로서의 자격을 부여받은 방언은 공용어 (公用語)로서의 자격을 가지는데 이는 표준어가 다른 방언들보다 언어학적 으로 더 우위에 있는 언어이기 때문이 아니다. 표준어로 선정되는 기준 은 언어의 체계성이 아닌 그 지역이 행정, 교통, 문화 등의 중심지이기 때문에 그만큼 영향력이 크고 보급이 쉬운 이점이 있어서이다.

1.2. 문어와 구어

문어와 구어가 모두 소통을 위한 언어라는 공통점이 있으나 문어는 일 상적인 대화에서 쓰는 말이 아닌, 주로 글에서 쓰는 말로 글말에 해당한다. 구어는 일상적인 대화에서 사용하는 언어로 구두어, 입말이라고 한다. 발생적 견지에서 구어가 1차 언어라면 문어는 문자가 만들어지며 생긴 언어로 인쇄술의 발달로 널리 보급된 언어이다. 요즘 매체가 발달하면서 문어와 구어가 사용되는 국면에서 경계가 흐려진 면이 있다. 글에 구어가 쓰이고 말에 문어가 사용되는 경우가 종종 발견된다.

문어는 어순에 있어서 구어에 비해 제약이 크고 조사를 생략하거나 완결되지 않은 문장으로 끝맺기 어려운 점이 있다. 문장구조가 복잡하게 구성될 수 있고 사고의 흐름에 따라 문장의 길이 또한 길어질 수 있다. 1인칭과 2인칭 대명사의 사용이 비교적 적고 논리적 흐름을 이어주는 연결어나 정도부사의 사용이 제한적이다. 표준어를 사용하는 것이 일반적이다.

구어는 문어에 비해 어순이 자유롭고 조사 생략이 빈번하며 문장성분의 생략이 많다. 접속조사를 반복적으로 사용하거나 '되게, 무지, 참, 진짜'와 같은 정도부사를 많이 사용한다. 문장구조가 단순하고 이중부정이나 장형 부정보다 단형 부정을, 피동문보다는 능동문을 사용한다. 음운의 축약과 탈락이 많고 표준발음보다 현실발음이 나타나는 일이 많다. '글쎄, 뭐, 자'와 같은 담화표지어가 많이 사용되고 문장이 완결되지 않은 채 담화 맥락에서 담화참여자가 협력적으로 대화 대응쌍으로 정보를 구성하는 일이 많다. 구에에는 준말이 많이 사용되는데 몇 가지 사례를 제시하면 다음과 같다.

걔(그 아이)	근데(그런데)	뭐(무엇)
거(것)	난(나는)	뭔데(무엇인데)
그거(그것)	낼(내일)	뭔지(무엇인지)
그새(그 사이)	맘껏(마음껏)	숟갈(숟가락)

쌈(싸움)	요걸(요것을	제(자기의)
암말(아무 말)	요새(요사이)	제게(저에게)
암튼(아무튼)	요즘(요즈음)	젤(제일)
애(아이)	울(우리)	좀(조금)
애(이 아이)	이거(이것)	첨(처음)
얘기(이야기)	쟤(저 아이)	
요거(요것)	저거(저것)	

1.3. 신어와 전문어

문명이 발달하면서 사회는 더욱 복잡해지기 시작했고, 더불어 수많은 발명품과 신물질이 개발되고 있다. 따라서 이를 표현하기 위한 (1)~(4)와 같은 새로운 어휘를 신어라고 한다.

  (1) 싱글맘(single+mom) : 아이 아빠가 있지만, 어쩔 수 없이 혼자 아이를 낳고 기르는 여자
  (2) 썸 : 사귀기 전 미묘한 관계
  (3) 먹방 : '먹는 방송'의 줄임말(아프리카TV를 비롯한 인터넷 방송에서 방송자가 먹으면서 소통하는 방송이 인기를 끌었으며, 후에 매체나 방송계에서도 쓰이게 되었음)
  (4) 갑질 : 상대에 비해 유리한 위치에 있는 자가 상대를 호령하거나 자신의 방침에 따르게 하는 짓

그러나 새말을 만드는 것은 쉽지 않다. 언어는 사회성을 가지므로 새말을 만들었다고 해도 적절성 여부 등을 고려해야 하고 언중이 새말을 실제로 사용해야만 만든 말이 해당 언어에 정착될 수 있다.

특정 분야의 사회에서 인위적으로 만들어 주로 그 방면에서만 전문적

으로 쓰는 용어가 전문어(專門語)이다.

(5) 음운, 형태소, 통사, 시상, 양태, 화행…(한국어학)
(6) 근골격, 종양, 적출, 저혈당, 담낭, 낭종, 림프…(의학)

　(5)와 (6)과 같은 전문어는 일반 사회에서 별로 사용하지 않는 말이므로 의미가 분화되어 정밀하고 다의성이 적으며 그에 대응하는 일반 어휘가 없는 경우가 많다. 전문어는 학술 과목의 전 범위에 걸쳐 나타나는 학술 어휘에 비해 주로 특정 과목에서 발견된다. 전문어는 첫째 과목과 연관이 있으며, 둘째 전문적인 영역에 등장하며, 셋째 과목 지식의 체계를 이루는 어휘이다. 일부 전문어는 타 분야와 밀접하게 관련이 있거나 일상의 활동과 매우 밀접하게 연관되어 나타나기도 한다.

1.4. 속담과 관용표현

　예로부터 민간에 전하여 오는 쉬운 격언이나 잠언을 속담이라 한다. 한국어 화자의 사고방식이나 행동 양식이 담겨 있어 한국 문화에 접촉하는 것이 쉽다. 속담은 주로 인용문의 형태로 나타나며 풍자성, 비유성, 교훈성과 같은 화용적 특성을 지닌다. 속담은 구체적이고 일상적인 상황에서 삶의 교훈을 주는 내용으로 이루어진다. '백지장도 맞들면 낫다, 돌다리도 두들겨 보고 건너라, 가는 말이 고와야 오는 말이 곱다.'처럼 대개 완결된 문장의 형태를 갖는다. 속담의 의미는 1차적으로 개념적 의미로 해석되지만, 속담이 사용된 맥락 속에서는 속담의 본래적 의미와 상황적 의미가 더해진다. 속담에는 어려운 단어나 현재 잘 쓰이지 않는 단어가 포함되어 있기도 하고 고어 투의 문법 혹은 문어적 문법이 사용되기도 한다.

관용표현은 두 개 이상의 단어로 이루어져 있으면서 그 단어들의 의미만으로는 전체의 의미를 알 수 없는 특수한 의미를 나타내는 어구이다. 관용표현의 의미는 구성요소의 의미만으로는 구절 전체의 의미가 이해될 수 없는 특이한 의미구조를 가진 표현 형식으로, 개개 단어의 의미와는 별도의 의미를 나타낸다. 관용표현은 해당언어를 사용하는 사람들의 전통·습관·생활환경·사고양식 등에 의하여 생성된 특유한 표현양식으로 문법이나 논리적으로 분석하기 어려운 의미적 단위다.

'미역국을 먹다'와 같이 축자적인 의미와 관용적 의미 두 가지를 갖는 일이 많으나 '시치미를 떼다'와 같이 축자적인 의미와 관용적 의미 사이에 유연성을 분명히 알 수 없는 경우도 많다.

    (1) 콩가루 집안, 새 발의 피, 개밥에 도토리, 식은 죽 먹기 …
    (2) 벼룩의 간을 내먹다, 병 주고 약 주다, 비행기를 태우다 …
    (3) 엿장수 마음대로, 눈 깜짝할 사이에, 눈에 불을 켜고 …

관용표현의 형식은 다양하다. (1)은 둘 이상의 단어가 결합하여 하나의 구절을 이루되 체언이나 명사형을 유지하는 체언형 관용표현이다. (2)는 둘 이상의 단어가 통사적으로 결합하여 서술어로 끝맺는 용언형 관용표현이고 (3)은 부사형 관용표현이다.

1.5. 남북한 어휘 차이

남한과 북한은 같은 언어를 사용하지만 분단 이후로 어휘의 표기와 의미에서 큰 차이를 가지게 되었다[18]. 두음법칙과 사이시옷의 표기 여부, 외래어 표기법의 경우는 남한과 북한의 어휘 표기에 있어 상당한 차이를 보인다(노동-로동, 여자-녀자, 색깔-색갈, 촛불-초불). 또 남한은 북한에 비해 한자어와 외래어가 많다(노크-손기척, 프라이팬-지짐판, 배터리-전지약, 에어컨-랭풍기).

남북은 분단 이후 새롭게 만들어진 말이 많은데 그중에서도 '인터넷뱅킹, 공인인증서, 퀵서비스, 재수생, 대리운전, 웨딩플래너'와 같이 북한에 해당하는 개념이 없어 남북한 단어가 일대일로 대응을 보일 수 없는 경우도 많다. 무엇보다 단어의 의미가 달라 소통이 어려운 사례가 있다.

> (1) 수표
>   남한: 은행에서 발행하는 유가증권(일종의 지폐)
>   북한: 증명이나 확인을 위하여 도장 대신 자기의 이름을 나타내는
>   일정한 표시를 함. 남한 말로는 '서명/사인'
> (2) 쉬쉬하다
>   남한: 남이 알까 두려워 숨기다.
>   북한: 음식이 쉰 듯하다, 기분이 불쾌하다.
> (3) 엄지
>   남한: 가장 굵은(첫 번째) 손가락
>   북한: 짐승의 어미

(1)~(3)은 남한과 북한에서 동일한 표기로 기록되지만 완전히 다른 의미로 사용되는 단어들이다. 그러나 이보다 더 주의가 필요한 것은 동일한 표기로 기록되면서 의미와 쓰임새에 있어서 약간의 차이가 나는 경우라고 할 수 있다.

> (4) 다치다: 부딪치거나 맞거나 하여 신체에 상해를 입다.

---

18) 남북한 어휘 차이에 대한 사례는 이기연(2014: 41-54)에서 가져온 것이다.

(5) 욕하다: 남의 인격을 무시하는 모욕적인 말을 하다.
(6) 일없다: 소용이나 필요가 없다.

(4)~(6)에 제시된 단어들은 동일한 의미로 사용되면서도 남한에서는 사용되지 않고 북한에서만 사용되는 의미가 있다. (4)의 '다치다'의 경우 북한에서는 '만지다', '건드리다'의 의미로도 많이 쓰이며 (5)의 '욕하다'는 '야단맞다'는 의미로 (6)의 '일없다'는 남한의 '괜찮다' 같은 사양의 의미로 사용된다.

또한 아래 예문 (7)과 (8)은 남한과 북한에서 서로 다르게 표현하는 사례에 해당한다.

(7) 선생님께 꾸중을 들어서 기분이 나쁘다.(남한)
    선생님께 꾸중을 듣고, 기분이 없다.(북한)
(8) 중국에 있는 가족에게 전화 걸고 있습니다.(남한)
    중국에 있는 가족에게 전화 치고 있습니다.(북한)

2. 한국어 학습 어휘

2.1. 이해어휘와 표현어휘

어휘에 대한 개념은 한국어 교육에서 어휘 선정과 관련하여 기초 어휘, 기본 어휘, 이해 어휘, 사용 어휘의 관점에서도 정리될 필요가 있다. 한국어 기초 어휘는 한국어의 근간이 되는 어휘이며 오랜 기간 동안에도 잘 변화되지 않은 채 일상적인 언어생활에 쓰이는 필수적인 단어에 해당한다. 일상생활에서 필요를 충족할 수 있는 1,000개 내지 2,000개 어휘를 최소한으로 선정한 뒤 이를 체계적으로 분류하여 제시한 것이다(조현용, 2000).

기본 어휘는 언어 사용의 국면이 다양한 여러 영역으로 분리될 수 있다는 것을 전제로 하여 분리된 영역에서 가장 기본이 되는 어휘의 집합이다(서상규 외, 1998). 가령 특정한 목적과 분야로 한국어 교육 분야에서 학문 목적을 위한 학습용 어휘를 선정하는 경우이다. 기본 어휘는 빈도, 중요도, 사용범위 등 객관적 기준에 의해 마련된 귀납적 목록이다.

이해 어휘는 학습자가 직접 사용하지는 못해도 그 의미나 용법을 아는 어휘로서 수동적 어휘 혹은 획득 어휘로 불린다. 반면 사용 어휘는 말하거나 글을 쓸 때 사용이 가능한 어휘로 능동적 어휘 혹은 발표 어휘라 할 수 있다. 학습자들은 일반적으로 사용할 수 있는 어휘보다 이해할 수 있는 어휘가 더 많다. 이 외에도 김광해(1993)은 교육과 학습의 관점에서 일차 어휘와 이차 어휘를 구분한 바 있다. 일차 어휘는 체계적인 교육 활동이나 전문적인 훈련과 관계없이 일상생활을 통해 자연스럽게 습득된 어휘를, 이차 어휘는 의도적으로 인위적인 교육과 특수한 훈련 과정을 거쳐서 학습된 어휘를 뜻한다. 한국어 모어 화자들은 일상생활 속에서 자연스럽게 일차 어휘를 습득하지만 모어 화자들과 같은 절차적 학습을 할 수 없다. 따라서 외국어 혹은 제2언어로서 한국어를 습득하는 학습자들에게 한국어 일차 어휘는 중요한 학습 대상이 된다.

2.2. 한국어 교육용 어휘

한국어 학습을 위해서는 어느 정도의 단어를 알아야 하는가와 관련하여 한국어 교육을 위한 교육용 어휘 선정이 이루어져 왔다. 대표적인 예를 몇 가지 제시하기로 한다. 우선 2003년 국립국어원의 한국어 학습용 어휘 선정 결과 보고서를 들 수 있다. 보고서에서는 A등급 982개, B등급 2,111개, C등급 2,872개 모두 5,965개의 단어를 선정한 바 있다. 그러나 언어권에 따른 어휘의 점유율(<표 3-4>)을 생각해 보면 한국어의 경우 5,000개의 단어를 아는 것은 일상에서 어휘에 대한 이해를 80% 정도 할 수 있는 것이어서 타 언어에 비해 적은 편이라 할 수 있다.

<표 3-4> 언어권에 따른 어휘의 점유율, 송영빈(2009:38)

언어 어휘량	영어	프랑스어	스페인어	독일어	러시아어	중국어	한국어	일본어
1~500				62.8	57.5	63.1	51.3	51.5
1~1000	80.5	83.5	81.0	69.2	67.46	73.0	61.4	60.5
1~2000	86.6	89.4	86.6	75.5	80.0	82.2	71.2	70.0
1~3000	90.0	92.8	89.5	80.0	85.0	86.6	75	75.3
1~4000	92.2	94.7	91.3		87.5	89.7	79.9	77.3
1~5000	93.5	96.6	92.5	88.13	92.0	91.7	81.3	81.7

따라서 서울대학교 국어교육연구소에서 제시한 별(*)이 붙은 1~3등급 어휘 1만 4,432개 혹은 국내 대학기관의 한국어 과정(1급~6급)에서 습득 어휘로 제시하는 6,000~1만 2,000 혹은 1만 4,000개의 어휘를 눈여겨볼 필요가 있다.

한국어 교육용 어휘는 사용 범위, 빈도, 한국어 학습 동기, 전문성, 관심 영역, 조어력이 높은 어휘, 이용도 및 친숙도, 학습 용이도 및 학습 부담을 준거로 선정된다. 이 외에도 합성어 형성에 자주 등장하여 어휘 확장을 꾀할 수 있는 어휘, 최근의 정보를 담고 있는 신문이나, 뉴스 등과 같은 대중매체의 어휘, 빈도수가 적어도 한국의 문화와 관련한 어휘를 교육용 어휘에 포함할 수 있다. 교육용 어휘의 선정에서 어려운 점은 빈도수가 높은 단어가 다의어인 경우 어떤 의미를 우선적으로 가르쳐야 하는지 명확한 기준을 세울 수 없다는 것이다. 많은 의미를 포함하고 있는 어휘의 빈도수를 단일한 의미를 가진 어휘의 빈도수와 똑같이 취급하는 것은 문제이다. 의미별로 빈도수를 계산할 필요가 있고 기본어휘의 수를 정할 때 이해 어휘와 표현 어휘의 수를 달리하는 것도 고려해야 한다.

2012년부터 국립국어원에서는 국제통용 한국어교육 표준 모형에서 선정한 어휘 목록을 기초자료로 하여 한국어 교육 어휘 내용 개발 보고서를 4단계에 걸쳐 공개한 바 있다. 이 보고서에 따라 국립국어원 홈페이지에 '한국어교육 어휘 검색 시스템'을 구축하고 어휘 교육 내용 자료를 보다 효율적으로 활용할 수 있게 하고 있다.

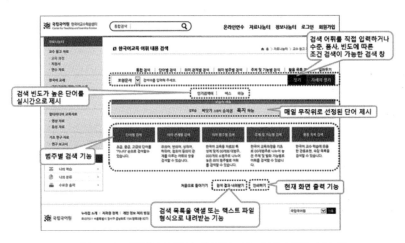

<그림 3-1> 국립국어원의 한국어교육 어휘 검색 시스템

한국어교육 어휘 검색 시스템에서는 어휘 목록, 관련어 정보, 구 구성 정보 영역 전체를 통합하여 어휘를 검색하는 통합 검색이 가능하고 단어별로도 한 단어의 수준, 기초 정보, 구 구성 정보, 관련어 정보, 화용 정보를 검색할 수 있다. 또한 숙달도별로 유의어, 반의어, 상위어, 하위어,

참조어의 단어의 쌍을 확인할 수 있고 의미 범주에 따라 동일 범주에 속한 단어들을 확인할 수 있다. 교육과정에서 제시하는 주제 및 기능 범주에 따라 동일 범주에 속한 단어를 확인할 수 있으며 한국어 학습자에게 유용한 관용표현, 속담 목록 또한 검색할 수 있어 매우 유용하다 하겠다.

1. 다음 문장을 형태소로 분석하시오.

   (1) 가을 아침은 서늘하다.
   (2) 국화꽃이 노랗게 피었다.
   (3) 애야, 아침은 뭘 먹었니?

2. 다음 중국어 문장에서 형태소 '나, 너, 좋아하다, 꽃, 사다'를 찾아보시오.

   (1) 我喜歡你[wǒxǐhuannǐ] 나는 너를 좋아한다.
   (2) 你喜歡我[nǐxǐhuanwǒ] 너는 나를 좋아한다.
   (3) 你喜歡花[nǐxǐhuanhuā] 너는 꽃을 좋아한다.
   (4) 我買花 [wǒmǎihuā]   나는 꽃을 산다.

3. 다음에 주어진 단어를 합성어와 파생어로 구분하시오.

책가방	막내딸	시어머니	강추위
맏아들	물약	발자국	첫눈
다림질	손발	늦잠	외아들
그림책	산불	참기름	쓰기
눈사람	맨손	한여름	꽃동산

4. 다음 단어들은 각각 다른 품사로 쓰일 수 있다. 다른 품사로 사용된 문장을 보기로 들어 구별해 보시오.

   > 여기, 지금, 크다, 만큼, 같이

(1) 여기에 있었구나.

(2) 여기 앉아라.

(3) 지금부터 한 시간 동안만 놀자.

(4) 나는 지금 막 집에 도착했다.

(5) 다혜는 키가 크다.

(6) 다혜는 커서 국어선생님이 되었다.

(7) 사람들은 노력한 만큼 대가를 얻는다.

(8) 나도 당신만큼은 할 수 있다.

(9) 그는 소같이 일만 한다.

(10) 모두 같이 갑시다.

5. 다음 문장에서 '있다'의 품사가 무엇인지 제시하시오.

(1) 너는 학교에 있어라.

(2) 딴 데 한눈팔지 말고 그 직장에 그냥 있어라.

(3) 앞으로 사흘만 있으면 추석이다.

(4) 나는 신이 있다고 믿는다.

(5) 좋은 일이 있다

(6) 그는 있는 집 자손이다.

(7) 그 소문 있지 사실이래.

(8) 그는 서울에 있다.

(9) 그는 철도청에 있다.

(10) 나에게 1000원이 있다.

| 제4장 | 한국어의 문장과 문법 요소

Ⅰ. 한국어 문장의 구성과 확대
■ 한국어의 기본 문형은 무엇인가?
■ 한국어 문장은 어떻게 구성되는가?
■ 한국어 문장은 어떤 방식으로 확장되는가?

1. 문장과 문법 단위

1.1. 문장

둘 이상의 단어가 결합하여 구(phrase), 절(clause), 문장(sentence)을 이루는 원리를 탐구하는 언어학의 한 분야를 통사론(syntax)이라 한다. 구(句)는 (1)과 같이 중심이 되는 단어와 그것에 부속되는 단어를 한데 묶은 언어 형식이며, 절(節)은 (2)에서 보이듯 주어와 서술어를 갖고 있지만 '선생님은 ~을 기대한다.'는 더 큰 문장 속의 어떤 성분으로 안겨 있는 언어 형식을 말한다.

(1) 똑똑한 다혜(구)

(2) 선생님은 <u>다혜가 한국어를 열심히 공부하기</u>를 기대한다. (겹문장)
(3) 이 학생은 한국어를 열심히 공부한다. (홑문장)

구는 중심이 되는 단어의 성분에 따라 주어구, 서술어구, 목적어구, 보어구, 관형어구, 부사어구, 독립어구로 나뉜다. 가령 '<u>저 새 차</u>는 다혜네 것이다'에서는 중심이 되는 단어 '차'가 주어로 쓰인 주어구이다. 또한 구는 중심이 되는 단어의 품사에 따라 그 유형이 명사구, 동사구, 형용사구, 관형사구, 부사구와 같이 달라진다. 예를 들어 '문 밖에 아주 <u>새 차</u>가 있다.(관형사+체언)'는 중심이 되는 단어 '차'가 명사인 명사구이다.

절 또한 절이 문장에서 어떤 성분으로 사용되었는가에 따라 주어절, 서술절, 관형절, 부사절, 목적절로 나뉘기도 하고 절이 어떤 품사의 어미로 나타났는가에 따라 명사절, 부사절, 관형사절로 나뉘기도 한다. '다혜가 일등을 했음이 밝혀졌다'에서 '다혜가 일등을 했음'은 명사형 어미가 결합한 명사절이며, '다혜가 일등을 했음이'는 주격 조사 '이'가 붙어 주어의 구실을 하므로 주어절이 된다.

문장은 하나의 완결된 생각이나 감정을 담고 있는 통사 단위로 그 자체로서 통일성을 가지며, 계층적으로 긴밀하게 구성되어 있는 독립된 언어형식이다. 예문 (3)은 문장을 구성하는 단어를 순차적으로 결합한 것이 아니라 '이 학생은'이라는 주어부와 '한국어를 열심히 공부한다'라는 서술부로 이루어지고 주어부는 다시 주어를 수식하는 관형사 '이'와 '학생은'의 주어가 결합하고, 서술부는 목적어와 수식어를 포함한 서술어로 결합되어 있어 문장이 계층적으로 이루어졌음을 알 수 있다.

1.2. 기본 문형

어순(word order)은 문장 성분들 간의 배열순서로 절, 문장 성분, 수식어의 배열순서 등으로 세분될 수 있다. 일반적으로 언어유형론적인 관점에서는 문장의 주요 구성요소만을 고려하여 세계의 여러 언어를 분류한다. 지배적인 어순이 무엇이냐에 따라 SOV, SVO, VSO, VOS, OSV, OVS 등의 유형으로 나눈다. 이때 기본 어순은 주어(S), 목적어(O), 동사(V)의 상대적인 순서만을 고려한 것이다.

한국어는 조사가 발달해 있는 언어이기 때문에 서술어를 제외한 다른 문장 성분들의 순서를 비교적 자유롭게 바꿀 수 있지만 '*꽃이 예쁜 피었다 활짝.'이나 '*천재로 준호를 영미는 알았다.'와 같은 문장이 불가능하듯이 한국어 어순에도 제약이 있다.

한국어의 문장은 종래 서술어의 유형에 의해 구분되어 왔으나 한국어의 기본 문형에 대한 면밀한 연구가 필요해 보인다. 여기서는 박동호(2004)에서 제시한 한국어 기본 문형의 사례를 제시하기로 한다.

<표 4-1> 한국어의 기본 문형(박동호, 2004:8)

I	주어 - 서술어
	꽃이 핀다.
II	주어 - 필수적 부사어 - 서술어
	영미가 의자에 앉았다.19)
III	주어 - 목적어 - 서술어
	영미는 준호를 사랑한다.
IV	주어 - 보어 - 서술어
	준호는 어른이 되었다.
V	주어 - 목적어 - 필수적 부사어 - 서술어
	영미는 준호를 천재로 여긴다.

이 다섯 가지 문형은 문장을 구성하는 성분의 품사 정보를 반영하여 좀 더 세분화할 수 있는데 실제 자료에 근거하여 결과를 도출한 것이 <표 4-2>이다. 노은희(2000)에서는 한국어교육을 위한 한국어 문형의 빈도수를 조사했는데 수필, 소설, 기사, 교과서, 만화, 드라마, 대화 등의 텍스트를 통한 문형의 빈도수를 보였다. 다음의 표는 그 가운데 전체적인 부분만을 뽑아 보인 것이다.

<표 4-2> 한국어교육을 위한 한국어 문형의 빈도수(노은희, 2000)

순위	번호	문형	전체(%)
1	2-1	N이 N을 V	38.23
2	4-1	N이 N이다	15.48
3	1-1	N이 V	12.40
4	3-1	N이 Adj	8.84
5	1-4	N이 N에 V	6.16
6	3-2	N이 N이 Adj	4.94
7	2-4	N이 N에게 N을 V	2.73
8	1-2	N이 N이 V	2.28
9	1-8	N이 N로 V	2.26
10	2-2	N이 N에 N을 V	1.04

<표 4-2>에서 높은 빈도수를 차지하는 한국어 문형을 살펴보면 1위는 주어 +목적어+서술어 구성이며, 2위~4위는 주어+서술어 구성으로 전체 문형에서 이들이 차지하는 비율이 74.95%나 됨을 알 수 있다.

---

19) '영미가 의자에 앉았다.'의 문장에서 '의자에'는 필수적 부사어로 보기 어렵다. '이곳은 골프치기에 적합하다.' '아기는 엄마와 닮았다' 등으로 바꾸어야 한다.

1.3. 문장 성분

문장 구성에서 일정한 문법적 기능을 하는 요소를 문장 성분이라 한다. 문장 성분에는 문장의 골격을 이루는 필수성분인 '주어, 목적어, 보어, 서술어' 등 주성분과 주로 주성분의 내용을 수식하는 부속성분인 '관형어, 부사어' 등의 수의적 성분, 그리고 주성분이나 부속성분에 직접적인 관계가 없이 문장에서 따로 떨어진 독립성분의 '독립어'가 있다.

(1) 주어

주어는 문장의 주체를 나타내는 말로, 기본문장에서 '무엇이', '누가'에 해당하는 필수 성분이다.

> ① <u>꽃이</u> 피었다. (체언+주격조사)
> ② <u>예쁜 꽃이</u> 피었다. (명사구+주격조사)
> ③ <u>추워서 꽃이 피기가</u> 쉽지 않다. (명사절+주격조사)
> ④ 추워서 꽃이 피기(<u>가</u>) 쉽지 않다.
> ⑤ 추워서 꽃이 피기<u>는</u> 쉽지 않다.

예문 ①~③에 보이듯 주어는 체언, 명사구, 명사절에 주격조사 '이/가'가 붙어 나타난다. 이 외에도 주격조사는 부사(원래가 쉽지 않다.)나 문장(내가 이것을 하느냐 마느냐가 문제이다.)에 붙기도 한다. 예문 ④와 같이 주격조사가 생략되어 나타나기도 하고 주격조사를 대신하여 예문 ⑤에서처럼 보조사가 나타나기도 한다.

높임의 명사 뒤에서는 주격조사 '께서'를 사용하고 단체 무정명사가 주어일 때에는 주격조사 '에서'를 쓴다.

⑥ 할머니께서 떡을 만드셨다. (높임의 명사+주격조사)
⑦ 우리나라에서 남북정상회담을 개최하기로 했다. (단체무정명사+주
격조사)

(2) 서술어

서술어는 주어의 동작, 상태, 성질 따위를 풀이하거나 주어의 정체를
밝히는 기능을 가진 문장 성분으로 '무엇이 어찌하다', '무엇이 어떠하
다', '무엇이 무엇이다'에서 '어찌하다, 어떠하다, 무엇이다'에 해당하는
말이다.

① 비가 온다.(어찌하다)
② 다혜가 음악을 듣는다. (어찌하다)
③ 다혜가 예쁘다. (어떠하다)
④ 다혜는 한국 사람이다. (무엇이다)

예문 ①과 ②는 동사 서술어이며 ③은 형용사 서술어 ④는 체언과 서
술격조사 '이다'가 결합된 서술어이다. 용언 서술어는 일반적으로 동사나
형용사 하나로 이루어지지만 때로는 둘 이상의 용언이 결합하여 이루어
지는 경우도 있다.

⑤ 다혜는 음악을 듣고 있다. (본용언+보조용언)
⑥ 물감 색이 곱지 못하다. (본용언+보조용언)

둘 이상의 용언이 결합하여 이루어지는 경우 앞에 있는 용언을 본용
언, 뒤따르는 용언을 보조 용언이라 한다. 예문 ⑤와 ⑥은 '본용언+보조
용언' 구성이다. 본용언과 보조 용언을 매개하는 어미는 '-아/어, -게, -고,

-지, -고(야), -어야'가 있다.

서술어는 그 종류에 따라 몇 개의 문장성분을 필수적으로 요구하느냐에 차이가 있는데 이것을 서술어의 자릿수라고 한다. 자동사는 한 자리, 타동사는 두 자리의 필수적 문장성분을 요구하는 것이 보통이다.

⑦ 꽃이 피었다. (주어)
⑧ 다혜가 밥을 먹는다. (주어, 목적어)
   다혜는 선생님이 되었다. (주어, 보어)
   이곳의 기후는 농사에 적합하다. (주어, 부사어)
⑨ 다혜가 나에게 꽃을 주었다. (주어, 부사어, 목적어)
   그는 다혜를 며느리로 삼았다. (주어, 목적어, 부사어)

⑦의 '피다'는 한 자리 서술어로 주어 하나만을 요구하며 ⑧의 '먹다', '되다', '적합하다'는 두 자리 서술어로 주어 외에도 각각 목적어, 보어, 부사어에 해당하는 또 하나의 성분을 더 필요로 한다. ⑨의 '주다'와 '삼다'는 주어 외에 두 자리의 성분을 요구하는 세 자리 서술어이다. 세 개의 문장성분을 필요로 하는 서술어에는 주다, 드리다, 바치다, 가르치다, 얹다, 넣다, 놓다, 여기다, 만들다, 간주하다 등이 있다.

또한 ⑩의 예문들에서 보이듯 형태가 동일한 용언의 경우에도 용언이 자동사인지 타동사인지 또 어떠한 의미로 사용되었는지에 따라 문장에서 요구하는 성분의 개수가 다를 수 있다.

⑩ 아이들이 논다.   아이들이 윷을 논다.
   자동차가 움직인다.   사람들이 바위를 움직인다.
   날씨가 좋다.   나는 기타가 좋다.

(3) 목적어

목적어는 주요 문장 성분의 하나로, 타동사가 쓰인 문장에서 동작의 대상이 되는 말이다. 목적어는 목적격 조사 '을/를'과 함께 나타나지만 때로는 예문 ②와 같이 목적격 조사 없이도 나타난다. 예문 ③, ④와 같이 목적격 조사가 들어가야 할 자리에 대신 보조사가 쓰이기도 하는데 예문 ④의 경우는 보조사 뒤에 목적격 조사를 쓸 수 있는 경우이다. 또한 예문 ⑤와 ⑥은 두 개의 목적어가 제시된 문장으로 예문 ⑤에서는 두 번째 목적어가 첫 번째 목적어의 수량을 표시하고 예문 ⑥에서는 두 번째 목적어가 첫 번째 목적어의 한 부분임을 알 수 있다.

> ① 다혜가 <u>빵을</u> 먹었어.
> ② 다혜가 <u>빵</u> 먹었어.
> ③ 다혜가 <u>빵은</u> 먹었어.
> ④ 다혜는 <u>빵만(을)</u> 먹었어.
> ⑤ 할아버지께서 다혜에게 <u>용돈을</u> <u>만원을</u> 주셨어요.
> ⑥ 다혜가 나를 <u>팔을</u> 때렸다.

그리고 '방향, 처소'를 나타내는 말이 목적격 조사를 취하기도 한다.

> ⑦ 너, <u>어디를</u> 가니? (너, <u>어디에</u> 가니?)

예문 ⑦의 '어디를'을 목적격 조사의 보조사적 용법으로 보는 견해도 있지만, 이는 의미적으로나 기능적으로나 부사어로 보는 것이 타당하다.

(4) 보어

보어는 서술어의 의미를 보충해 주는 말이다. 그러나 학교문법에서는

서술어 '되다', '아니다' 앞에 나타나는 필수적 성분으로 보격조사 '이/가'
가 붙은 말만을 보어로 보고 있다. 따라서 예문 ①과 ③에서 '얼음이'와
'바보가' 각각 동사 '되다'와 형용사 '아니다' 앞에 나타난 성분으로 보격
조사가 붙은 보어이다. 이처럼 보어의 개념을 협소하게 잡는 학교문법에
따르면, 예문 ②의 '얼음으로'와 ④의 '바보는'은 '으로'와 '는'이 보격조사
가 아니므로 보어가 아니며, ⑤의 예문에서 '바보가'는 '맞다'가 보어를 갖
는 서술어 '되다, 아니다'가 아니므로 보어가 아니게 된다.

① 물이 <u>얼음이</u> 되었다.
② 물이 <u>얼음으로</u> 되었다.
③ 그는 <u>바보가</u> 아니다.
④ 그는 <u>바보는</u> 아니다.
⑤ 그는 <u>바보가</u> 맞다.

그러나 학계에서는 주어와 목적어 이외에 서술어가 요구한 모든 필수
성분을 보어로 보자는 견해가 일반적이다. 이러한 견해를 받아들이면 예
문 ②, ④, ⑤의 서술어 앞에 나오는 성분은 주어 이외에 서술어가 필수
적으로 요구하는 성분이기에 보어로 볼 수 있게 된다. 하지만 서술어의
자릿수를 고려하여 예문 ②의 '얼음으로'와 예문 ④의 '바보는'을 보어로
보면 보격조사의 확대로 부사격조사와 보격조사를 구별하기 어렵다.

(5) 관형어
관형어는 문장의 주성분인 체언을 수식하는 부속성분이다.

① 그는 오늘 <u>새</u> 옷을 샀다.

② 그는 <u>나의</u> 옷을 만들었다.

③ 그는 <u>빨간</u> 옷을 <u>살</u> 사람이 아니다.

④ 그는 <u>마당이 넓은</u> 집에 산다.

⑤ 그는 <u>학교</u> 친구 중 다혜랑 제일 친하다.

관형어를 이루는 형식은 다양하게 나타난다. 예문 ①의 '새'와 같이 관형사가 단독으로 혹은 예문 ②와 같이 체언 뒤에 관형격조사를 결합한 형식을 취하기도 한다. 동사 '사다'나 형용사 '빨갛다'와 같은 용언이 관형사형 어미를 취해 '빨간' 과 '살'과 같은 관형어로 나타나기도 하고 때로는 '마당이 넓다'와 같은 문장이 체언을 수식하기 위해 관형절의 형식을 취하기도 한다. 또 '학교 친구'의 '학교'처럼 체언이 그 자체로 또 다른 체언을 수식하며 관형어의 기능을 하기도 한다.

관형격조사가 결합된 관형어는 의미상 여러 기능을 지닌다. 가령 '다혜의 사진'은 첫째, 다혜가 찍은 사진이거나 다혜가 소유한 사진일 수 있는데 이때 관형격조사가 결합된 표현은 의미적으로 주어로 해석된다. 둘째, 동일한 표현이 다혜를 찍은 사진으로 해석된다면 의미적으로 목적어로 볼 수 있다. 셋째, 관형격조사가 결합된 표현이 의미적으로 부사어로서의 기능을 갖는 경우도 있다. 문장 '나는 동생의 편지를 전달했다.'에서 '동생의 편지'는 동생에게 온 편지를 뜻한다. 이 외에도 관형격조사를 결합한 표현이 은유적으로 사용되어 '무엇이 무엇이다'로 해석되기도 한다. 즉 '평화의 비둘기'는 '비둘기는 평화이다'라는 은유적 해석을 갖는다.

(6) 부사어

부사어는 문장의 주성분이 되는 서술어를 수식하는 부속 성분이다.

① 그의 옷은 <u>무척</u> 비싸다.
② 그가 만든 새 옷은 <u>조금은</u> 싸졌다.
③ 그의 옷은 <u>백화점에서</u> 팔린다.
④ 그의 옷은 <u>외국에서도</u> 인기가 있다.
⑤ 그는 패션쇼를 매우 <u>많이</u> 해왔다.
⑥ 많은 사람들은 비싼 옷값에도 <u>불평 없이</u> 그의 옷을 사갔다.
⑦ 그는 외국에 매장을 <u>열 만큼</u> 성장했다.
⑧ <u>오늘</u> 그는 미국에서 매장을 연다.
⑨ 그의 옷은 <u>디자인이 세련되기로</u> 유명하다.

위의 예문은 순서대로 부사어가 ① 부사 단독 ② 부사와 보조사의 결합, ③ 체언과 부사격조사의 결합, ④ 체언+부사격조사+보조사의 결합, ⑤ 부사구, ⑥ 부사절, ⑦ 부사성 의존명사, ⑧ 단순한 체언, ⑨ 명사절에 부사격조사의 결합과 같은 다양한 형식으로 나타날 수 있음을 보인다.

부사격조사는 예문 ③과 ④에 보이는 '에서'를 비롯해 아래 <표 4-3>과 같이 다양하다.

<표 4-3> 한국어의 부사격 조사

의미	부사격조사	예문
처소	에서, 한테, 께, 에게, 에	나는 인천에서 산다.
도구	로, 로써	벽을 붓으로 칠한다.
자격	(으)로, 로서	한국어 교사로서 해야 할 일이다.
지향점	로, 에	아침 일찍 학교로 간다.
원인	에	나무가 바람에 쓰러졌다.
시간	에	나는 다섯 시에 일어났다.
소재지	에	인하대학교는 인천에 있다.
낙착점	'에, 에게, 한테'	꽃을 친구에게 주었다.
출발점	'에서, 에게서, 한테서'	기차는 어제 독일에서 출발했다.

비교	처럼, 만큼, 대로, 하고, 와/과, 보다	너는 나보다 예쁘다.
변화	(으)로, 가(이)'	물이 포도주로 변했다.
동반	하고, 와(과)	누구하고 갈까?
인용	고, 라고	친구가 괜찮다고 말했어.

부사어는 성분 부사어와 문장 부사어로 나뉜다. 성분 부사어는 아래 예문들 ⑩에 보이듯 용언, 관형사, 다른 부사, 체언과 같은 특정한 성분을 꾸며 준다.

⑩ 성분 부사어
빨리 가자. (용언 수식)
이것은 아주 새 차다. (관형사 수식)
이 정도면 매우 많이 한 것이다. (부사 수식)
내가 사랑하는 사람은 바로 너다. (체언 수식)

이에 비해 문장 부사어는 문장 전체를 수식하는 부사어이다. 문장 부사어에는 화자의 태도를 반영하는 부사어와 문장과 문장을 이어주거나 단어와 단어를 이어주는 접속 부사어가 있다.

⑪ 문장 부사어
과연 바흐의 음악은 천상의 소리였다. (화자의 태도 반영)
정책은 완전히 실패했다. 그러나 아직 기회는 있다. (문장과 문장의 이어짐)
그 정책은 학교, 가정 및 지역 사회에 큰 공헌을 했다.(단어의 이어짐)

부사어는 '빨리도 가는구나'와 같이 보조사를 비교적 자유롭게 취할 수 있고, 관형어와 달리 자리 이동이 비교적 자유롭다는 특징이 있다. 그러나 부사어가 다른 부사어나 관형어·체언 등을 꾸밀 때에는 자리 옮김이 허용되지 않으며 '안'이나 '못'과 같은 부정부사는 자리 옮김이 허용되지 않는다.

(7) 독립어

독립어는 다른 문장 성분들과 관계없이 독립적으로 성립되는 성분이다. 이로 인해 독립 성분을 빼도 나머지 부분만으로 완전한 문장이 된다. 독립어는 감탄사, 체언과 호격조사의 결합, 제시어와 같은 형식으로 나타난다.

① 와, 봄이다.
② 다혜야, 우리 산책가자.
③ 엄마, 이는 듣기만 하여도 가슴 뭉클한 말이다.

2. 문장의 확대

2.1. 단문과 복문

문장의 구조는 단문과 복문으로 대별된다. 단문은 주어와 서술어가 하나씩 있는 문장이며 복문은 주어와 서술어가 두 번 이상 나타나는 문장이다.

문장의 종류

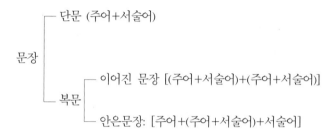

단문은 서술어가 한 번만 나타나서, 주어와 서술어와의 관계가 한 번만 맺어져 있는 문장이다.

① 비가 온다.
② 꽃이 떨어진다.
③ 다혜는 음악을 좋아한다.
④ 다혜는 연주회를 하게 되었다.

위 문장에서 '온다, 떨어진다, 좋아한다'는 하나의 용언이 서술어로 쓰인 것이고 '하게 되었다'는 본용언과 보조용언이 결합된 형식으로 전체가 하나의 서술어로 쓰여 주어인 '다혜'와 호응을 이룬다.

복문은 주어와 서술어의 관계가 두 번 이상이 있는 문장이며, 여러 단문들이 모여 복문이 되면서 문장은 확대된다. 복문은 문장의 연결 방식에 따라 안은문장과 이어진 문장으로 나뉜다. 예문 ⑤는 '우리는 ~을 알다'라는 문장 속에 '다혜가 음악에 소질이 있다'는 다른 문장이 성분으로 안겨 있는 안은문장이고 예문 ⑥은 단문 '비가 오다'와 '꽃이 떨어지다'가 연결어미에 의해 결합된 이어진 문장이다.

⑤ 우리는 다혜가 음악에 소질이 있음을 알았다.
⑥ 비가 와서 꽃이 떨어진다.
⑦ 다혜가 지환이와 학교에 갔다.
⑧ 다혜와 지환이가 학교에 갔다.
⑨ 다혜와 지환이가 학교에서 마주쳤다.

예문 ⑧에서처럼 두 개 이상의 단문(다혜가 학교에 갔다＋지환이가 학교에 갔다)이 접속조사 '와/과'에 의해 복문이 된 이어진 문장은 주어나 목적어 등의 성분이 생략되므로 서술어를 중심으로 연결 관계를 파악해야 한다. 따라서 ⑦의 문장은 '다혜'가 주어이고, '지환이와'는 부사어로 ⑧과 같이 두 개의 문장으로 쪼갤 수 없는 홑문장이다.

위의 ⑨의 문장은 "다혜는 학교에서 마주쳤다＋지환이는 학교에서 마주쳤다."가 성립되지 못한다. 왜냐하면 '마주치다'는 혼자서 마주칠 수가 없기 때문이다. 따라서 이 문장은 이어진 문장이 아니라 단순한 단어의 접속에 불과한 단문으로 봐야 한다. '닮다, 마주치다, 결혼하다, 만나다, 섞다, 잇다, 비슷하다, 부딪다, 같다, 다르다' 등의 관련 대상이 반드시 둘 이어야 할 것을 요구하는 대칭서술어는 '와/과'에 의해 단어를 접속한다.

2.2. 내포

안은문장은 문장 안에 단문을 가진 문장이며, 안긴문장은 다른 문장 속에 한 성분으로 안겨 들어가서 이루어진 문장이다. 앞서 살펴본 다음 문장에서 '다혜가 음악에 소질이 있다'는 문장은 안긴문장이고 '우리는 ~을 알았다'는 안은문장이 된다.

우리는 <u>다혜가 음악에 소질이 있음</u>을 알았다.

안은문장의 종류에는 명사절, 관형절, 부사절, 서술절이 있다.

(1) 명사절

안긴문장이 전체 문장에서 '주어, 목적어, 보어, 서술어' 등의 구실을 하며 명사처럼 기능을 담당할 때 이 안긴문장을 명사절이라 한다.

> ① 그들은 <u>전쟁이 끝났음</u>을 알았다.
> ② 그들은 <u>전쟁이 끝나기</u>를 기다린다.
> ③ 그들은 <u>전쟁이 끝난 것</u>을 알았다.

명사절은 ①과 같이 명사형 어미 '-(으)ㅁ'이 붙거나 ②에서처럼 명사형 어미 '-기'가 붙어 성립된다. 또 ③과 같이 관형사형 어미 '-는/-ㄴ'와 의존명사 '것'이 결합된 명사절도 있다.[20] '-(으)ㅁ' 명사절은 그 대부분이 '것'명사절로 바꾸어 쓸 수 있다. '-(으)ㅁ' 명사절은 의미적으로 '사실성, 대상성, 완료성, 객관성을 나타낸다면 -기' 명사절은 행동성, 비대상성, 미완료성, 주관성의 특징을 갖는다. 그리고 '-(으)ㅁ' 명사절과 '-기' 명사절이 목적어로 쓰일 때 '-(으)ㅁ' 명사절 뒤에는 목적격 조사 '을/를'이 반드시 쓰여야 하나, '-기' 명사절에서는 조사가 쉽게 생략된다.

(2) 관형절

관형절은 안긴문장이 관형사처럼 체언을 꾸며주는 역할을 하며 문장 속에 절로 안겨 성립된다. 서술어에 관형사형 어미 '-(으)ㄴ, -(으)ㄹ, -는, -던, -고 하는'이 붙어서 만들어진다. 우선 관형절은 종결어미 '-다(라)'에 관형사형 어미 '-는'이 결합되어 '-고 하는'의 간접 인용이 안긴 형식으로

---

[20] 관형사형 어미 '-는/-ㄴ'이 있어 관형사절로 볼 수도 있다.

나타나는 긴 관형절과 용언의 어간에 관형사형 어미 -(으)ㄴ, -(으)ㄹ, -는, -던'이 결합되어 이루어지는 짧은 관형절로 나뉜다. 주로 긴 관형절 뒤에는 '소문, 인상, 제안, 질문' 등의 명사가 오며(①) 짧은 관형절 뒤에는 '기억, 사건, 경험' 등의 명사가 온다(②). '사실, 목적, 약점' 등의 명사는 긴 관형절과 짧은 관형절을 모두 취할 수 있다(③, ④).

① <u>전쟁이 끝났다는</u> 소문이 있다.
② 나는 <u>그를 만난</u> 기억이 없다.
③ 나는 <u>전쟁이 끝났다는</u> 사실을 알았다.
④ 나는 <u>전쟁이 끝난</u> 사실을 알았다.

또한 관형절은 모든 성분을 다 갖춘 관형절로 수식받는 명사의 성격을 한정하는 동격관형절과 수식받는 명사와 동일한 성분이 관형절 속에 생략되어 나타나는 관계관형절로 나뉜다.

⑤ [그는 전쟁이 끝났다는] <u>사실</u>을 모른다.
⑥ 5월이면 학교는 [(   )축제를 즐기는] <u>사람들</u>로 붐빈다.

예문 ⑤는 수식을 받는 명사가 수식해주는 관형절의 내용과 같아 둘의 관계가 동격임을 알 수 있다. 이러한 동격관형절은 그 내부에 모든 성분을 갖추고 있다. 이에 비해 ⑥은 수식받는 명사 '사람들'이 관형절의 생략된 주어인 관계관형절이다.

(3) 부사절

부사절은 절이 부사처럼 서술어를 꾸며주는 역할을 하며 문장 속에 안겨 성립된다. 기존 학교문법에서는 '없이, 달리, 같이' 등과 같이 부사화

접미사 '-이'가 붙어 용언으로부터 파생된 부사들만을 부사절로 보았으나, 현재는 종속적으로 이어진 문장의 종속절을 부사절로 인정하고 있다. 이에 따라서 '-도록, -게, -어서, -수록, -면, -니까' 등의 종속적 연결어미를 부사형 어미로 본다. '비가 와서 벚꽃이 다 떨어졌다.', '(꽃이) 아름답게 꽃이 피었다'의 종속적으로 이어진 문장을 '벚꽃이 비가 와서 다 떨어졌다', '꽃이 아름답게 피었다'의 문장과 같이 절이 주문장의 주어 뒤 서술어를 수식하는 위치로 이동한 경우 부사절을 안은문장으로 볼 수 있다.

① 봄비가 <u>소리도 없이</u> 온다.
② 들판에 꽃이 <u>아름답게</u> 피었다.
③ 우리는 발에 <u>땀이 나도록</u> 뛰었다.
④ 벚꽃이 <u>비가 와서</u> 다 떨어졌다.
⑤ 우리는 <u>시간이 갈수록</u> 말이 없어졌다.

(4) 서술절

문장이 절이 되어 서술어의 구실을 하는 것을 서술절이라 한다. 서술절은 어미나 접사가 결합하여 형성되는 다른 절과 달리 절 표지가 따로 없이 '주어+서술어'의 형식으로 나타난다.

① 코끼리는 <u>코가 길다.</u>
② 다혜는 <u>친구가 많다.</u>
③ 백화점이 <u>품질이 좋다.</u>
④ 들이 <u>꽃이 많다.</u>
⑤ 지환이가 <u>머리가 좋다.</u>

서술절이 '주어+서술어'의 형식으로 전체 서술어가 되기 때문에 서술절을 안은문장은 한 문장에 주어가 두 개 있는 것처럼 보인다. 두 개의 주어를 각각 대주어와 소주어로 구분할 수 있다. 서술절의 주어는 전체 문장 주어의 일부일 때가 많고, 서술절의 서술어는 형용사일 때가 많다. 반면 서술절의 대주어를 주제어로 보는 경우도 있다. 가령 "백화점이(주제 표지) 품질이(주어) 좋다(서술어)"는 문장에서 '백화점'은 정보의 주제로서 화용적 기능을 담당한다.

2.3. 접속

둘 이상의 문장이 연결어미에 의해 이어진 문장을 접속문이라 한다. 이어진 문장은 대등하게 이어진 문장과 종속적으로 이어진 문장으로 나뉜다.

(1) 대등적으로 이어진 문장

앞 문장과 뒷 문장의 의미가 대등한 자격으로 이어질 때 이를 대등적으로 이어진 문장이라 한다. 선행문의 서술어에 '-고, -(으)며, -(으)나, -지만, -다만, -거나, (느)ㄴ데' 등과 같은 대등적 연결어미가 결합하여 문장이 연결된다.

① 다혜는 노래하고 지환이는 춤을 춘다.
② 엄마는 떡이며 과일이며 간식거리를 싸주셨다.
③ 형은 키가 크나/크지만/큰데/크다만, 동생은 키가 작다.
④ 그는 공부를 하거나 일을 하거나 즐겁게 한다.

대등적으로 이어진 문장은 '지환이는 춤을 추고 다혜는 노래한다.'와 같이 ①의 앞 절과 뒷 절을 바꾸어 환치시켜도 문장이 성립된다.

(2) 종속적으로 이어진 문장

앞 문장과 뒷 문장의 의미 관계가 종속적으로 이어질 때 이를 종속적으로 이어진 문장이라 한다. 종속적 연결어미 '-면, -자, -니까, -는데, -도록' 등에 의해 연결되어 원인, 이유, 조건, 가정, 결과의 반대, 첨가, 의도, 양보의 의미를 나타낸다.

① 누구나 부지런히 일하면 성공한다.(조건, 가정)
② 길이 좁아서 차가 못 지나간다.(이유, 원인)
③ 그는 최선을 다해 준비했으나 면접에 떨어졌다.(결과의 반대)
④ 이 책은 읽을수록 감동이 진해진다.(첨가)
⑤ 나는 친구를 만나러 학교에 갔다.(의도)
⑥ 안전하게 놀 수 있도록 아이들을 보살폈다.(행위의 미침)
⑦ 까마귀 날자 배 떨어진다.(잇따라 일어남)
⑧ 고기를 잡았다가 놓쳤다.(다른 동작이나 사태로 바뀜)
⑨ 아무리 친구 사이라도 할 수 없는 말이 많다. (양보)
⑩ 그는 영화를 보고 서점에 갔다. (순차적인 관계)

종속적으로 이어진 문장은 앞절이 부사적인 성격을 가지고 있기 때문에 연결어미에 의해 이끌리는 절이 뒤의 절 속으로 자리 옮김을 할 수 있다. 가령 ⑥의 문장을 '아이들을 안전하게 놀 수 있도록 보살폈다.'고 다시 쓸 수 있다. 또 '고기를 잡았다가도 놓쳤다.'와 같이 종속적으로 이어진 문장의 연결어미 뒤에는 보조사가 붙을 수 있다. 그리고 종속적 이어진 문장은 '-것은(뒷절) -이다(앞절)' 구성을 성립시킬 수 있는데 가령 예문 ②를 '차가 못 지나가는 것은 길이 좁아서이다'와 같이 바꿀 수 있다.

동일한 연결어미가 문장의 의미에 따라 대등적으로 또는 종속적으로 두 문장을 연결하는 기능을 가질 수 있다.

⑪ 형은 키가 크<u>나</u> 동생은 키가 작다. (대등적)
⑫ 형은 남몰래 봉사활동을 많이 하<u>나</u> 자랑하지 않는다. (종속적)
⑬ 다혜는 노래하<u>고</u> 지환이는 춤을 춘다. (대등적)
⑭ 그는 영화를 보<u>고</u> 서점에 갔다. (종속적)
⑮ 엄마는 떡이<u>며</u> 과일이<u>며</u> 간식거리를 싸주셨다. (대등적)
⑯ 형은 영화를 보<u>며</u> 팝콘을 먹었다. (종속적)

예문 ⑪은 동일한 주제의 범위에서 두 절을 의미적으로 대등하게 기술한 것이다. 이에 비해 ⑫는 예문 ⑪처럼 앞 절과 뒤 절의 내용이 반대임을 기술한 것은 같지만, 동일한 주제가 아니므로 두 절을 환치할 수 없는 종속적으로 이어진 문장이다. ⑬과 ⑮는 나열의 의미를 담고 있는 대등적으로 이어진 문장이다. 그러나 ⑭는 일의 순서가 계기적으로 발생했음을 나타나는 순차적 의미의 종속적으로 이어진 문장이다. ⑯은 영화를 보는 지속적인 행위 안에 팝콘을 먹는 행위가 동시에 이루어지는 것이 부각된 종속적인 문장이다.

문장과 문장을 연결하는 대등적 연결어미와 종속적 연결어미는 문장에 사용될 때 제약이 있다. 우선 대등적으로 이어진 문장의 경우는 앞 절과 뒤 절이 의미적으로 밀접한 관련이 있어야 하고 두 절에 사용된 서술어의 품사가 같아야 한다. 종속적으로 이어진 문장의 경우는 시제 제약, 동일주어 제약, 결합하는 서술어 제약, 문장 종류의 제약, 부정문 제약을 받는다.

시제를 나타내는 어미에 대한 제약은 '-았/-었-'이나 '-겠-'과 결합할 수 있는가 하는 것이다. 연결어미 중에는 ⑰의 예문들과 같이 두 문장의 시제가 과거 또는 미래일 때 과거시제를 나타내는 어미나 미래시제를 나타내는 어미를 반드시 써야 하는 것도 있고, 쓸 수 없는 것도 있으며, 쓸 수도 있고 쓰지 않을 수도 있는 것도 있다.

⑰ Ⓐ 나는 빵을 먹고/먹었고 다혜는 밥을 먹었다.
　Ⓑ 나는 열심히 *공부하지만/공부했지만 시험에 떨어졌다.
　Ⓒ 직원이 출장을 가서/*갔어서 보고가 늦어졌다.
　Ⓓ 이 책은 출판되자마자/*출판되겠자마자 잘 팔리겠다.

연결어미 중에는 앞 문장과 뒤 문장의 주어가 일치해야 하는 선행절의
주어와 후행절의 주어 일치 제약이 있는 것들이 있다.

⑱ Ⓐ 다혜가 사과는 좋아하지만 (다혜가) 배는 좋아하지 않아요
　Ⓑ 친구들은 영화를 보러 갔지만 나는 숙제를 해야 했어요.
　Ⓒ 다혜는 커피를 마시면서 (다혜가) 이야기를 했어요.
　Ⓓ 다혜는 커피를 마시면서 *친구는 이야기를 했어요.

연결어미 '-지만'은 동일 주어를 사용해야 하는 제약이 없지만 연결어
미 '-면서'는 반드시 앞 절과 뒤 절의 주어가 일치해야 한다.
　연결어미 중에는 동사와 형용사, '-이(다)' 모두와 쓰일 수 있는 어미들
이 있는가 하면, 이들 중 한두 부류하고만 쓰이는 어미들도 있는데 이를
결합하는 서술어에 대한 제약이라 한다.

⑲ Ⓐ 열심히 공부하면 한국어를 잘하게 된다. (동사 결합)
　Ⓑ 날씨가 좋으면 산책가자. (형용사 결합)
　Ⓒ 내가 어른이라면 좋겠다. (명사+이다 결합)
　Ⓓ 한국에서 공부하려고 준비하고 있어요
　Ⓔ 기분이 *좋으려고 커피를 마셔요.
　Ⓕ 훌륭한 *과학자이려고 실험을 많이 했어요.

⑲에서 연결어미 '-면'은 동사, 형용사, 명사+이다 구성과 결합하여 사

용될 수 있지만 연결어미 '-려고'는 반드시 동사와만 결합함을 알 수 있다.

또한 연결어미 중에는 모든 종류의 문장과 잘 어울리는 어미들이 있는가 하면 명령문이나 청유문과는 어울리지 못하는 문장 종류 제약이 있는 어미들도 있다. ⑳에서 보이듯 연결어미 '-어서'는 청유문과 명령문에 결합할 수 없다.

⑳ Ⓐ 더우니까 창문을 열자.
　Ⓑ 더우니까 창문을 열어라.
　Ⓒ *더워서 창문을 열자.
　Ⓓ *더워서 창문을 열어라.

끝으로 연결어미 중에는 '아니/안'이나 '못', '-지 않다/못하다' 등과 같은 부정의 표현과 잘 어울리지 못하는 것들이 있다. 연결어미 '-느라고'는 '그는 숙제를 <u>하느라고</u> 잠을 못 잤다.'와 같이 긍정을 나타내는 내용과 결합한다(*그는 숙제를 하지 않느라고 잠을 못 잤다.)

II. 한국어의 문법 요소

■ 한국어 문장의 종류에는 무엇이 있나?

■ 한국어의 높임 표현은 어떤 방식으로 만들어지나?

■ 한국어에서 시제는 어떻게 표현되나?

■ 한국어에서 피동표현과 사동표현은 어떤 특징이 있나?

■ 한국어로 부정 표현은 어떤 방식으로 표현되나?

1. 문장종결법

문장을 끝맺는 종결어미에 기대어, 자기의 생각이나 느낌을 듣는 이에게 여러 가지 방식으로 표현하는 문장 종결의 방식을 문장 종결법이라 한다. 문장의 종결 방식에 따른 문장의 종류에는 평서문, 감탄문, 의문문, 명령문, 청유문이 있다.

1.1. 평서문

평서문은 화자가 청자에게 특별히 요구하는 일 없이, 단순히 자기의 생각이나 느낌, 정보를 전달하거나 어떤 행동의 실현을 약속하는 문장의 종결 형식이다. 단순 평서문에는 '-다, -어, -지, -네, -오, (으)ㅂ니다' 등의 형식이 쓰이고, 약속 평서문에는 '-(으)마, (으)ㅁ세' 등과 같은 형식이 쓰인다.

① 이 일은 내가 한다/해/하지/하네/하오/합니다. (단순 평서문)

② 이 일은 내가 꼭 하마/함세. (약속 평서문)

1.2. 감탄문

감탄문은 화자가 청자를 별로 의식하지 않거나 거의 독백하는 상태에서 정보의 전달보다는 자기의 느낌을 표현하는 문장 종결양식이다. 화자가 감탄적 어조로 하는 표현일 경우에 감탄형 어미 '-(는)구나, -군, -구먼, -구려, -군요' 등의 형식으로 나타난다.

① 꽃이 예쁘구나/예쁘군/예쁘구먼/예쁘구려/예쁘군요.
② 꽃이 참 예쁘군/예뻐/예뻐라.
③ 그대들은 조국을 위해 목숨을 바쳤도다.
④ 내 여기 희망의 씨앗을 뿌려라.

'-군'은 '-구나'의 준말로 혼잣말의 성격이 강하다. 혼잣말 감탄에 자주 쓰이는 것으로 '-어라'와 '-어'가 있다. '-어라'와 '-어'는 주로 형용사에 결합하지만 '-어라'의 경우는 예문 ④와 같이 동사와 결합하기도 한다. '-어' 앞에는 '참, 아주, 많이, 매우' 등과 같은 부사어가 올 수 있지만 '-어라' 앞에는 부사어가 오기 어렵다. '-어'가 부사어와 결합할 경우에는 청자에 대한 의식이 강하다. 권위나 위엄을 나타내는 감탄문에는 종결어미 '-도다'나 '-노라'를 사용한다.

1.3. 의문문

의문문은 화자가 청자에게 질문하여 그 대답을 요구하는 문장 종결 양식이다. 의문문은 그 기능에 따라 청자로부터 언어적 응답을 요구하는 질문형 의문문과 요청의 기능을 지니며 행동적 응답을 요구하는 요청의 문문으로 대별된다. '의문성'은 의문문이 지닌 전형적이고 대표적인 기능이다. 의문문 형식의 어미로는 '-느냐, -는가, -니, -냐, -어, -지, -는가, -오, -ㄹ까, -ㅂ니까' 등이 쓰인다. 순수의문이라고 할 수 있는 질문형 의문문의 종류로는 판정의문문, 설명의문문, 수사의문문, 감탄의문문, 확인의문문을 들 수 있다.

① 너는 인천에 사니? (판정의문문)
② 너는 어디에 사니? (설명의문문)
③ 내가 저녁 한 번을 못 사줄까? (수사의문문)
④ 이 일이 이루어지면 얼마나 좋을까? (감탄의문문)
⑤ 너 당장 공부하지 못하겠니? (확인의문문)

판정의문문은 긍정이나 부정의 답을 요구하는 의문문으로 '예, 아니요'와 같은 대답을 요구한다. 이에 비해 설명의문문은 의문사를 사용하여 상대방에게 설명을 요구하는 의문문으로 의문사에 해당하는 내용을 답하게 된다. 수사의문문은 겉으로 나타난 의미와는 반대되는 뜻으로 수사적 효과를 거두기 위한 반어의문문으로 ③의 경우 저녁을 사줄 수 있다는 뜻을 담고 있다. 감탄의문문은 의문문이라기보다는 감탄의 뜻을 더 크게 갖는 의문문으로 ④의 의미는 매우 좋겠다는 의미를 나타낸다. 끝으로 확인의문문은 명령의문문이라고도 하는데 명령, 금지, 권고 등의 의미를 띤다.

⑥ 너, 한국이 좋아?
⑦ 너, 한국이 좋지?

그리고 ⑥의 종결어미 '-어'가 들어 있는 의문문은 단지 상대의 의사를 묻는 것이다. 반면 ⑦과 같이 종결어미 '-지'로 끝나는 의문문은 화자의 판단을 상대에게 확인하는 의미를 나타낸다.

1.4. 명령문

명령문은 화자가 청자에게 무엇을 시키거나 행동을 요구하는 문장 종결양식이다. 주로 화자가 어떤 상황을 청자를 통하여 해결하려는 의도를 가질 때 '-아라/-어라, -지, -(으)렴, -(으)려므나, -게, -오, -ㅂ시오' 등과 같은 언어 형식으로 표현한다. 명령문의 종류로는 직접명령문, 간접명령문, 허락명령문 등이 있다.

① 일기를 빨리 써라. (직접명령문)
② 다음을 읽고 알맞은 답을 쓰라. (간접명령문)
③ 너도 한번 써 보렴. (허락명령문)

①과 같이 얼굴을 맞대고 하는 명령문을 직접명령문이라 한다. '-아(어)라'는 동사 어간 뒤에 붙어 특정한 개인에 대해 직접 명령의 뜻을 나타내는 종결 어미이다. 그러나 ②의 '-라'는 구체적으로 정해지지 않은 청자를 대상으로 하거나 불특정 다수일 경우에 사용되므로 주로 다른 매체를 통해 명령의 뜻을 나타내는 간접명령문의 종결어미이다. ③은 허락명령문인데 종결어미 '-(으)려무나'를 사용하여 화자의 마음이 즐겁거나 좋은 일일 때 쓰고, 부정적일 경우에는 잘 쓰지 않는다.

④ 일하러 가.
⑤ 일하러 가지.
⑥ 일하러 가구려.

⑦ 주여, 우리에게 은총을 내리소서.

④의 명령형 종결어미 '-아/어'는 청자의 생각과 상관없이 화자의 생각만으로 하는 명령이며 ⑤의 종결어미 '-지'는 청자도 화자와 같은 것을 생각하고 있다고 기대하는 명령이다. '-구려'는 일반적으로 감탄형어미로 쓰이지만, 동사의 어간에 직접 쓰일 때에는 부드러운 명령의 의미를 가질 수 있다. ⑦의 명령형 종결어미 '-소서'는 기원적인 뜻을 가지고 종교적인 의식에 많이 쓰인다.

1.5. 청유문

청유문은 화자가 청자에게 함께 행동할 것을 요청하거나 제안하거나 촉구하는 문장 종결양식이다. 청유형어미로 '-자 -세, -ㅂ시다, -(으)시지요' 등이 사용된다. 일반적으로 청유문의 주어는 화자와 청자를 포함하는 1인칭 복수이나 화자(1인칭 단수)나 청자(2인칭 단수)에게만 국한될 경우가 있다. 일반적으로 청유문의 주어는 화자와 청자를 모두 가리키지만 청자에게 어떤 행동적 응답을 요청하는 경우는 주어가 2인칭이다. 청자가 화자에게 방해되는 행위를 할 때 화자가 청자로 하여금 그 방해 행위를 중지해 달라는 의미로 사용되면 주어는 화자가 된다.

① 수업 끝나고 영화 보러 가자. (주어: 화자+청자)
② 표 좀 빨리 팝시다. (주어: 청자)
③ 나도 한 마디 하자. (주어: 화자)
④ 책 좀 읽자.

예문 ④의 경우는 상황에 따라 주어가 다르다. 화자와 청자가 함께 책을 읽으려는 상황은 화자와 청자가 모두 주어이며, 청자가 모르는 것이 많아 화자가 이를 탓하며 책을 읽으라고 권유하는 상황에서는 청자가 주어이고, 화자가 책을 읽는 데 청자가 시끄럽게 해서 조용히 해 줄 것을 당부하는 상황은 화자가 주어가 된다.

2. 높임법

말하는 이가 어떤 대상이나 상대에 대하여 그의 높고 낮은 정도에 따라 언어적으로 구별하여 표현하는 방식이나 체계를 높임법이라 한다. 높임법은 대화에 참여하는 이들 다시 말해 발화를 하는 화자와 발화를 듣는 청자, 발화 내용의 주체 간의 관계를 고려하여 높임과 낮춤의 정도를 구별하여 표현하는 방식이다. 높임법을 결정짓는 주요 요인으로 가족 및 친족 관계, 사회적 지위, 연령, 친소관계, 발화 장면의 공식성 정도를 들 수 있다. 높임법에는 문법요소에 의한 높임법과 어휘요소에 의한 높임법이 있다. 전자는 다시 주체높임법, 상대높임법, 객체높임법으로 나뉘고, 어휘요소에 의한 것으로는 높임말과 낮춤말이 있다.

2.1. 주체높임법

주체높임법은 문장의 주어인 주체를 높이는 높임법이다. 주어가 화자보다 나이나 사회적 지위가 높을 경우 '동사, 형용사, 명사+이다' 서술어에 선어말어미 '-(으)시-'를 붙여 높인다.

① 할머니께서 여행을 <u>가십니다.</u>

② 할머니께서 기분이 <u>좋으십니다.</u>
③ 할머니께서는 <u>선생님이십니다.</u>

주체높임법을 사용할 때 화자와 문장의 주체 사이의 관계에서 나이와 사회적 지위를 따져보는데 일반적으로 사적인 자리에서는 나이가, 공적인 자리에서는 사회적 지위가 우선이다. 또한, 주체를 높일 경우에는 접미사 '-님'을 붙이고, 주격조사인 '-께서'를 붙이는 것이 올바른 높임법이다. 주체높임법이 화자와 주체만의 관계로만 결정되지 않고, 청자를 고려할 경우가 있다. 청자가 주체보다 높을 때에는 '-(으)시'가 쓰이지 않는다. 예문 ⑥에서 화자 입장에서는 문장의 주체인 아버지를 높여야 하지만, 청자인 할아버지와 대비할 때 문장의 주체인 아버지보다 청자인 할아버지가 더 높여야 하는 대상이기에 주체에 대한 높임을 줄이게 된다. 이처럼 주체에 대한 높임이 청자에 대한 고려(화자<주체<청자)로 '-(으)시'가 억제되는 것을 압존법이라고 한다.

④ 김다혜 님, 안으로 들어오시지요
⑤ 아버지께서 오셨습니다.
⑥ 할아버지, 아버지가 왔어요

그러나 주체에 대한 높임이 청자에 대한 고려 때문에 억제되는 압존법 현상이 실제생활에서는 적용되기가 어렵다. 예를 들어 화자인 아들이 청자인 할아버지께 "아버지가 왔어요."라고 하는 말은 높임법에는 맞지만 실제 생활에서는 사용하기 어색한 것이다. 이는 높임법이 본래 청자를 고려하는 청자중심이었지만 요즘에는 화자중심으로 바뀌고 있음을 알려주는 것이다.

그리고 화자가 어떤 입장에서 사실을 기술하느냐에 따라 사적인 입장에는 그 관계에 따라 '-(으)시'를 넣을 수 있지만, 공적인 입장에서는 '-(으)시'를 넣을 수 없다. ⑦과 ⑧은 동일한 내용을 담고 있지만 발화 장면이 공식적인 뉴스인 ⑦의 경우에는 주체높임의 '-(으)시'가 나타나지 않는다.

⑦ 오늘 교육부장관이 기자회견을 열었다. (뉴스)
⑧ 오늘 교육부 장관께서 기자회견을 여셨습니다. (사무실 직원들의 대화)

높임의 주체와 관련된 사물, 소유물, 신체의 부분이 주어인 경우에도 '-(으)시'를 넣음으로써 주체를 높이는 경우가 있다. 이를 간접높임이라고 한다.

⑨ 할아버지의 말씀이 타당하십니다.
⑩ 할머님께서는 연세가 많으시지만 귀가 밝으시다.
⑪ 선생님께서는 따님만 있으시다.
⑫ 아버지께서는 회사에 일이 있으시다.

'있다'의 경우, '아버지께서는 회사에 계십니다.'와 같이 존재의 유무를 나타낼 때에는 직접적으로 주체를 높여 높임 어휘 '계시다'를 쓴다. 그러나 주체와 관계가 있는 대상을 높이는 간접높임일 때에는 ⑪, ⑫와 같이 '있으시다'를 써야 한다.

2.2. 상대높임법

상대높임법은 화자가 말을 듣는 상대인 청자와의 관계에 따라 높임과 낮춤의 정도를 결정짓는 문법적 방식으로 청자높임법이라고도 한다. 상대높임법은 종결어미에 의해 실현되며 높임의 정도에 따라 6등급의 화계로 구분된다. 화계는 높임법의 일종인 상대높임법에 나타나는 등급(scale of politeness)의 표현이다. 상대높임법의 화계 체계는 공식적이며 의례적인 상황에서 사용하는 격식체와 화자와 청자 사이가 가까울 때 사용하거나 공식적이 아닌 자리에서 사용하는 비격식체로 나뉜다. 나이나 계급, 직장 서열 등 사회적 지위에 따른 수직적 관계에서는 격식체를 사용하고 개개인의 친분 정도에 따른 정감의 표현일 경우에는 비격식체를 사용한다.

그러나 언어사용에 있어 상대높임법의 화계를 결정짓는 일은 단순하지가 않다. 6등급으로 구분된 문법적 요소를 정형화된 규칙처럼 적용할 수 없고 화자와 청자의 관계, 화자와 청자가 대화의 주체와 객체와 맺고 있는 관계, 대화 주체나 객체가 발화 장면에 존재하는가의 여부, 화자의 심적 태도나 의도, 발화 상황을 비롯한 사회적 요인 등 고려할 것이 많다.

일례로 문법적으로 최고의 존대 대상에게는 최상의 존대 표현을 사용하는 것이 이상적이지만 지나치게 격식성을 강화하면 거리감이 커져 친분성이 약화된다. 인간관계에서 계층적 질서를 유지하기 위한 수직적 요인 못지않게 대등하고 평등함을 유발하는 친밀감과 같은 수평적 요인도 중요하기에 높임법의 사용에서는 이들 요인의 적절한 조화가 필요하다.

격식체에는 '하십시오체, 하오체, 하게체, 해라체'가 있고 비격식체에는 '해요체, 해체'가 있다. 한국어의 화계 체계는 다음 <표 4-5>와 같다.

<표 4-5> 한국어의 화계 체계

문장의 종류	격식체				비격식체	
	높임말		낮춤말		높임말	낮춤말
	아주높임	예사높임	예사낮춤	아주낮춤	두루높임	두루낮춤
	하십시오체	하오체	하게체	해라체	해요체	해체
평서형	-ㅂ니다/ 습니다 -(으)십니다	-(시)오 -소	-네 -(으)네	-다 -ㄴ/는다	-어(아/여)요	-어(아/야) -지,걸, 게,데,든
의문형	-ㅂ니까?/습 니까? -(으)십니까?	-(시)오?	-냐? -는/(으) ㄴ가?	-니? -냐? -(느)냐?	-어(아/여)요?	-어(아/여)?
명령형	-(으)십시오	-(으)시오 -오, -구려	-게	-어(아/여)라 -(으)렴 -려무나	-어(아/여)요	-어(아/여) -지
청유형	-(으)십시다	-(으)ㅂ시다	-세	-자	-어(아/여)요	-어(아/여) -지
감탄형	-	-는구려	-는구먼	-는구나	-어(아/여)요	-어(아/여) -지, 군

　하십시오체는 선생님, 부모님, 어르신, 당신, 사장님 등 연세가 많거나 공적인 상황에서 높임의 대상을 가장 높이 존대하여 대우할 때 사용한다.

　① 사장님, 오늘 두 시에 김 회장님과 회의가 있습니다.
　② 어르신들의 노고 잊지 않겠습니다.

　하오체는 예사높임이지만 아랫사람이 윗사람에게 사용하지 않고, 주로 연령이 높은 화자가 대등한 관계나 오히려 아랫사람에게 사용하곤 한다. 따라서 하위자가 상위자에 대한 높임은 하십시오체와 해요체만 가능하다. 하오체는 주로 이인칭 대명사 '당신, 그대'와 사용된다. 하오체 표현은 예문 ④ 같은 표지판에서도 흔히 볼 수 있다.

③ 다시 못 올 그 먼 길을 어찌 혼자 가려 하오
　여기 날 홀로 두고 여보 왜 한 마디 말이 없소.
④ 문에 기대지 마시오 절대 따라하지 마시오

하게체는 예사낮춤으로 나이 든 세대에서는 사용하지만 역시 젊은 층에서는 잘 사용하지 않는다. 예문 ⑤에서처럼 청자가 친구나 가까운 동료일 경우에 어느 정도 격식을 나타내는 데 사용된다. 혹은 장모가 사위에게 음식을 권하며 하는 말인 예문 ⑥과 같이 청자가 아랫사람일 때 청자를 대우하며 사용된다. 하게체는 주로 이인칭 대명사 '그대, 자네'와 함께 쓰인다.

⑤ ㄱ. 어서 오게. 그간 잘 지냈나?
　 ㄴ. 덕분에 잘 지냈네.
⑥ 자네 요즘 많이 힘들어 보임세. 어서 많이 먹게.

해라체는 구어체일 경우 화자가 자신보다 나이가 많지 않은 상대방을 아주 낮추는 말투로 친한 사이에서 사용된다. 그러나 문어체일 경우 구어체와 달리 불특정 다수를 대상으로 하는 글에서 쓰이는 것이다 보니 낮춤의 의미가 없다. 일반적으로 일기나 자기 소개서와 같이 주관적인 글을 쓸 때는 '합니다, 좋습니다'와 같이 하십시오체를 많이 사용하지만, 설명문이나 논설문, 신문기사, 논문 등과 같은 객관적인 글을 쓸 때는 '한다, 좋다'와 같이 해라체를 사용해야 한다.

⑦ 숙제는 다 했니? 일찍 자거라.
⑧ 65세 이상의 페이스 북 사용자가 그 이하 연령대의 사용자보다 가
짜뉴스를 더 쉽게 공유하는 것으로 나타났다.

해요체는 청자를 보통으로 높이는 뜻을 나타내는 종결형으로, 격식체
인 '하오체'와 '하십시오체'를 쓸 자리에 두루 쓰는 비격식체이다. '안녕
히 계세요. 다음에 또 들르겠어요' 같은 사례가 이에 해당한다. 해요체는
해체의 종결어미 '-어/아/여'에 보조사 '요'를 덧붙여 만들어진다. 그러나
한국어교육에서 해요체 서술어는 보조사의 첨가보다는 어미교체에 의한
동사의 활용으로 본다. 예를 들어 '가요, 먹어요'와 같은 경우 동사 어간
'가-, 먹-'에 어미 '-아요, 어요'가 결합한 것이다. 해요체는 문장의 종류와
상관없이 동일한 형태의 종결형으로 나타나고 각 문형의 차이를 억양으
로 구별한다.

⑨ 내일 영화를 보러 가요. 친구랑 같이 가요.

해체는 격식을 지키지 않은 상태에서 반말을 할 때 나오는 상대높임법
이다. 문장의 종류와 상관없이 동일한 형태로 나타나는 종결어미는 '-어
(아/야)'이며 이 외에도 '-지, -걸, -게, -데, -든, -군'이 있다.

⑩ 나는 집에 가. 내일 만나.
⑪ 뭐? 당신? 누구한테 당신이야?

상대높임법에는 화자가 청자에 대하여 스스로를 낮추어 각별히 공손
한 뜻을 나타내는 겸양법이 있다. 겸양을 나타내는 어미로는 현대어의 '-
삽-'을 들 수 있다.[21] '-삽-'은 '-(으)오-, -옵-, -사오-, -사옵-, -자오-, -자옵-,

-잡-, -압-'과 같은 이형태를 갖는다.

⑫ 또 정한 기한에 나무와 처음 익은 것을 드리게 하였사오니 내 하나
님이여 나를 기억하사 복을 주옵소서.

2.3. 객체높임법

화자가 문장의 목적어나 부사어가 지시하는 대상, 곧 서술의 객체에 대
하여 높임의 태도를 나타내는 문법 기능을 객체높임법이라 한다. 객체높
임법은 주로 동사에 의해 실현된다. 이는 어휘요소인 높임말과 유사하다.

① 나는 그 친구를 데리고 집으로 갔다.
나는 할머니를 모시고 집으로 갔다.

위 예문 ①에서 서술어의 객체인 목적어가 친구인지 혹은 높임의 대상
인 할머니인지에 따라 동사가 다름을 알 수 있다. 목적어가 높임의 대상
인 경우 '데리다'의 높임말인 '모시다'를 사용해야 한다.
동일하게 서술어의 객체가 부사어인 경우 조사 '-에게'나 '-한테' 대신
'-께'를 붙인다. 부사어가 높임의 대상인 할머니일 때는 '주다'의 높임말
인 '드리다'를 쓴다.

② 나는 그 책을 친구에게 주었다.
나는 그 책을 할머니께 드렸다.

---

21) '-삽-'은 고어 '-습-'에서 나온 형태로 이는 중세의 겸양을 나타내는 객체높임법의 일종
이었다. 객체높임법의 종류로 '-습-'(ㄱ, ㅂ, ㅅ, ㅎ 아래), '-줍-'(ㄷ, ㅈ, ㅊ 아래), '-숩-'(울
림소리 아래)을 들 수 있다. 예) 먹습고, 듣줍고, 안숩고
그러다가 17세기 이후에 주로 상대높임법에 쓰이게 되었다.

2.4. 어휘적 높임법

우리말에는 특수한 어휘를 사용함으로써 남을 높이거나 자기를 낮추어서 상대방을 높이는 방법이 있다. 이때 사용되는 어휘들을 '높임말'과 '낮춤말'이라 한다. 주체높임법과 상대높임법이 용언의 선어말어미에 의해 표현되는 것과는 달리 어휘 요소에 의한 높임법은 화자가 특정한 어휘를 선택하면서 실현된다. 화자보다 높은 사람이나 관련 대상에 대하여는 높임말을, 반대로 화자가 청자나 서술어의 객체보다 높을 때에는 낮춤말을 사용한다. 이는 <표 4-6>과 같다.

<표 4-6> 높임말과 낮춤말의 종류

	직접 높임	간접 높임
① 높임말	주무시다(자다), 계시다(있다), 드리다(주다), 잡수시다(먹다), 돌아가시다(죽다), 뵙다(만나다), 여쭙다(말하다), 모시다	진지(밥), 말씀(말), 치아(이), 약주(술), 댁(집), 季氏(동생), 貴校, 玉稿 등
② 낮춤말	저(나), 저희(우리), 소생	말씀(말), 졸고(拙稿)

아래 예문을 살펴보면 ①의 '뵈다'는 동사 자체가 ②의 '댁'은 명사 자체가 높임의 뜻을 가지고 있는 경우이다. ③의 '저희'는 화자가 윗사람이나 높임의 상대에게 자기를 낮추어 가리키는 1인칭 복수대명사이며 '제'는 1인칭 대명사 '나'의 낮춤말 '저'에 주격조사 '가'가 붙은 것이다. 예문 ④와 ⑤에 동일하게 등장하는 '말씀'은 ④에서는 높임의 뜻을 가진 명사로 선생님을 간접적으로 높이는 것이다. 그러나 ⑤에서는 '말씀'이 화자를 낮춤으로 공손하게 상대를 높이는 간접 낮춤말로 사용되었다.

① 친구를 만났다.

할머니를 <u>뵈었다</u>.
② 친구의 집은 인천이다.
　 할머니 <u>댁</u>은 서울이다.
③ <u>저희</u> 집은 좀 멀어요. <u>제</u>가 가겠습니다.
④ 선생님의 <u>말씀</u>을 잊지 않겠습니다.(간접 높임말)
⑤ 제가 <u>말씀</u> 드리겠습니다.(간접 낮춤말)

3. 시제, 상, 양태

　화자가 말하는 시점을 발화시라 하며 실제 동작이나 상태가 일어난 시점을 사건시라 한다. 시제는 발화시를 중심으로 사건시가 일정한 형태에 의해 시간적 위치를 나타내는 문법범주이다. 따라서 시제는 지시적인 것으로 장면의 외적 구성이며 주로 형태적 표지로 실현된다. 한국어의 시제는 과거와 비과거의 2분 체계로 보는 관점과 과거, 현재, 미래의 3분 체계로 보는 관점이 있다. 전자는 현재와 미래를 나타내는 굴절형태소가 미분화되었기 때문에 취하는 관점이다. 한국어에서 발화시 이후 일어날 사태를 표현하는 가장 대표적인 표현은 '-(으)ㄹ 것이-'와 '-겠-'이다. 한국어의 '-(으)ㄹ 것이-'와 '-겠-'은 발화시 이후의 사태를 나타내지 않는 경우도 많고 추측이나 의도 등의 양태적 의미를 많이 가지고 있어서 미래시제 표지라고 볼 수 없다고 본다.[22]

　그러나 후자의 관점은 '-(으)ㄹ 것이-'와 '-겠-'이 지니는 여러 용법 중에 양태적 용법도 있고 미래시제 표지로서의 용법도 있다는 식으로 다의

---

22) 한국어의 시제 체계를 '과거와 현재', '과거와 비과거' 등 2분법으로 본 학자로는 이익섭·임홍빈(1983:187), 정희자(1994:62), 김차균(1990:27), 이남순(1995:3), 박덕유(1998:50-51) 등을 들 수 있다.

(polysemy)적 접근법을 취한다. 따라서 어떤 언어에 미래시제가 존재하는가의 문제를 판단함에 있어서도 해석론적 접근보다는 표현론적 접근에서 한국어의 시제를 현재시제, 과거시제, 미래시제로 3분 체계로 설정한다.23) 학교문법에서는 전통적인 입장을 고수하여 아직 3분 체계로 기술하고 있다.

이에 비해 상은 발화시간과 관련된 장면의 위치를 결정하는 것이 아니라 동작이 그 장면에 어떻게 펼쳐져 있는가와 관련이 있다. 즉 시제가 장면의 외적 상황이라면 상은 장면의 내적 상황이다. 상은 '본용언+ 보조용언'의 형태로 보조적 연결어미에 의해 통사적으로 실현된다. 상의 문법 범주로는 완료상(-어/아)과 미완료상(-고)의 대립이 있으며 미완료상은 다시 반복상(-곤 하-), 진행상(-고 있-), 예정상(-려고 하-)으로 세분된다.

양태는 절이나 문장이 나타내는 명제 혹은 사태에 대한 주관적 태도 및 판단을 나타내는 문법범주이다. 학자에 따라 서법, 양상, 법 등 다양하게 사용되고 있다. 양태의 유형으로는 인식 양태(epistemic modality), 당위 양태(deontic modality), 동적 양태(dynamic modality), 감정 양태(emotive modality, evaluative modality), 증거 양태(evidential modality)가 있다.

3.1. 시제

시제는 발화시를 중심으로 사건이나 상황이 일어난 사건시가 일정한 형태에 의해 시간적 위치를 나타내는 문법범주이다. 발화시와 사건시가 일치할 때를 현재 시제라 하고, 사건시가 발화시보다 앞설 때를 과거 시제라 하며, 사건시가 발화시보다 뒤에 올 때를 미래 시제라 한다.

---

23) 박진호(2011:296)는 한국어의 시제 체계를 2분법과 3분법의 중간쯤 되는 것으로 보지만, 굳이 판정한다면 3분 체계에 가깝다고 보았다.

절대시제는 발화시를 기준으로 하여 결정되는 시제로 종결형에 의해 나타나며 흔히 말하는 시제는 절대시제를 의미한다.

다혜는 어제 부산에 갔다.(사건시 > 발화시, 과거)
다혜는 지금 영화를 본다.(사건시 = 발화시, 현재)
내일 비가 오겠다.(발화시 > 사건시, 미래)

상대시제는 안은문장의 사건시에 기대어 상대적으로 결정되는 시제로 대개 관형사형 어미에 의해 나타난다. 아래 예문에서 사건시는 '도와 드렸다'에서 보듯 절대시제 과거이고, 이에 준하여 '청소하시는'은 그 당시의 현재로 해석된다.

다혜는 어제 청소하시는 어머니를 도와 드렸다. (과거에서의 현재)

시간 부사는 시제는 아니지만 어떤 사건이 일어난 시점을 나타내는 부사로 시간 관계를 더욱 분명하게 한다. 시간 부사가 시제와 반드시 일치하는 것은 아니다. 시간 부사는 시제를 보조하는 역할을 한다. 선어말어미로 표현되는 시제 자체는 어떤 사건이 일어난 시간과 발화시와의 선후관계만을 나타내고, 그것이 언제 일어났는지를 알려주는 것은 시간 부사이다. 따라서 대체로 시제 어미에 의해 과거, 현재, 미래가 결정된다.

다혜가 어제 일본에 갔다.
다혜가 지금 일본에 간다.
다혜가 내일 일본에 갈 것이다.

(1) 현재 시제

현재 시제는 사건시와 발화시가 일치하는 시제이다. 동사는 현재 시제 선어말어미인 '-는-'과 '-ㄴ-'을 결합하여 현재 시제를 나타내지만 형용사와 서술격 조사는 특별한 형태소 없이 표현된다.

① 다혜가 지금 책을 <u>읽는다.</u> (자음으로 끝난 동사 어간 + -는-)
② 다혜가 지금 교회에 <u>간다.</u> (모음으로 끝난 동사 어간 + -ㄴ-)
③ 다혜는 <u>예쁘다.</u> (형용사 + ∅)
④ 지환이는 <u>초등학생이다.</u> (명사+서술격조사 + ∅)

그리고 관형사형으로 표현되는 현재 시제는 동사에 현재의 관형사형 어미 '-는'을 붙이고, 형용사와 서술격 조사에는 관형사형 어미 '-ㄴ'이 붙는다.

⑤ 공항은 여행을 <u>떠나는</u> 사람들로 붐볐다.
⑥ 마음이 <u>착한</u> 친구는 항상 누군가를 돕고 있다.
⑦ <u>복화술사인</u> 안재욱 씨는 세계적인 공연을 준비한다.

반복적인 동작이나 습관적인 행위, 보편적 사실이나 불변의 진리는 현재 시제로 나타낸다. 그리고 미래에 있을 일도 예정된 일에는 현재 시제를 쓸 수 있다.

⑧ 다혜는 저녁마다 피아노를 친다. (반복적 동작)
⑨ 지환이는 영화를 볼 때 팝콘을 산다. (습관적 행위)
⑩ 인간은 죽는다. (불변의 진리)
⑪ 한국 사람들은 건강에 관심이 많다. (보편적 사실)
⑫ 나는 내년에 결혼한다. (예정된 일)

(2) 과거 시제

과거 시제는 사건시가 발화시보다 앞서 있는 시제로 과거 시제 선어말 어미인 '-았(었, 였)-'이 사용된다24).

    ① 다혜가 책을 <u>읽었다</u>. (동사 어간 + -었-)
    ② 다혜가 교회에 <u>갔다</u>. (동사 어간 + -았-)
    ③ 다혜는 <u>예뻤다</u>. (형용사 어간 +-었-)
    ④ 지환이는 <u>초등학생이었다</u>. (명사+서술격조사 + -었-)

또한, 관형사형에 의한 과거시제는, 동사에는 과거 관형사형 어미 '-(으)ㄴ-'이 붙어 표현되고 형용사와 서술격 조사에는 선어말어미 '-더-'와 과거시제 관형사형 어미 '-ㄴ-'의 결합 형태인 '-던'이 붙어 표현된다.

    ⑤ 여행을 <u>떠난</u> 사람들은 내일 프랑스로 간다. (동사 어간 + -ㄴ-)
    ⑥ 책을 <u>읽은</u> 사람들은 독후감을 제출해야 한다. (동사 어간 + -은-)
    ⑦ 마음이 <u>착하던</u> 친구는 항상 누군가를 도왔다. (형용사 어간+ -던)
        <u>의사이던</u> 강민 씨는 목회자가 되었다. (명사+서술격조사 + -던-)

과거 어느 때에 경험한 일이나 알게 된 사실을 현재 말하는 장면으로 옮겨 와 그때의 일이나 경험을 회상하며 객관적으로 전달할 때에는 과거 시제 선어말어미 '-더-'를 사용한다. '더'는 1인칭과 쓰기 어려운 제약이 있다. '더'가 1인칭과 쓸 수 있는 경우는 꿈에서처럼 자신을 객관화하여 관찰할 수 있거나 심리 상태를 전달할 때이다.

---

24) 과거 시제 선어말어미인 '-았(었, 였)-'이 '잘생기다, 못생기다, (살이) 찌다, 늙다, 닮다, 낡다, 마르다' 등과 결합하여 현재까지의 상태지속을 나타내기도 한다.
   "지환이는 잘생겼다. 엄마를 닮았다."

⑧ 지환이는 어제 야구를 하더라.
　*내가 어제 야구를 하더라.
　내가 어제 꿈에 야구를 하더라.
⑨ *그 이야기를 들으니 지환이가 슬프더라.
　그 이야기를 들으니 내가 슬프더라.

　'더'에 비해 '-던'은 인칭 제약이 비교적 없고, 직접 경험이 아니더라도 쓰일 수 있으며 미완료성이나 반복의 의미를 갖는다. 반면에 '-었던'은 완료성이나 일회성의 의미를 갖는다.

⑩ 이것은 내가　읽던 책이다. (미완료성)
　지환이는 내가 어릴 때 만나던 사람이다. (반복성)
⑪ 이것은 내가　읽었던 책이다.(완료성)
　지환이는 내가 어릴 때 만났던 사람이다. (일회성)

　'-었었-'은 발화시보다 훨씬 이전에 일어난 사건 즉 과거의 과거를 나타낸다. 현재와 비교하여 다르다든지 단절된 느낌을 나타낸다. '-었-'이 현재와 이어지는 상태의 지속성을 나타낸다면, '-었었-'은 현재와 비교하여 다르다든지 단절된 느낌을 나타낸다. 그러나 '-었-'과 '-었었-'은 예문 ⑬과 같이 동사나 형용사에 따라 이러한 의미적 차이가 나타나지 않기도 한다.

⑫ 다혜가 왔어요 (다혜가 현재 와 있음, 상태 지속)
　다혜가 왔었어요. (다혜가 다녀감, 단절)
⑬ 다혜는 이 학교를 다녔다.
　다혜는 이 학교를 다녔었다.

(3) 미래 시제

미래 시제는 사건시가 발화시보다 이후에 일어날 때의 시제이다. 미래
시제는 선어말어미 '-겠-'과 미래 관형사형 어미 '-(으)ㄹ'에 의존명사 '것'
이 합쳐진 '-(으)ㄹ 것'에 의해 표현된다. 드물게 쓰이기는 하지만 선어말
어미 '-(으)리-' 역시 미래 시제를 나타낸다.

    ① 내일 날씨가 맑<u>겠</u>습니다.
    ② 내일 날씨가 맑<u>을 것</u>입니다.
    ③ 내일 날씨가 맑<u>으리</u>라.

예문 ①, ②는 기상 예보에 주로 나오는 표현으로 의미 차이가 거의
없다. 그러나 '-(으)ㄹ 것'은 일반적으로 객관적 근거에 의한 판단을 나타
낼 때 쓰며, 선어말어미 '-겠-'은 화자의 주관적 근거에 의한 판단을 나타
내며 의지, 가능성 등 다양한 양태적 의미를 지닌다.

    ④ 이 일은 제가 하<u>겠</u>습니다. (의지)
    ⑤ 그 문제는 나도 풀<u>겠</u>다. (가능성)
    ⑥ 지금쯤 도착했<u>겠</u>다. (추측)
    ⑦ 들어가도 되<u>겠</u>습니까? (완곡함)

관형사절에서의 미래 시제는 '동사, 형용사, 명사+서술격 조사'에 '-(으)
ㄹ'이 붙어 표현된다.

    ④ 내일 여행을 <u>떠날</u> 사람은 다혜다. (동사 + '-(으)ㄹ')
    ⑤ 밤 깊어 <u>고요할</u> 시간에 산타클로스가 온다. (형용사 + '-(으)ㄹ')
    ⑥ 이번에도 1등은 다혜<u>일</u> 것이다. (서술격 조사+ '-(으)ㄹ')

3.2. 상

상이란 어떤 사태의 내적 시간 구성을 가리키는 문법 범주이다. 상은 사태의 시간적 구조나 전개 양상을 바라보는 관점과 관련된 문법 범주로 사태의 발생 시점이나 시간 축 상의 위치보다는 그 사태를 바라보는 관점이 관건이 된다. 상은 일반적으로 두 가지 범주로 나누어진다. 하나는 문법적 범주요, 다른 하나는 문법화되지 않은 범주다. 전자는 문법상으로 완료상과 미완료상의 대립으로 표현되며, 후자는 어휘상으로 동사의 어휘적 의미와 그 동사가 있는 문맥이나 담화상황에서 나타난다. 본용언과 보조용언의 결합이나 의존명사 구성으로 나타나는 상 형식을 문법상(aspect)이라 하고, 어휘적 의미에 의해 구별되는 동사부류를 어휘상(aktionsart)이라 한다.

한국어의 문법상으로 대표적인 것으로 진행상과 완료상이 있다. 이들은 시간의 흐름 속에서 동작이 일어나는 모습을 나타내는 것으로 발화시를 기준으로 동작이 지속적으로 이어 가는 모습을 나타낸 것이 진행상이라면, 동작이 막 끝난 모습을 나타낸 것은 완료상이다.

(1) 진행상

진행상은 어떤 사건이 특정 시간 구간 내에서 계속 이어지고 있음을 나타내거나 반복되는 사건이나 습관을 나타낸다. 진행상의 형식은 '본용언+보조용언'에 의한 통사적 구성에 의해 실현되는데, 대표적인 것으로 '-고 있다', '-아/어 가다', '-아/어 오다'가 있다.

① 지환이는 공부를 하고 있다.
② 사과가 붉게 읽어 간다.

③ 날이 <u>밝아 온다</u>.

(2) 완료상

완료상은 어떤 사건이 끝났거나 끝난 후의 결과 상태가 지속되고 있음을 나타낸다. 완료상의 형식은 나타내는 연결어미 '-어'와 보조용언 '있다, 버리다, 내다, 놓다, 치우다' 등과의 결합이나 연결어미 '-고'에 보조용언 '있다, 말다' 등이 결합하여 나타난다.

① 지환이는 소파에 <u>앉아 있다.</u>
② 다혜는 밥을 다 <u>먹어 버렸다/먹어 치웠다.</u>
③ 선수들은 온갖 어려움을 <u>이겨 냈다.</u>
④ 엄마는 명절 음식을 이미 <u>만들어 놓았다.</u>
⑤ 역에서 분홍 신을 <u>신고 있는</u> 사람을 찾아라.
⑥ 벌써 용돈을 다 <u>쓰고 말았다.</u>

'-고 있-'은 본용언의 어근이 무엇이냐에 따라 진행상과 완료상의 의미를 모두 갖는다. 아래 예문 ⑦은 지환이가 옷을 입고 있는 동작이 진행되고 있음을 나타내는 진행상이다. 반면 예문 ⑧은 이미 옷을 다 입은 지환이의 모습을 표현한 것으로 다시 말해 동작이 완료된 상태가 지속되는 것으로 본다. '입다, 벗다, 신다, 매다, 풀다, 끼다, 열다, 닫다, 감다' 등과 같은 완성동사의 경우, 진행상과 완료상의 의미를 모두 갖는다.

⑦ 지환이는 옷을 지금 <u>입고 있다.</u> (진행상, 옷을 입는 동작의 진행)
⑧ 지환이는 옷을 이미 <u>입고 있다.</u> (완료상, 옷을 입은 상태의 지속)

상을 3분법으로 분류하면, 지금까지 논의한 진행상과 완료상 외에 예정상을 들 수 있다. 예정상은 어떤 동작이 예정되어 있음을 나타내는데 '-게 되다', '-려고 하다' 구성으로 표현된다. '다음 주에 출장을 가게 되었다.', '기차가 곧 떠나려고 한다.'에서처럼 예정상은 주로 객관적으로 예정된 사실에 기반을 둔다.

3.3. 양태

양태(modality)[25]는 절이나 문장이 나타내는 명제 혹은 사태에 대한 주관적 태도 및 판단을 나타내는 문법 범주이다. 양태의 하위범주를 구분하는 기준 및 방식으로 첫째, 태도 및 판단의 대상이 명제인가 아니면 사태/사건인가에 따라 명제 양태(propositional modality - 인식 양태, 증거 양태, 감정 양태)와 사건 양태(event modality - 당위 양태, 동적 양태)로 구분한다(Palmer 2001). 둘째, 명제 혹은 사태에 대한 태도 및 판단이 누구의 것인가에 따라 화자 중심 양태(speaker-centered modality - 인식 양태, 증거 양태, 감정 양태, 당위 양태)와 동작주 중심 양태(agent-centered modality - 동적 양태)로 나뉜다. 셋째, 양태 의미의 작용역(scope)이 사태 전체에 미치는가, 아니면 사태 내부의 특정 참여자에게 양태적 힘(force)이 쏠려 있는가에 따라 사태 양태(- 인식 양태, 감정 양태, 증거 양태, 당위 양태('앞으로 10일 이내에 비가 와야 한다.'))와 참여자 양태(participant modality - 동적 양태, 당위 양태('철수는 내일까지 숙제를 마쳐야 한다'))로 구분할 수 있다. 이에 대한 구체적인 양태의 종류는 다음과 같이 <표 4-7>로 제시한다.[26]

---

25) 양태는 전통적으로 '명제에 대한 화자의 태도를 나타내는 범주'로 정의되어 왔다. 이는 양태에 대한 협의의 정의라고 할 수 있다. 양태적 의미(의미 범주)를 문법적 장치를 통해 나타내면 서법(문법 범주)라고 규정하여 문법 범주와 의미 범주를 구분하는 논의가 많다. 그러나 최근 문법 범주와 의미 범주의 이름을 달리 세울 필요가 없다는 의견이 늘고 있다. 이 책에서도 '서법' 대신 '양태'라는 용어를 사용한다.

<표 4-7> 양태의 종류

양태의 종류	정의	하위 의미 영역
① 인식 양태 (epistemic modality)	명제의 확실성에 대한 판단, 믿음의 정도(commitment)를 나타냄	확실성(certainty), 개연성(probability), 가능성(possibility)
② 당위 양태 (deontic modality)	사태의 바람직함에 대한 판단을 나타냄. 또는 사태의 발생 책임이나 권리가 사태 내의 특정 참여자에게 있음을 나타냄	의무(obligation), 허락/허용(permission)
③ 동적 양태 (dynamic modality)	사태의 발생 가능성을 좌우하는 원인이 사태 내부의 참여자에게 있음을 나타냄	능력(ability), 의도(intention, willingness), 바람(wish)
④ 감정 양태 (emotive modality, evaluative modality)	명제에 대한 감정적 태도를 나타냄	놀라움, 유감스러움, 아쉬움, 후회, 다행으로 여김, 두려움, 경계심 등
⑤ 증거 양태 (evidential modality)	정보의 근원, 입수 경로를 나타냄	직접 경험(direct evidence), 傳聞(hearsay), 추론(inferred)

<표 4-7>에서 알 수 있듯이 양태라는 논리 범주로서의 의미가 문법적 장치에 의해 언어에 반영되어 사람들은 말 속에 단순한 사실만 전달하지 않고 그 사실에 대한 인식, 판단, 태도, 느낌과 감정을 전달한다. 한국어에서는 말하는 이 혹은 행위를 하는 이의 심리적 태도를 조사, 어미, 어순, 강세, 억양 등을 통해 나타낼 수 있다. 또한 통사적 구성을 이루는 문법 형식이 아닌 어휘 항목으로도 양태적 의미를 전달할 수 있는데 예문 ⑤의 부사에 의한 경우나 양태 의미를 지닌 동사의 경우가 그러하다.

---

26) 박진호(2011)에서 제시한 양태의 유형을 표로 정리하였다.

① 지환이는 커서 훌륭한 사람이 되겠다. (선어말어미, 추측)
② 집에 핸드폰을 두고 왔네. (종결어미, 새로 알게 된 사실)
③ 그는 성공하려고 잠자는 시간을 아끼며 일했다. (연결어미, 의도)
④ 심심한데 TV나 보자. (조사, 마음에 차지 않은 선택)
⑤ 아무리 그 사람이 그런 일을 했으려고. (부사, 의심)
⑥ 네가 1등을 했다고, 30등이던 네가? (어순, 놀람과 의심)

덧붙여 한국어에서 양태적인 의미를 나타내는 표현을 개략적으로 제시하면 아래 <표 4-8>과 같다.

<표 4-8> 양태를 나타내는 표현(국립국어원, 2005:292)

양태적 의미		표현
추측		-겠-, -(으)ㄹ걸, -(으)ㄹ 것이다, -는-(으)ㄴ/-(으)ㄹ 모양이다, 는/-(으)ㄴ/-(으)ㄹ 것 같다, -나 보다, 는/-(으)ㄴ/-(으)ㄹ 듯하다, 는/-(으)ㄴ/-(으)ㄹ 듯싶다, -기가 쉽다, -(으)ㄹ 텐데, 는/-(으)ㄴ/-(으)ㄹ지도 모르다, 는/-(으)ㄴ/-(으)ㄹ 줄 알다, -나 싶다, -기는 틀렸다, …
바람		-(으)면 좋겠다, -아야/-어야 하다, -아야/-어야 좋다, -(으)면 안 되다, -고 싶다, -고 싶어 하다, -기 바라다, …
판단	새로 인식	-네, 는구나/-구나, …
	인식 전제	-지, …
	가능성	-(으)ㄹ지도 모르다, -(으)ㄹ 수 있다, -(으)ㄹ 리가 없다, …
	당연함	는/-(으)ㄴ 법이다, -게/-기 마련이다, …
	정도	는/-(으)ㄴ 셈이다, 는/-(으)ㄴ 편이다, …
행동 지시	허락	-아도/-어도 좋다, -(으)ㄹ 수 있다, -(으)렴, …
	금지	-(으)면 안 되다, -(으)ㄹ 수 없다, …
	당위	-아야/-어야 하다, -아야/-어야 되다, …
	제안	-는 게 좋겠다, -(으)ㄹ까, …
의도 의지	의도	-(으)려고 하다, -(으)ㄹ까 보다, -(으)ㄹ까 하다, -(으)ㄹ까 싶다, …

	의지	-겠-, -(으)ㄹ게, -(으)ㄹ래, -(으)ㄹ 것이다, …
표현	시도	-아/-어 보다, -고 보다, …
	완료	-아/-어 버리다, -고 말다, …
	가장	-는/-(으)ㄴ 척하다/체하다, …
	봉사	-아/-어 주다, -아/-어 드리다, …
	준비	-아/-어 놓다, -아/-어 두다, …
능력		-(으)ㄹ 수 있다/없다, -(으)ㄹ 줄 알다/모르다, …

위 <표 4-8>은 동일한 양태적 의미를 지닌 표현들을 제시한 것이지만 하나의 문법 형식이 다양한 양태적 의미를 나타내기도 한다. 가령, 종결 어미 '-지'는 다음과 같이 섬세한 의미 차이가 있다.

⑦ 다혜는 내일 오지. (평서문, 원래 알고 있는 사실, 당연함)
⑧ 다혜는 내일 오지? (판정 의문문, 이미 앎, 청자에게 확인)
⑨ 편지가 내일은 오겠지. (근거 있는 짐작)
⑩ 아무도 안 가면 내가 가지. (의지)
⑪ 이거 좀 먹지. (부드러운 권유/제안)
⑫ 여기서 저 좀 내려 주시지. (기원)
⑬ 나도 좀 부르지. (아쉬움)

4. 피동법

4.1. 피동과 능동

문장의 주어가 제 힘으로 어떤 동작이나 행위를 하는 것을 능동이 라 하고 다른 사람이나 사물의 힘에 의해 행동이나 상황이 이루어지는 것을 피동이라 한다. 문장의 주어가 남의 행동을 입어서 행해지는 동작을 나타내는 동사를 피동사, 제 힘으로 행하는 동작을 나타내는 동사를 능동사라 한다. 그리고 피동 의미가 언어로 실현된 것을 피동 표현이라 한다.

    ① 철수가 영희를 업었다. (능동문)
    ② 영희가 철수에게 업혔다. (피동문)
    ③ 불도그, 세 살배기 아이를 물다. (능동문)
    ④ 세 살배기 아이, 불도그에 물리다.(피동문)

    피동 표현은 그것에 대응하는 능동과 대체로 동일한 내용이지만 그것을 표현하는 관점에서는 차이가 있다. 능동문인 ①과 ③은 동작주에 초점을 두고 사태를 기술한다. 이에 비해 피동문 ②와 ④는 주어가 다른 주체에 의해서 동작을 당하게 되는 상황을 비동작주에 초점을 두고 기술한다.

    ⑤ 날씨가 풀렸다.
    ⑥ 성경이 가장 많이 읽힌다.
    ⑦ Ⓐ (약속 시간에 늦은 친구에게 전화를 걸어) 왜 빨리 안 와?
       Ⓑ 지금 길이 너무 막혀서…
    ⑧ Ⓐ(어려운 수학 문제를 오랜 시간 풀고 있다) 아, 모르겠어.
       Ⓑ (잠시 문제를 보고 금세 풀고 나서) 어라, 문제가 풀렸네.
    ⑨ 관련자를 모두 구속시킬 움직임이어서 향후가 주목됩니다.

    피동 표현은 예문 ⑤와 ⑥과 같이 동작이 일어나게 한 사람을 알 수 없거나 밝힐 필요가 없을 때 주로 쓰인다. 또 피동 표현은 책임 회피의 목적으로도 사용된다. 예문 ⑦에서 약속 시간에 늦은 친구에게 전화를 걸었는데 친구가 그 이유를 도로 상황으로 돌리고 있다. 반대로 상대방의 체면을 살리기 위해 피동 표현을 사용하기도 한다. 예문 ⑧에서는 오랜 시간 문제를 푼 친구의 체면을 살리기 위해 자신의 힘이 아니라 어쩌다 문제가 풀린 것처럼 표현할 수도 있다. 예문 ⑨의 뉴스나 보도문에서 보이는 피동 표현은 사실을 객관적 입장에서 보도하는 기능이 있다.

4.2. 피동문의 유형

한국어에서 피동 표현은 두 가지 구성 방식으로 실현된다. 파생 접사에 의해 실현되는 파생적 피동(짧은 피동)과 '-아/어지다'에 의해 실현되는 통사적 피동(긴 피동)으로 구분된다. 이 외에 '되다', '받다', '당하다', '입다'와 같이 피동의 사실이나 상황 등을 나타내는 어휘를 통해 피동을 표현하는 방식도 있다. 일반적으로 어휘적 피동은 문법 범주 차원에서 피동문 개념을 논할 때 제외되지만 피동이 갖는 의미론적 측면에 중점을 두고 광의의 피동 표현을 다룰 때는 어휘적 피동까지를 모두 포괄할 수 있다. 특히 한국어교육에서는 상황 의존적인 피동 표현의 이해와 사용 교육이 중요하기에 문법 범주 차원의 피동과 같이 의미론적 차원에서 이루어지는 피동 표현 모두 중요한 교육 내용이 될 수 있다. 어휘적 피동의 경우는 아래 ⑤에서 보이듯 규칙화하기 어려운 점이 있다.

① 고인의 책이 제자들에 의해 발간되었다.
② 다혜는 많은 사람들에게 사랑받는다.
③ 그는 가까운 친구에게 공격당했다.
④ 농민들은 폭염으로 큰 피해를 입었다.
⑤ Ⓐ 주목하다: 주목받다, 주목되다, *주목당하다
　 Ⓑ 도전하다: 도전받다, 도전되다, *도전당하다
　 Ⓒ 사랑하다: 사랑받다, *사랑되다, *사랑당하다

ⓓ 협박하다: 협박받다, *협박되다, 협박당하다
ⓔ 구속하다: *구속받다, 구속되다, 구속당하다

(1) 파생적 피동문

파생적 피동문은 능동사의 어근에 피동 접미사 '-이, -히, -리, -기'를 붙여서 만든다. 능동문의 주어는 피동문의 부사어(에, 에게, 에 의해)로 되고, 목적어는 주어가 되며, 능동사는 피동사가 된다.

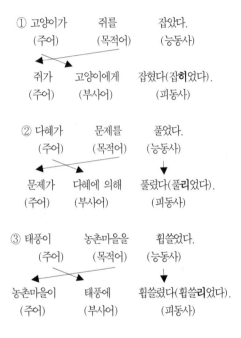

능동문의 주어가 피동문에서는 부사어로 바뀌는데, 유정명사에는 '에게', 무정명사에는 '에', 그리고 대체로 '에 의해서'가 사용된다. 피동접미사는 타동사의 어기에 연결되어 자동사로 바뀌는 것이 원칙이다. 그러나 '날다→날리다, 울다→울리다'와 같이 자동사 뒤에 나타나기도 한다.

피동접미사는 능동 표현의 동작동사가 지니는 [동작성] 자질을 [비동작성] 자질로 바꾸는 역할을 한다. 그런데 이러한 다양한 피동접미사의 분포 환경은 규칙으로 제시하기 어렵다. 피동접미사의 구체적 사례는 다음 <표 4-9>와 같다.

<표 4-9> 피동접미사

피동접미사	예(능동사-피동사)		
-이-	놓다-놓이다 섞다-섞이다 파다-파이다	보다-보이다 쌓다-쌓이다	묶다-묶이다 쓰다-쓰이다
-히-	닫다-닫히다 박다-박히다 잡다-잡히다	먹다-먹히다 밟다-밟히다	묻다-묻히다 얹다-얹히다
-리-	누르다-눌리다 밀다-밀리다	듣다-들리다 풀다-풀리다	물다-물리다 알다-알리다
-기-	감다-감기다 안다-안기다	끊다-끊기다 찢다-찢기다	

피동접미사의 분포는 제약이 커서 타동사 중에서도 피동접미사에 의해 피동법이 실현되지 않은 동사들이 많다. 대체로 다음과 같은 타동사들은 파생적 피동법이 실현되지 않는다.

수여동사: 주다, 드리다, 바치다
수혜동사: 얻다, 잃다, 찾다, 돕다, 입다, 사다
경험동사: 알다, 배우다, 바라다, 느끼다
대칭동사: 만나다, 닮다, 싸우다
'하다' 파생어: 사랑하다, 조사하다, 좋아하다, 슬퍼하다
'이다' 파생어: 반짝이다, 펄럭이다, 긁적이다, 속삭이다

파생적 피동은 피동사가 주어진 경우에도 상황에 따라 피동문이 성립되지 않는 것이 있고, 피동에 대응하는 능동문이 없는 것도 있다.

④ 다혜가 칭찬을 들었다.
　　⇒ *칭찬이 다혜에게 들리었다.
⑤ *(　　　) 날씨를 풀었다.
　　⇒ 날씨가 풀렸다.
⑥ *선생님이 아이들을 매달았다.
　　⇒ 아이들이 선생님에게 매달렸다.
⑦ *감기가 다혜를 걸었다.
　　⇒ 다혜가 감기에 걸렸다.

예문 ④는 피동사가 존재해도 행위 자체가 피동적이기 때문에 피동문으로 만들 수 없다. 예문 ⑤~⑦은 표현 자체가 피동적이기 때문에 피동문에 대응하는 능동문이 없다. 자연적 발생이나 변화를 표현할 때 피동 표현을 쓴다. 또한 '기가 막히다, 눈이 뒤집히다, 말이 안 먹히다, 법에 걸리다, 일이 밀리다, 차가 밀리다, 마음에 걸리다, 속이 보이다, 맥이 풀리다, 일이 손에 안 잡히다' 등과 같은 관용적 표현은 피동 표현으로 사용된다.

(2) 통사적 피동문
통사적 피동문은 보조적 연결어미에 보조동사가 결합된 '-어(아) 지다'를 능동사 어근에 연결하여 만든다. 파생적 피동문을 만드는 형식과 같이 능동문의 주어는 피동문의 부사어(에, 에게, 에 의해)로 되고, 목적어는 주어가 된다. 다만 동사의 어간에 '-어지다'가 붙는 것이 다르다.

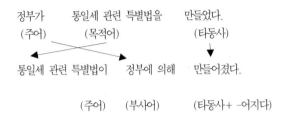

정부가　　　통일세 관련 특별법을　　　만들었다.
　(주어)　　　　(목적어)　　　　　　(타동사)

통일세 관련 특별법이　　정부에 의해　　만들어졌다.

　　　　　　(주어)　　　(부사어)　　(타동사+ -어지다)

그렇다고 '-어지다' 구성이 모두 피동 표현을 나타내는 것은 아니다. 다음과 같은 문장들은 피동 표현이 아닌, 상태변화 또는 그 과정을 표현한다.

　① 이제는 바람이 제법 서늘해졌다.
　② 오늘 날씨가 좋아졌다.
　③ 신발 바닥이 다 닳아졌다.

4.3. 피동문의 특징

　파생적 피동과 통사적 피동은 의미상 차이가 있다. 파생적 피동이 자연히 이루어진 일을 뜻한다면, 통사적 피동은 자연히 이루어진 일 외에도 힘든 과정, 즉 인위적인 행위가 가해진 뜻이 된다. 또한, 파생적 피동은 잠재적인 가능성을 뜻하기도 한다.

　① 코가 막혔다(자연적) : 코가 막아졌다.(인위적)
　② 밭이 잘 갈린다(자연적) : 밭이 잘 갈아진다.(인위적)
　③ 책이 잘 팔린다. (잠재적 가능성)

　더불어 능동문에 대응되는 피동문이 동일한 의미를 지니지 않고 의미 차이가 나는 경우가 있다. 이를 초점화, 수량 표현, 부정 표현의 관점에서 살펴보기로 한다.

④ 다혜는 여기서 하늘을 본다.
⑤ 하늘이 여기서 다혜에게 보인다.
⑥ 모든 아이가 사과를 한 개 먹었다.
⑦ 사과 한 개가 모든 아이에게 먹혔다.
⑧ 다혜는 그 문제를 풀 수 없다. (그럴 능력이 없음)
⑨ 그 문제는 다혜에게 풀릴 수 없다. (그럴 가능성이 없음)

능동문 ④는 '다혜'를 초점으로 하지만 피동문 ⑤에서는 '하늘'이 초점이 된다. 능동문 ⑥에서는 한 아이가 하나씩 각자 먹었다는 의미이지만 피동문 ⑦에서는 모든 아이가 사과 하나를 가지고 나눠 먹었다는 의미가 된다. 능동문 ⑧은 동작주가 문제를 풀 능력이 없음을 의미하지만 피동문 ⑨는 문제가 풀릴 가능성이 없음을 의미한다.

5. 사동법

5.1. 사동과 주동

어떤 동작주가 남으로 하여금 어떤 동작을 하도록 시키는 것을 사동이라 하고, 이를 나타내는 동사를 사동사라 한다. 그리고 동작주가 자신이 하는 동작을 나타내는 동사를 주동이라 하고, 이를 나타내는 동사를 주동사라 한다.

① 다혜가 책을 읽었다. (주동문)
② 선생님께서 다혜에게 책을 읽히셨다. (사동문)

5.2. 사동문의 유형

한국어에서 사동 표현은 두 가지 구성 방식으로 실현된다. 사동 접사에 의해 실현되는 파생적 사동(짧은 사동)과 '-게 하다'에 의해 실현되는 통사적 사동(긴 사동)으로 구분된다. 이 외에 '하다'가 쓰인 서술어에서 '하다'를 '시키다'로 바꾸어 넣어 사동 표현을 만들기도 한다. '시키다'에 의한 사동 표현은 주로 동사 '하다'나 '-하다'가 결합되어 있는 동사에 대응해서만 쓰인다.

① 다혜가 발표했다. (주동문)
② 선생님이 다혜에게 <u>발표시켰다</u>. (-시키다 사동문)
③ 선생님이 다혜에게 발표<u>를</u> 시켰다.
④ 선생님이 다혜에게 발표를 <u>안</u> 시켰다.
⑤ 선생님이 다혜에게 발표하<u>게 했다.</u>

'시키다'는 일반적으로 앞 말과 분리될 수 있는 '하다'에 대한 사동 표현이기에 예문 ③과 같이 '시키다'와 그 앞 말과의 사이에 '을/를'을 넣거나 예문 ④처럼 부사어를 넣을 수 있다. 이때 '시키다'는 접미사가 아니라 동사다. 그리고 '시키다'는 대체로 '-게 하다'와 같은 의미를 나타내기 때문에 바꾸어 쓸 수 있다. '시키다'에 의한 사동은 '시키다'가 단독으로 서술어로 사용되는 경우는 제외하고 '운동시키다, 말시키다'처럼 '시키다'가 파생접미사일 경우에만 가능하다.

(1) 파생적 사동문

주동사의 어간에 사동 접미사 '-이-, -히-, -리-, -기-, -우-, -구-, -추' 등
이 붙은 사동사가 서술어로 쓰인 문장을 짧은 사동문 또는 파생적 사동
문이라 한다.

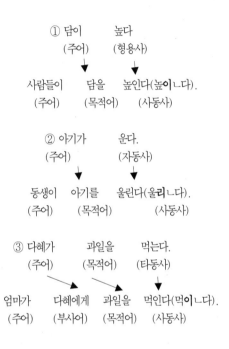

'주어+서술어'로 이루어진 형용사문①과 자동사문②이 사동문으로
될 때는 주동문의 주어가 사동문의 목적어로 바뀌고 주동문에는 없던 새
로운 주어(사동주)가 사동문에 나타난다. 그리고 주동문의 서술어는 사동
접사가 붙어 사동사로 바뀐다. 이처럼 자동사나 형용사가 사동사가 되어
서술어로 쓰이면 타동사와 같이 그 앞에 목적어를 지니게 된다. 타동사
가 서술어인 주동문③이 사동문으로 될 때는 새로운 동작주가 도입되고,
주동문의 주어는 '에게, 한테, 로 하여금'의 부사어로 바뀌고 타동사는 사

동접사가 붙어 사동사로 바뀐다. 사동접미사의 구체적 사례는 다음 <표 4-10>과 같다.

<표 4-10> 사동접미사

사동접미사	예(주동사·사동사)		
-이-	녹다·녹이다	끓다·끓이다	속다·속이다
	죽다·죽이다	먹다·먹이다	보다·보이다
	높다·높이다	졸다·졸이다	
-히-	눕다·눕히다	앉다·앉히다	익다·익히다
	업다·업히다	입다·입히다	읽다·읽히다
	잡다·잡히다	넓다·넓히다	
	좁다·좁히다	밝다·밝히다	
-리-	날다·날리다	돌다·돌리다	살다·살리다
	얼다·얼리다	울다·울리다	알다·알리다
	물다·물리다		
-기-	남다·남기다	웃다·웃기다	숨다·숨기다
	감다·감기다	벗다·벗기다	맡다·맡기다
-우-	깨다·깨우다	비다·비우다	
-구-	달다·달구다	솟다·솟구다	일다·일구다
-추-	낮다·낮추다	늦다·늦추다 들다 -들추다	맞다·맞추다

사동접미사에 의한 파생에도 제약이 따른다. 대체로 다음과 같은 동사들은 파생적 사동법이 실현되지 않는다.

수여동사: 주다, 받다, 드리다, 바치다
수혜동사: 얻다, 받다, 잃다, 돕다
경험동사: 알다, 배우다, 바라다, 느끼다
대칭동사: 만나다, 닮다, 싸우다
어간이 'ㅣ'로 끝나는 동사: 던지다, 때리다, 이기다, 지키다
어간이 '-하다'로 끝나는 동사: 노래하다, 도착하다, 배치하다

파생적 사동에서는 예문 ④와 ⑤ 같이 사동문에 대응하는 주동문을 상정할 수 없는 경우가 상당히 많다. 특히 비유적 어휘나 관용구를 포함한 문장에서 많이 나타난다. 혹은 예문 ⑥처럼 주동문이 존재하여도 그에 대응하는 사동문이 없을 수도 있다. 예문 ⑦은 인위적으로 만들 수 없는 상태 즉 나뭇가지를 인위적으로 굽게 할 수 없는 상황으로 인해 사동문을 쓸 수 없다.

④ *종이 울었다.
　⇒ 선생님이 종을 울렸다.
⑤ *나에게 그 사실이 숨었다.
　⇒ 아버지가 나에게 그 사실을 숨겼다.
⑥ 다혜가 유학 갔다는 소문이 돈다.
　⇒ *친구들은 다혜가 유학 갔다는 소문을 돌렸다.
⑦ 소나무 가지가 굽었다.
　⇒ *산지기들이 소나무 가지를 굽혔다.

다음 예문 ⑧과 ⑨에서 보이듯 형식은 사동문 형식이지만 의미의 특수화를 갖는 사례도 있다.

⑧ 아이를 놀리다(희롱하다)
⑨ 소를 먹이다.(사육하다)

(2) 통사적 사동문
통사적 사동문은 주동문의 용언 어간에 보조적 연결어미 '-게'와 보조용언 '하다'가 결합한 '-게 하다'를 결합시켜 만든다. 이러한 사동문을 긴 사동문이라고도 한다.

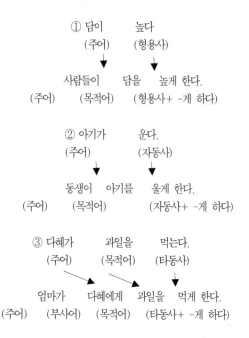

① 담이   높다
　　(주어)   (형용사)

　　　　　↓
사람들이　담을　높게 한다.
(주어)　　(목적어)　(형용사+ -게 하다)

② 아기가   운다.
　　(주어)   (자동사)

　　　↓　　　↓
동생이　아기를　울게 한다.
(주어)　(목적어)　(자동사+ -게 하다)

③ 다혜가   과일을   먹는다.
　　(주어)   (목적어)   (타동사)

엄마가　다혜에게　과일을　먹게 한다.
(주어)　(부사어)　(목적어)　(타동사+ -게 하다)

　'-게 하다'에 의한 사동법은 주동문의 서술어에 어미 '-게'를 붙이고 그 뒤에 보조 동사 '하다'를 써서 사동문을 만드는 방법이다. 새로운 동작주가 도입되고 주동문의 주어는 목적어나 부사어(유정물)로도 바뀐다.

　'-게 하다'에 의한 사동법은 접미사에 의한 사동법보다 가능한 동사의 범위가 훨씬 넓다. 서술어가 '명사+이다'의 경우는 접미사에 의한 사동은 물론 '-게 하다' 사동도 불가능하다. 그러나 서술어가 '있다'인 경우는 '-게 하다' 사동이 가능하다. 예문 ⑥과 같이 사동접미사에 의해 만들어진 사동사 뒤에 다시 '-게 하다'를 붙여 이중 사동문을 만들 수 있다.

④ 다혜는 화가이다.
　* 나는 다혜를 화가이게 했다.
　　나는 다혜를 화가가 되게 했다.

⑤ 다혜가 제주도에 있다.⇒지환이는 다혜를 제주도에 있게 했다.
⑥ 엄마가 다혜에게 동생한테 밥을 먹이게 하였다.

5.3. 사동문의 특징

파생적 사동문과 통사적 사동문은 다음과 같은 차이를 보인다. 첫째, 파생적 사동문에는 동사가 하나밖에 없는데, 통사적 사동문에는 동사가 둘이다. 이로 인해 파생적 사동문에서는 피사동주에 항상 '에게'가 붙는데 비해, 통사적 사동문에서는 피사동주에게 '에게'가 붙기도 하고 주격 조사 '이/가'가 붙기도 한다. 아울러 주체높임의 선어말어미 '-시-'가 파생적 사동문에서는 한 군데만 나타날 수 있지만, 통사적 사동문에서는 두 군데 나타날 수 있다.

① 다혜는 동생{*이, 에게} 밥을 먹이었다.
② 다혜는 동생{이, 에게} 밥을 먹게 하였다.
③ 할아버지는 할머니를 의자에 앉히셨다.
④ 할아버지는 할머니를 의자에 앉으시게 하셨다.

둘째, 파생적 사동문은 대개 '직접 사동'을 표현하고, 통사적 사동문은 대개 '간접 사동'을 표현한다. 직접 사동은 사동주가 피사동 행위를 직접 수행하는 것을 말하며, 간접 사동은 사동주의 사동 행위가 피사동주의 피사동 행위를 일으키는 것을 말한다. ⑤는 엄마가 동생에게 옷을 직접 입히는 것과 간접적으로 입게 하는 의미이고, ⑥은 엄마가 지시한 것을 동생이 직접 수행하는 것이기에 사동주의 행위는 간접적이 된다. 그러나 파생적 사동과 통사적 사동의 의미가 항상 이와 같이 엄격하게 구분되지 않는 경우가 있다. 예문 ⑦과 ⑧은 직접 사동 대 간접 사동의 차이를 보이지 않고, 둘 다 간접 사동을 표현한다.

⑤ 엄마는 동생에게 옷을 입혔다. (직접 사동, 간접 사동)
⑥ 엄마는 동생에게 옷을 입게 하였다. (간접 사동)
⑦ 엄마가 동생에게 책을 읽혔다. (간접 사동)
⑧ 엄마가 동생에게 책을 읽게 하였다. (간접 사동)

셋째, 두 가지 사동문은 부사 혹은 부사구의 수식 범위에 있어서 차이를 보인다. 통사적 사동문 ⑩에서는 사동 사건과 피사동 사건의 시간 차이가 있을 수 있지만, 파생적 사동문 ⑨에서는 시차가 있을 수 없다. 또 예문 ⑪에서는 '자기 방에서'가 사동 행위가 일어난 장소이지만, ⑫에서는 피사동 행위가 일어난 장소가 된다. 즉 ⑪의 자기 방은 다혜의 방이고 ⑫의 자기 방은 동생의 방이 된다.

⑨ *토요일에 범인은 일요일에 사장님을 죽였다.
⑩ 토요일에 범인은 일요일에 사장님을 죽게 했다.
⑪ 다혜는 동생을 자기 방에서 울렸다.
⑫ 다혜는 동생이 자기 방에서 울게 했다.

6. 부정법

6.1. 부정문

부정법이란 부정을 나타내는 말이 쓰여 문장의 전체나 일부 내용을 부정하는 문법 범주이다. 부정문은 부정을 나타내는 '아니(안), 못'과 같은 부정부사를 사용하는 문장을 말한다. 한국어의 부정법은 부정어의 종류에 따라 '안' 부정문과 '못' 부정문, '말다' 부정문이 있다. 일반적으로 문법 범주에 속하는 부정법은 부정부사 및 부정의 보조 용언 구성의 통사적 형식으로 나타난다. 그러나 부정법의 범위를 넓게 보면 긍정문의 서술어의 반대말인 '없다'나 '모르다'와 같은 어휘를 사용하는 어휘적 부정도 포함할 수 있다.

부정문은 구성 방식에 따라 긴 부정문과 짧은 부정문으로 나뉜다. 긴 부정문은 긍정문의 서술어에 부정법 어미 '-지'와 보조동사 '않다, 못하다, 말다'가 결합하여 이루어진 문장이다. 반면 짧은 부정문은 긍정문의 서술어 앞에 부정부사 '안'이나 '못'을 넣어 만든 문장이다. 짧은 부정문은 긴 부정문에 비해 문법 형식이 더 짧기는 하지만 긴 부정문과 동일한 기본의미를 표현한다.

6.2. 부정문의 유형

(1) '안' 부정문

'안' 부정문은 부정을 나타내는 '아니(안)'나 용언 어간에 보조적 연결어미 '-지'를 연결하고 그 뒤에 '아니하다(않다)'를 써서 만든다.

> ① 다혜는 대학생이다. ⇒ 다혜는 대학생이 아니다(아니+이다).
> ② 다혜는 도서관에 간다. ⇒ 다혜는 도서관에 안 간다.
> ③ 다혜는 공부한다. ⇒ *다혜는 안 공부한다.
> ⇒ 다혜는 공부 안 한다.
> ④ 다혜는 대학생이다. ⇒ 다혜는 대학생이지 않다.
> ⑤ 다혜는 도서관에 간다. ⇒ 다혜는 도서관에 가지 않는다.
> ⑥ 다혜는 공부한다. ⇒ 다혜는 공부하지 않는다.

예문 ①~③은 짧은 부정문으로 긍정문의 서술어 앞에 '안(아니)'를 놓음으로써 이루어진다. 명사에 접미사 '-하다'가 붙어서 된 동사가 서술어로 쓰일 경우에는 짧은 부정문을 쓸 수 없다. ③과 같이 '명사+하다' 구성에서 명사와 '하다' 사이에 부정부사를 넣는다. 예문 ④~⑥은 용언의 어간에 '보조적 연결어미+아니하다(않다)' 즉 '-지 아니하다(않다)'가 결합된 긴 부정문이다.

긴 '안' 부정문은 대체로 어느 용언이나 제약이 없이 쓰인다. 그러나 '알다, 견디다, 깨닫다, 소유하다, 소재하다' 등은 주어의 의지를 반영할 수 없기에 '안' 부정문을 취하기 어렵다. 짧은 부정문에서 서술어로 쓰일 수 있는 용언 종류는 긴 부정문에서 서술어로 쓰일 수 있는 용언의 종류보다 제약을 많이 받는다. 서술어로 쓰인 용언이 합성어나 파생어이면 짧은 부정문에서는 잘 쓰이지 않는다.

⑦ *알지 않다. *깨닫지 않다. *소재하지 않다.
⑧ *사과가 <u>안 새빨갛다</u>.
⑨ *다혜는 달리기에서 넘어진 친구를 위해 일부러 <u>안 앞섰다</u>.

'안 부정은 주어의 유정성 여부와 서술어의 종류, 상황 맥락에 따라 단순 부정과 의지 부정을 나타낸다. '안' 부정문은 주어가 유정명사일 때에는 주어의 의지를 나타내지만 주어가 무정(無情)명사이거나 서술어가 형용사일 때는 주어의 의지는 암시되지 않는다. 예문 ⑩은 주어가 행위에 대한 의지가 없음을 보여주기에 의지 부정 혹은 의도 부정을 나타내고 ⑪은 객관적 사실에 대한 부정으로 단순 부정, 중립 부정이라 한다.

⑩ 다혜는 콘서트에 <u>안 간다</u>.
⑪ 꽃이 아름답지 <u>않다</u>.

‘안’ 부정문은 중의적인 해석이 가능하다. 예문 ⑫에서는 ‘안’의 부정 범위에 따라 ⑬과 같은 다양한 해석이 가능하다. ⑭는 ‘다, 모두, 전부’와 같은 전칭 표현인 부사어가 부정 표현과 함께 쓰여 ⑮와 같은 중의적인 해석이 생긴 경우다. 예문 ⑭의 중의성을 해소하기 위해서는 두 가지 방법이 가능하다. 하나는 부정극어를 써서 전체 부정의 의미로만 해석하도록 하는 것이고 다른 하나는 보조사 ‘-은/는’을 써서 부분 부정의 의미로만 해석하게 하는 것이다(⑯).

⑫ 나는 다혜를 안 때렸다. 나는 다혜를 때리지 않았다.
⑬ ⇒ 다혜를 때린 것은 <u>내가</u> 아니다.(다른 사람이 때렸다.)
  ⇒ 내가 때린 것은 <u>다혜가</u> 아니다.(다른 사람을 때렸다.)
  ⇒ 내가 다혜를 <u>때린 것이</u> 아니다.(좀 떼밀었을 뿐이다.)
⑭ 학생들이 다 안 왔다. 학생들이 다 오지 않았다.
⑮ ⇒ 학생들이 한 사람도 안 왔다.
  ⇒ 학생들이 오기는 왔는데 모두 온 것은 아니다.
⑯ 학생들이 하나도 안 왔다. 학생들이 하나도 오지 않았다.
  학생들이 다는 안 왔다/오지 않았다. 학생들이 다 오지는 않았다.

‘안’ 부정법이 부정의문문과 확인의문문에 쓰일 때 의미 차이가 있다. 부정의문문은 시간표현의 선어말어미 ‘-았-’이 보조용언에 나타나고, 말끝이 올라간다. 그러나 확인의문문은 시간표현의 선어말어미 ‘-았-’이 본용언에 나타나고, 말끝을 올리지 않으며, 대답하기 어렵다. ⑰은 다혜가 집에 갔는지, 가지 않았는지를 모르는 경우에 하는 부정의문문이고 ⑱은 다혜가 집에 간 것을 알고 있으면서 이를 확인하는 확인의문문이다.

⑰ ‘다혜는 집에 가지 <u>않았니?</u>’↗

⑱ '다혜는 집에 <u>갔지 않니?</u>' ↘

(2) '못' 부정문

'못' 부정문은 부정부사 '못'과 '-지 못하다'를 써서 만든다. 부정부사가 들어 있는 부정문을 짧은 부정문, 용언의 어간에 '-지(보조적 연결어미)+못하다'를 붙여 만든 부정문을 긴 부정문이라 한다. '안, 아니'가 객관적 사실에 대한 부정과 동작주의 의지에 의한 부정이라면, '못' 부정은 능력 부족이나 외부의 원인으로 어떤 일이 안 되는 상황이나 기대에 미치지 못하는 부정문에 사용된다.

① 다혜는 수련회에 간다. ⇒ 다혜는 수련회에 못 간다.
⇒ 다혜는 수련회에 가지 못한다.
② 운동장이 넓다. ⇒ *운동장이 못 넓다.
⇒ 운동장이 넓지 못하다.
③ 다혜는 학생이다. ⇒ *다혜는 못 학생이다.
⇒ *다혜는 학생이지 못하다.

'못' 부정법은 서술어에 따라 쓸 수 있는 경우와 그렇지 않은 경우가 있다. 부정문은 동사에만 쓰이고 형용사나 서술격 조사로 이루어진 서술어에 사용할 수 없다. 그러나 형용사 서술어가 쓰인 예문 ②에서는 긴 부정문에 '못' 부정법이 쓰임을 알 수 있다. 이는 어떤 상태가 기대에 못 미쳐 아쉬워할 때인 특수한 경우이다.

④ *영화관에 못 가려고… *영화관에 영화를 못 보러…
⑤ *오늘은 나 못 공부해.
⇒ 오늘은 나 공부 못해. 오늘은 나 공부하지 못해.
⑥ *나는 그 일을 못 걱정한다.

'못' 부정법은 서술어가 동사인 경우에도 예문 ④와 같이 의도나 목적을 나타내는 어미와 함께 쓰이지 못한다. '명사+하다'계 동사 앞에서 부정부사 '못'이 쓰이지 못하기 때문에 이럴 때에는 ⑤의 예문처럼 '명사+못+하다' 구성으로 사용해야 하거나 '-지 못하다'의 긴 부정법으로 표현한다. 또한 '못' 부정은 예문 ⑥처럼 의미상 '걱정하다, 고민하다, 당하다, 망하다, 변하다, 실패하다, 후회하다, 잃다, 모르다'와 같은 용언과는 함께 쓰일 수 없다.

(3) 말다 부정법

명령문과 청유문에는 '안' 부정문과 '못' 부정문이 쓰이지 못하고 '-지 말다'를 이용하여 부정을 하게 된다. '말다' 부정이 평서문에서 사용할 수 있는 경우는 '바라다, 좋겠다, 원하다' 등과 같은 희망이나 바람을 나타내는 서술어와 함께이다. '말다' 부정은 형용사나 '명사+이다' 서술어와는 함께 쓰이지 않는다.

① 집에 가지 마라.(명령문) *집에 가지 않아라. *집에 가지 못해라.
② 집에 가지 말자.(청유문) *집에 가지 않자. *집에 가지 못하자.
③ 내일은 날씨가 춥지 말았으면 좋겠다.(평서문)
④ 집에 가지 마라. *키가 크지 마라. *학생이지 마라.

(4) 어휘적 부정법

어휘적 부정법은 긍정문을 통사적 장치에 의해 부정문으로 바꾸는 것이 아니라 '없다, 모르다'처럼 특정 어휘를 사용하여 부정문을 만들며, 반의어나 부정문에 호응하는 부정극어를 사용하기도 한다. 부정극어에는 '결코, 전혀, 도무지, 도저히, 별로, 조금도, 하나도' 등이 있다.

① 나는 오늘 시간이 있다. ⇒ 나는 오늘 시간이 <u>없다.</u>
② 나는 정답을 안다. ⇒ 나는 정답을 <u>모른다.</u>
③ 나는 <u>결코</u> 그렇게 말하지 않았다.

7. 인용법

7.1. 인용법

인용은 화자가 남이나 자신의 말, 글 또는 생각이나 판단 내용을 옮겨
와서 다른 사람에게 전달하는 것이다. 인용에는 직접 인용과 간접 인용
이 있다. 직접 인용은 화자가 남의 말이나 글을 그대로 따오는 것이고,
간접 인용은 화자가 원래 말한 것을 전달자의 입장에 맞게 문장을 바꾸
어 쓰거나 말한 것이다.

7.2. 인용법의 유형

(1) 직접 인용

직접 인용은 남의 말이나 글, 생각을 표현한 문장을 그대로 인용하는
것이다. 직접 인용을 할 때에는 인용된 부분에 큰따옴표(" ")를 붙인다. 큰
따옴표 다음에 인용조사 '(이)라고', '하고'를 붙인 후 직접인용절 뒤에
오는 서술어에 연결한다. '라고'와 '하고'는 비슷하지만 말한 사람의 억
양이나 표정을 포함한 모든 것을 그대로 인용할 경우에 '하고'를 사용한
다. 특히 의성어를 인용할 때는 '하고'만을 사용한다. '하고'는 동사 '하
다'의 어간에 연결어미 '-고'가 붙은 것으로 '하고'는 인용된 부분과 띄어

써야 한다. 반면 '라고'는 인용된 부분에 붙여 쓴다.

① 그는 "이 근처에 영화관이 있어요?"라고 물었다.
② 동생은 할머니께 "밖이 추우니 따뜻하게 입으세요."라고 권한다.
③ 논두렁에서 개구리가 "개굴개굴" 하고 운다.
④ 다혜는 나에게 "사랑합니다." 하고 말했다.
⑤ 푯말에 "잔디를 밟지 마시오."라고 쓰여 있다.

(2) 간접 인용

간접 인용은 남의 말이나 글, 말하는 사람의 생각이나 판단 등을 옮기되, 원래의 문자 그대로 옮기는 것이 아니라 말하는 사람의 입장에서 인칭, 시간, 장소, 존칭 관계 등을 바꾸어 인용하는 것을 뜻한다. 따라서 큰따옴표나 작은따옴표를 사용하지 않는다.

간접인용절에서는 상대높임법이 실현되지 않으며, 안은문장의 시제와 일치시키지 않고 말할 때의 시제를 그대로 사용한다. 간접인용절에 사용되는 종결어미는 문장의 종류에 따라 특정한 어미로 나타난다. 그 구체적인 쓰임을 살펴보면 다음과 같다. 먼저 평서문에서는 종결어미가 '동사+-ㄴ다/-는다', '형용사+-다', '명사+-(이)라'로 나타난다.

① 지환 : "학교에 가요."
  ⇒ 지환이가 학교에 간다고 해요
② 다혜 : "어제 서울에 갔어요"
  ⇒ 다혜가 어제 서울에 갔다고 했어요
③ 김 선생님 : "내일 같이 식사합시다."
  ⇒ 김 선생님이 내일 같이 식사하자고 말했다.
④ 다혜 : "봄이 좋다."
  ⇒ 다혜가 봄이 좋다고 했어요.

⑤ 지환 : "저는 시인입니다."

   ⇒ 지환이가 자기는 시인이라고 합니다.

의문문의 간접 인용은 서술어가 동사일 때 '-느냐고'를, '명사+이다'와 형용사 일 때는 '-(으)냐고'를 사용한다. 그러나 한국어 모어 화자들은 동사, 형용사에 상관없이 '-냐고'를 사용하는 경향이 있다.

⑥ 다혜: "비가 와요?"

   ⇒ 다혜가 비가 오느냐고 해요.

⑦ 친구: "아침을 먹었어요.?"

   ⇒ 친구가 아침을 먹었느냐고 했어요.

⑧ 지환: "내일 영화를 보러 갈 거예요?"

   ⇒ 지환이가 내일 영화를 보러 갈 거냐고 합니다.

⑨ 선생님: "오늘 날씨가 좋아?"

   ⇒ 선생님께서 오늘 날씨가 좋으냐고 물었어요.

⑩ 목사님: "다혜는 중학생이니?"

   ⇒ 목사님이 다혜가 중학생이냐고 물었어요.

명령문이 간접인용절이 될 때에는 종결어미 '-으라'가 쓰인다. 서술어 '주다'는 목적어를 받는 대상이 누구냐에 따라서 인용문에서 사용하는 동사가 달라진다. 예문 ⑬과 같이 목적어를 받는 대상이 1인칭이면 '달라고'를, ⑭와 같이 3인칭일 때는 '주라고'를 사용한다.

⑪ 선생님: "숙제를 꼭하세요."

   ⇒ 선생님께서 숙제를 꼭 하라고 했어요.

⑫ 선생님: 수업 시간에 떠들지 마세요.

   ⇒ 선생님께서 수업시간에 떠들지 말라고 했어요.

⑬ 다혜: "저 좀 도와주세요."

⇒ 다혜가 자기를 도와 달라고 했어요.

⑭ 수정: "이 책을 경옥 씨에게 좀 주세요."

⇒ 수정 씨가 경옥 씨에게 이 책을 좀 주라고 합니다.

⑮ 의사: "물을 많이 마시고 푹 쉬세요."

⇒ 의사가 물을 많이 마시고 푹 쉬라고 했어요.

간접인용절이 청유문일 때에는 종결어미 '-자'가, 감탄문에서는 평서문과 동일한 종결어미 'ㄴ다/-는다', -다'가 온다.

⑯ 친구: "밥 먹으러 가자."

⇒ 친구가 밥 먹으러 가자고 해요.

⑰ 다혜: "가을이 왔구나!"

⇒ 다혜가 가을이 왔다고 말했다.

1. 다음 밑줄 친 부분의 문장성분을 제시하시오.

   (1) 내 동생은 <u>중학생이</u> 맞다.
   (2) <u>바로</u> 그것이다.
   (3) 이제 때를 기다리는 <u>수밖에</u> 없었다.
   (4) 헌 집이 나를 <u>부끄럽게</u> 하였다.
   (5) <u>사과든지 배든지</u> 잘 먹는다.
   (6) <u>오든지 가든지</u> 해라.
   (7) 제비가 <u>하늘을</u> 날고 있다.
   (8) 나는 <u>고양이가</u> 좋아.
   (9) 물이 <u>얼음이</u> 되었다.
   (10) 물이 <u>얼음으로</u> 되었다.

2. 다음 문장에서 안은문장의 유형을 적으시오.

   (1) 철수가 운동을 함은 건강을 위해서이다. (   )
   (2) 지난주에 찍은 사진이 나왔다. (   )
   (3) 내일 배울 자료를 복사하자. (   )
   (4) 땀이 비 오듯이 흐른다. (   )
   (5) 코끼리는 코가 길다. (   )

3. 다음 일상생활에서 자주 쓰이는 표현을 높임법에 맞게 고치시오.

   (1) 문의사항 계시면 연락 부탁드립니다.
   (2) 손님 커피 나오셨습니다.

(3) 답변이 도움이 되셨으면 좋겠습니다.

(4) 사장님, 보이시는 저 집이 제 것입니다. 보이시는 가격에 30% 할인합니다. 관심을 보이시는 분들이 많으십니다.

(5) (말 듣는 이에게) 잠시만 기다리실게요.

4. 다음에 제시된 문장의 시제를 판별하시오.

(1) 지금 아기가 잠들었다.

(2) 지금쯤 아이가 학원에 도착했겠다.

(3) 그는 엄마와 닮았다/늙었다/잘생겼다/잘났다.

(4) 작년만 해도 이 저수지에는 물고기가 적었었다.

(5) 그것은 제가 읽던 책입니다.

(6) 나 내일 영화 본다.

(7) 가: 내일은 우리 동기들이 하나도 빠짐없이 다 모이겠네.

나: 정말 그렇구나. 그럼 우리 내일 다 (모인/모이는) 김에 여행 계획을 세우면 어떨까?

5. 다음 사례를 보고 피동문을 모두 고르시오.

(1) 날이 점점 짧아진다.

(2) 엄마가 아이에게 밥을 먹였다.

(3) 돌멩이에 발이 걸렸다.

(4) 선생님이 학생에게 책을 읽힌다.

(5) 목동이 소에게 풀을 뜯긴다.

6. 다음 주어진 단어를 이용하여 문장을 완성하세요.

> 자다 쓰다 신다 입다 타다 먹다

(1) 여보, 민아가 깨면 식탁 위에 우유를 (   ).

(2) 날씨가 추우니까 따뜻한 옷을 (   ).

(3) 공원에 갈 때는 민아한테 모자를 (   ),
    양말을 (   ).

(4) 그리고 민아를 유모차에 (   ) 나가세요.

(5) 공원에서 산책 후에 낮잠을 (   ).

| 제5장 | 한국어의 의미와 담화

Ⅰ. 한국어 의미론
■ 의미란 무엇이며 얼마나 다양한 의미가 존재하나?
■ 한국어 단어들은 어떠한 의미 관계를 맺는가?
■ 한국어 문장의 의미는 어떻게 표현되나?

1. 의미와 의미의 유형

1.1. 의미론과 의미 연구

의미에 대해 연구하는 언어학의 분야를 의미론(semantics)이라 한다. 1883년 프랑스 언어학자 브레알이 그의 저서 『Essai de Sémantique』에서 그리스어 semantikos(significant, 의미있는)를 최초로 사용했는데 브레알의 저서를 1900년 영국의 쿠스트가 『Semantics: Studies in the Science of Meaning』으로 영역한 이후 의미론을 뜻하는 영어 술어 "semantics(의미를 연구하는 학문)"로 굳어졌다.[27]

언어기호의 의미 작용과 의미와 관련된 문제는 연구의 관점과 목적에

---

27) 윤평현(2008:21-22) 참조

따라 철학, 심리학, 논리학, 언어학의 학문 분야에서 각기 달리 연구된다. 일반의미론(심리학적 의미론)은 언어와 인간의 관계에 대한 연구이며 일반의미론의 '일반'은 인간의 정신, 사고, 행동, 사회 적응 등 인간의 모든 것과 관련이 있다. 일반의미론은 언어 기호에 대한 인간의 사고와 행동을 연구하는 학문이다. 철학적 의미론은 논리학적 의미론 혹은 형식의미론이라고도 하는데 언어 기호와 그것이 가리키는 대상과의 관계를 다룬다. 논리적 판단을 기초로 문장의 의미를 파악하고 언명(statement)의 참과 거짓을 논하는 의미론이다. 언어학적 의미론은 순수의미론 또는 과학적 의미론이라고 하며 자연언어의 의미와 의미 양상에 대한 연구를 한다.

또한 의미론은 의미 연구에서 문제 삼고 있는 연구대상의 언어형식 단위에 따라 어휘의미론, 문장의미론, 화행의미론으로 대별해볼 수 있다. 어휘의미론은 주로 단어 또는 어휘의미와 단어 간의 의미 관계를, 문장의미론은 문장의 의미와 그 속성을, 화행의미론은 발화 사용의 원리나 그 의미 그리고 화맥의 속성 등을 다룬다.

의미에 대한 연구는 의미를 객관적인 실체로 규정할 것인가 혹은 상황과 언어 사용자에 따른 주관적인 요소로 볼 것인가에 따라서도 구분해볼 수 있다. 전통적 객관주의에 의하면 세계는 인간의 경험과 이해와 독립적으로 존재한다. 이는 자율언어학을 대변하는 촘스키의 관점에서도 맥을 같이한다. 언어지식과 세상지식을 구분하고 언어능력과 언어수행을 구분하여 나아가 의미론과 화용론을 구분한다. 의미는 추상적인 기호와 세계 속의 대상과의 관계를 바탕으로 성립하기 때문에 객관적이다. 사고는 신체와 분리되어 있는 것으로 본다.

이에 비해 신체화된 경험에서 생겨나는 상상력과 이해의 구조에 관심을 가지는 체험주의에 철학적 기반을 두고 있는 인지언어학의 경우는 의미는 개념화와 동일시되어 인지과정으로 설명된다. 의미 구조는 관습화된 개념구조이기 때문에 각 언어마다 관습이 다르므로 동일한 개념에 대한 의미 구조는 언어 특정적일 수밖에 없다는 관점을 취한다. 인지의미론은 언어 사용에 주안점을 두고 의미론과 통사론을 구분하지 않으며 객관적인 상황을 여러 가지로 구조화하거나 해석하는 능력을 중시하여 동일한 객관적인 현상이나 장면에서 어느 요소가 두드러지느냐에 따라 다른 의미 구조를 지닌다고 보는 주관주의 의미론이다. 라보프(Labov, 1973)의 그릇 모양(꽃병과 사발 명명) 실험이나 비트겐슈타인(Wittgenstein, 1956)의 가족 닮음 유사성 이론은 의미의 경계는 모호하며 단어 의미에 대한 지식과 백과사전적 지식의 분리는 어려운 것으로 보고 있다.

의미론 연구에 있어서 오그덴 & 리차즈(Ogden & Richards, 1923)의 「The Meaning of Meaning」에서 제시한 기본삼각도(basic triangle)를 주목할 필요가 있다. 이 기호 삼각형은 다양한 버전으로 의미에 대한 연구를 심화시켜 왔다. 언어기호의 성격을 설명하는 방법으로 오그덴 & 리차즈의 의미의 기본삼각도가 많이 인용된다.

<그림 5-1> 기호 삼각형(Ogden & Richards, 1923)

이 삼각형은 지시물(사물)과 사상·지시(개념), 그리고 상징(형태, 이름)과의 관계를 나타내고 있다. 실선은 직접적 관계를 나타내며, 점선은 간접적 관계를 나타낸다. 즉, 사물(지시물)과 개념(사상·지시)의 사이는 직접적

관계가 성립되며, 개념과 형태(상징)와의 사이도 직접적 관계가 성립되지만, 사물과 상징(이름, 형태)와의 관계는 간접적 관계로 이들의 관계는 개념을 통해서만 연결되는 것이다. 다시 말하면, 언어는 사물과 이름이 직접 연결되지 않고, 그 중간에 개념(사상·지시)이 매개 역할을 하고 있는 것이다. 위 기본삼각도에서 도시해 보인 지시물(referent)과 사상 또는 지시(thought or reference), 그리고 상징(symbol)을 의미의 3부문이라 이른다.

구조주의 언어학의 관점에서 의미는 단어의 분포와 배합에 근거를 두고 단어가 사용되는 문맥의 총체를 뜻한다. 단어가 지닌 자체 의미, 사전적 의미, 외연, 지시적 의미를 탐구 대상으로 한다. 의미 관계에 초점을 두며 어휘적 의미를 의미성분으로 설명한다. 의미에 대한 구조주의 개념은 어휘소의 의미를 독립적으로 결정할 수 없다는 점에서 근본적으로 관계적이다. 의미 관계는 이른바 어휘장이라는 더 큰 구조에 기대어 어휘소가 대립 관계, 하의 관계, 부분 관계와 같이 다른 어휘소와 맺는 관계에 따라 대치될 수 있는 계열적 관계와 어휘소가 속한 더 큰 구성체 안에서 다른 구성소와 맺는 관계인 통합적 관계로 나뉜다.

인지언어학은 인간의 마음이 어떻게 감각을 통해서 환경으로부터 정보를 받으며 지각되는 것을 인식하고 그것을 사전지식과 비교, 분류하고 기억하여 이 정보를 처리하는지에 주목한다. 인지언어학은 언어 사용자의 마음속에 있는 거대한 복합적 구조인 어휘부에 관심이 있다. 언어 사용자가 언어지식을 백과사전적 정보와 연관시키는 것, 문화 공동체에 공유하는 풍부한 의미를 외연(지시물)에 연결하는 것, 외연에 상응하는 개념이 어떻게 마음속에서 표상되는지에 대해 초점이 있다. 인지의미론은 <그림 5-2>와 같이 우리가 사용하는 개념과 범주의 탐구를 강조한다.

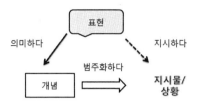

<그림 5-2> 기호 삼각형의 인지적 버전(Sebastian Löbner, 2002)[28]

단어의 의미는 실제 범주에 대한 우리의 개념과 일치하지 않는다. 우리에게 개념이 있는 모든 범주에 대해 단어가 존재하지 않기 때문이다. 우리가 지닌 개념의 적은 부분만이 언어로 표현된다고 볼 수 있다. 언어 사용자는 이원적인 가부 방식으로 범주화된 의미를 적용한다기보다는 상황에 따라 의미를 유연하게 사용한다. 단어의 의미를 고립적으로 보지 않고 다른 단어와의 관련성을 강조하며 언어 사용자의 배경지식, 사전 경험을 충분히 끌어와 해석한다는 점에서 의미는 언어 사용자의 머릿속에서 구성된다고 해도 과언이 아니다.

단어의 의미는 그 자체가 지닌 의미와 언어 사용자의 머릿속에 존재하는 의미와 별개로 의사소통이라는 좀 더 거시적인 맥락에서 특정한 상황과 결부하여 발견되기도 한다. 이러한 사용 문맥에 의한 의미는 의사소통에서 언어 사용자들이 보이는 역동적인 의미 재구성 과정에서 발생하는 것이기 때문에 맥락에 한정된 것이고 경우에 따라서는 맥락을 떠나면 사라질 수도 있다. 그러므로 언어 사용자는 의사소통에서 설정된 맥락이 얼마나 창조적이냐 혹은 관습적이냐에 따라 의미를 적절히 찾고 조절하는 능력을 보이게 될 것이다.

단어가 사용되는 의사소통 상황과 사회적 문맥을 고려하게 되면 문화

---

28) 인지 의미론에서 의미와 지시의 관계를 살펴보는 <그림 3-1>은 시사점이 많다. 임지룡·김동환 옮김(2010: 345)에서 재인용.

적 지식의 관여를 배제할 수 없다. <그림 5-3>에서 문화적 범주는 단어
의 실제 외연과 개략적으로 동일하며 우리가 실제 생활에서 접하거나 접
할 것으로 생각되는 전체 외연의 구성원이다(Sebastian Löbner, 2002[29]). 다시
말해 문화적 범주는 단어의 모든 잠재적 지시체의 하위집합이다. 또한
문화적 개념과 대비해서 단어 의미는 안정성, 추상성, 의사소통적 경제
성, 의미 관계의 단순성에서 우위를 차지한다고 보고 있다.

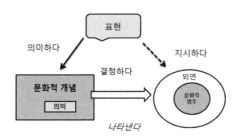

<그림 5-3> 문화적 지식을 통합하는 기호 삼각형(Sebastian Löbner, 2002)

이상의 논의를 종합하면, 어휘 의미는 구조주의 의미론과 인지의미론
의 상보적 관점에서 언어적 의미, 인지 구조에 의한 의미, 사용 문맥에
의한 의미를 복합적으로 고려해야 함을 알 수 있다. 구조주의 의미론은
의미 관계에 초점을 두고 단어의 의미는 어휘장 안에서 다른 단어와 맺
는 관계들의 합이라고 주장하지만 인지의미론에서 논의하는, 언어 사용
자의 인지 구조 속에 언어적 의미(개념)와 배경지식이 결부되어 어휘망으
로 조직된, 더 복합적인 층위의 의미를 보지 못하는 면이 있다. 인지의미
론은 단어 간의 결합과 문장에서의 의미 합성에 대한 설명이 필요하고
문화적 지식을 결합하는 논의 역시 단어 의미 관계와 언어 사용자의 인

---

29) 임지룡·김동환 옮김(2010: 366)에서 재인용.

지 구조가 적절히 결합될 때 온전한 의미에 대한 논의가 될 것이다.

1.2. 의미의 개념

언어의 의미를 한마디로 정의할 수는 없으나, 의미는 어떤 음성으로 말하거나 들을 때에 머릿속에서 생성된 심적 연상을 뜻한다. 다시 말하면 말소리를 통해서 이해되는 모든 기호와 상징의 특성이라고 정의할 수 있다. 즉, '意(전달의 뜻, meaning)+味(수용의 뜻, sense)'로 우리가 사용하는 말은 형식과 내용으로 이루어지며, 내용인 의미는 본질적으로 전달 측의 의도와 수용 측의 감각이 어우러져 있다고 하겠다.

언어가 인간의 사고, 지식, 의미, 의의에 해당하는 내용을 상징, 낱말, 명칭이라는 언어 형식에 규칙으로 결합한 체계라고 할 때 의미는 '사고, 지식, 의미, 의의에 해당한다고 할 수 있다. 오그덴 & 리차즈(1923)에서는 종래 의미론자들이 언급한 의미에 대한 의미를 다음 <표 5-1>과 같이 제시한 바 있다.

<표 5-1> 의미의 의미(Ogden & Richards, 1923)

철학자	① 내재적 특성
	② 다른 사물에 대하여 독자적으로 분석될 수 없는 관계
	③ 사전에서 어떤 낱말에 첨가된 다른 낱말들
	④ 낱말의 내포
	⑤ 본질
언어학자	⑥ 대상 속에 투영된 활동
	⑦ 의도된 사건/ 의지
	⑧ 어떤 체계에서 사물의 위치
	⑨ 우리의 미래 경험에서 어떤 사물의 실제적 결과

	⑩ 진술에 포함된, 함의된 이론적 결과
	⑪ 사물에 의해 일어난 정서
	⑫ 선택된 관계에 의해 실제적으로 기호에 결부된 것.
심리학자	⑬ 자극에 대한 기억 효과 및 획득된 연상. 어떤 발생 효과가 적용되는 다른 발생. 기호가 관계하는 것으로 해석되는 사물. 사물이 암시하는 것.
	⑭ 상징의 사용자가 지시해야 하는 것.
	⑮ 상징의 사용자가 스스로 지시한다고 믿는 것.
	⑯ 상징의 해석자가 지시하는 것 혹은 스스로 지시한다고 믿는 것 또는 사용자가 지시하고 있다고 믿는 것.

위 표는 다양한 의미에 대한 속성을 보여준다. 이후 의미에 대한 관점이 다른 여러 가지 학설로 다채롭게 논의되었다.

(1) 지시설

지시설은 한 언어표현의 의미는 그 표현이 지시하는 지시물과 같다고 본다. 이는 플라톤이 『대화편』에서 낱말은 사물을 명명하거나 지칭하는 것으로 낱말의 의미는 사물 그 자체와 동일하다고 한 것과 같은 맥락이다. 이러한 관점으로 의미를 설명하면 고유한 개체를 가지고 있는 고유명사인 경우는 구체적인 지시물 그 자체를, 보통명사인 경우는 개체가 속한 집합이나 개체들이 공유하는 속성이 의미가 된다. 그러나 추상명사, 추상용언, 부사, 접속어와 같이 지시물을 지시할 수 없는 많은 단어가 존재한다. 또 명칭은 존재하나 실제로 존재하는 지시물이 없는 단어들이 의미를 지니고 있음을 설명할 길이 없다. 동일한 하나의 지시물을 달리 표현하는 여러 단어가 존재하는 경우에도 이들 표현들은 내포적 의미가 다르기 때문에 의미를 지시물로 설명하는 데에는 한계가 있다.

(2) 개념설

소쉬르(Saussure, 1916)는 「Course de linguistique générale」에서 '랑그(langue)'를 개념(concept)과 청각영상(image acoustique)의 결합, 즉 시니피에(signifié, 記義)와 시니피앙(signifiant, 記標)의 결합으로 파악하고 발화한 발음을 '파롤(parole)'이라 하였다. 그리고 랑그와 파롤의 결합을 '언어'(langage)로 보았다. 시니피앙과 시니피에의 관계는 자의적이며, 일종의 관계 개념으로서의 의미로 인정하였다. 청자는 화자가 발화한 파롤[SAN]을 머릿속에 청각영상으로 인식하고 이를 의미의 개념으로 떠올린 다음 사물을 인지한다.

사물 --- 山 --- [산] --- [SAN] --- [산] --- [山] --- 사물
　　　(개념)(청각영상)　(발음)　(청각영상) (개념)
　　　　　화자　　　　　　　　청자

소쉬르의 기호이론(1915/1959)

소쉬르의 기호 이론이 시니피앙과 시니피에 양자 사이의 관계로 한정하여 언어 표현의 실제 대상인 지시물을 고려하지 않은 것과 달리 오그덴 & 리차즈의 의미 삼각형(1923)에서는 의미를 기호인 언어표현이 그 대상인 지시물을 지시하는 작용으로 보아 언어 표현의 실제 대상(지시물)을 포함한다. 언어표현과 지시물은 사이에 심리적 영상(mental image)을 매개하여 간접적으로 연결된다고 본다. 심리적 영상은 한 언어표현을 접할 때 우리의 마음이나 정신 속에 떠오르는 관념이나 개념으로 의미는 인간의 마음속에 존재하는 심리적 실체를 뜻한다.

개념설은 지시물이 실재하지 않은 경우에도 이에 대한 심리적 영상이 존재하기 때문에 그 의미를 설명할 수 있게 된다. 개념설이 의미의 실체를 파악하는 데 있어 가장 강력한 지지를 받고 있는 이론이기는 하지만

개념이나 영상에 대한 개인적인 차이(경험, 지식, 상상력)를 객관적 의미로
처리할 수 있는가는 문제가 될 수 있다. 개념설은 심리적 측면에 의지하
는 면이 강하기 때문에 실증적 설명력을 갖출 필요가 있다. 또한 영상을
동반하지 않는 접속어나 조사와 같은 단어가 존재한다.

(3) 행동설
Bloomfield(1933)는 「Language」에서 한 언어표현의 의미는 화자가 그 표현
을 발화하는 상황과 그 상황이 청자에게 일으키는 반응이라 하였다. 즉,
어떤 현실 상황에서의 자극(S)은 화자의 현실적 반응(r)으로 나타난다. 이에
대해 화자의 언어적 자극(s)은 청자의 행동으로 반응(R)한다는 설이다.

S ⟶ r ⟶ s ⟶ R

현실상황   현실적   언어적   청자의
의 자극   반응   자극   반응(행동)

행동설은 언어표현이 이루어지는 상황을 중심으로 과학적이고 기계적
인 분석을 시도한 의의가 있으나 상황에 대한 화자의 언어적 반응이나
청자의 반응이 항상 동일한 것이 아니기 때문에 의미를 일관성 있게 기
술하는 것이 쉽지 않다는 단점이 있다. 또한 접속어나 조사의 의미를 자
극과 반응의 연쇄를 상정하여 설명할 수는 없다.

(4) 용법설
비트겐슈타인(1953)은 단어의 의미는 그 단어의 용법이라고 하였다. 즉
단어의 의미는 단어가 실제 언어생활에서 어떻게 쓰이는가를 아는 것을
뜻한다. 그러므로 단어의 의미는 상황, 맥락에 따라 많아지고, 확충되고,

심화되고 달라진다. 용법설은 언어의 사용적 측면을 중시하였기에 실질적인 의미를 갖지 못하는 조사나 접속사와 같은 단어들의 의미를 설명할 수 있게 되는 장점이 있다. 그리고 단어의 의미를 습득해 가는 과정을 설명할 수 있는 근거를 제공할 수 있다. 어린아이가 심리적 영상이나 사람들의 행동을 관찰하여 의미를 배운다기보다는 단어를 언제 어떻게 쓰이는가를 보여주어 의미를 터득한다고 설명할 수 있기 때문이다. 그러나 수많은 용법을 일일이 열거하는 것은 불가능하며 계속해서 새로운 용법이 출현하고 있기에 의미를 기술하는 점에서 문제가 생긴다.

1.3. 의미의 유형

앞서 의미에 대한 다양한 학설을 살펴보았다. 이들 학설은 의미를 물리적 실체로 보기도 하고(지시설), 추상적이고 관념적인 심리적 실체(개념설)로 보기도 하며, 행위적 실체(용법설)로 보기도 한다. 의미를 바라보는 이러한 관점의 차이로 인해 의미의 유형을 분류할 때도 다양한 방식이 나타날 수 있다. 여기서는 리치(Leech, 1981)의 분류를 중심으로 살펴보기로 한다.

<표 5-2> 의미의 유형(Leech, 1981: 23)

1. 개념적 의미		논리적, 인지적 또는 지시적 내용
연상적 의미	2. 내포적 의미	언어가 지시하는 것에 의해 전달되는 것
	3. 사회적 의미	언어 사용의 사회적 환경이 전달하는 것
	4. 정서적 의미	말하는 이/글쓴이의 감정과 태도가 전달되는 것
	5. 반사적 의미	같은 표현의 다른 의의와의 연상을 통해 전달되는 것
	6. 연어적 의미	다른 낱말과의 연합에 의해 전달되는 것
7. 주제적 의미		어순이나 강세를 사용하여 메시지를 구성하는 방법으로 전달되는 것

(1) 개념적 의미

개념적 의미는 언어표현에 대해서 일반적으로 추론해 낼 수 있는 가장 보편적이고 핵심적인 의미이다. 언어표현을 사용하는 사람이나 상황에 관계없이 언제나 일정하게 간직하고 있는 의미로 한 언어사회의 구성원들이 공동으로 인지하고 있는 언어공통체계에 속해 있는 의미이다. 개념적 의미는 의사소통에 있어 기본조건이 되는 기초적 의미(basic meaning)로 기본적 의미, 외연적 의미, 중심적 의미, 인지적 의미라고도 한다.

개념적 의미는 어떤 말이 지니고 있는 가장 기본적이고 객관적으로 검증 가능한 명시적 의미이다. 가족관계의 아버지나 어머니의 단어는 옛날부터 오늘날까지 의미변화가 일어나지 않는다. 아들이나 딸에 대한 부모의 관계를 갖는 남성으로서의 '아버지'와 여성으로서의 '어머니'는 객관적으로 검증 가능하기 때문이다. '붉다' 개념의 외연은 붉은 것의 집합이며, '소년'은 남자의 일반적 부류에 속하는 외연적 의미를 나타내고 있다. 이는 주로 대비성(對比性)에 의한 자질로 조직된다. '소년'의 개념적 의미는 다음과 같이 명세할 수 있다.

소년=[+인간], [-성인], [+남성], [-결혼]

(2) 내포적 의미

내포적 의미는 개인의 경험에 따라 달라지는 주관적인 의미일 수 있다. 구체적 개인으로서의 아버지와 어머니는 시대에 따라 달라질 뿐만 아니라 같은 시대에서도 개인에 따라 언어의 실천적 의미는 다르게 마련이다. 주어진 단어와 관련되는 사람들 개인에게 연상되는 개인적 영감은 감정적 내포(affective connotation)를 갖는다. 이와 같이 화자나 청자가 지닌 단어 주변의 보충적 가치에 관한 의미를 갖기 때문에 연상적 의미, 함축적 의미, 또는 암시적의미라고도 하며 의미 한계가 개방적이고, 비한정적 특징을 지닌다. 개념적 의미가 구성원들의 공통적인 것인데 비해, 내포적 의미는 개인 경험에 따라 달라질 수 있다. 따라서 외연이 자신의 입을 손으로 막고 '이것'이라고 지칭할 수 있는 것이라면, 내포는 눈을 가리고 어떤 말을 머릿속에서 생각했을 때 상기되는 것을 말한다. '소년'의 내포적 의미는 다음과 같이 명세할 수 있다.

'소년'이라는 단어에서 '순진무구한 아이, 버릇없는 아이' 등을 떠올릴 수 있는 것이 함축적 의미이다.

> 소년=[+순진무구한], [+버릇없는] [+연약한]…

(3) 사회적 의미

말하는 사람의 지역적 또는 사회적 환경, 화자와 청자와의 사회적 관계 등에 따른 의미를 사회적 의미라고 한다. 사회적 의미는 언어를 사용할 때 사회적 환경이 서로 다르다는 것을 인식하는 데서 나타나는 의미이다. 연령, 성별, 직업, 종교, 사회적 지위나 관계, 방언, 시대, 양식, 분야에 있어 화자와 청자의 사회적 차원과 층위가 서로 다름으로 나타나기에 문체적 의미로 불린다. 이러한 사회적 의미는 선택된 단어의 종류나 말투, 그리고 글의 문체 등에 의해서 전달된다.

> 삥땅치다, 쪽팔리다, 가방끈이 짧다.…

(4) 감정적 의미

감정적 의미는 화자의 개인적 감정이나 태도, 정서가 언어에 반영되어 나타나는 의미로 정서적 의미라고 한다. 소리의 고저, 강세, 길이, 억양

등과 같은 운율적 요소에 의하여 나타난다. 말하는 사람의 심리 상태에
따라 어조가 달라지므로 상이한 감정적 의미를 느낄 수 있다.

> 작아도 너~~~무 작아!
> "좋다!", "자알 했다"

(5) 반사적 의미

반사적 의미는 언어표현이 가지고 있는 여러 개의 개념적 의미 가운데
하나가 다른 의미적 반응을 일으켜서 나타내는 의미이다. 다시 말해 어
떤 말을 사용할 때 그 말의 본래의 뜻과는 아무런 관계없이 특정한 반응
을 불러일으키는 의미를 뜻한다. 이를 반영적(反映的) 의미라고도 한다. 교회
에서 성령(聖靈, holy spirity)을 나타내는 말로, 'The Comforter, The Holy Ghost'
의 표현을 사용하는데, 비종교적 의미에 의한 반응으로 '귀신(두려움)'의
의미를 떠올리는 것이 그 사례가 된다. 한국에서 개명 허가 사례로 제시
된 이름들을 보면 본래 이름의 의미와 다른 의미가 떠올라 곤욕을 치르
는 일이 많았을 것을 짐작할 수 있다. 이들 또한 반사적 의미에 해당한다
고 할 수 있다.

> 'The Comforter, The Holy Ghost' ⇒ 귀신(두려움)
> 김치국, 소총각, 하쌍연, 강호구, 배신자, 홍한심, 김만두, 천왕성…

(6) 배열적 의미

배열적 의미는 언어표현이 함께 배열된 다른 단어 때문에 얻게 되는
의미이다. 주로 보편성을 벗어나서 단어가 배열되었을 때 나타난다. 단어
사이의 관계 속에서 형성되는 의미이기 때문에 선택제약이나 단어 간의
공기 관계에 의해서 성립한다. 의미가 비슷하면서도 쓰임이 구별되는 단

어들의 의미를 배열 관계를 통해 구별할 수 있다.

> 잘생긴{ 남자, 소년, 청년, 놈… }
> 잘생긴{ 여자, 소녀, 아가씨, 년… }
> 여자아이 /*여성아이/ *여인아이
> 여자 운동/ 여성 운동 / *여인 운동
> 여자 친구/ *여성 친구/ *여인 친구
> 여자와 남자/ 여성과 남성/ 여인과 *남인

(7) 주제적 의미

주제적 의미는 화자의 의도에 의해 어순, 초점, 강조 등의 방법으로 전달 내용을 조직함으로써 얻어지는 의미이다. 의도적 의미라고도 한다. 주제적 의미는 어순을 바꾸거나 특정 부분을 강조하여 발음함으로써 드러나는데, 개념적 의미는 같지만 전달가치가 다르다.

> 사랑을 하기는 한 것일까, 우리가?
> 민아는 예쁘지만 키가 작다.
> 민아는 키가 작지만 예쁘다.
> 아이가 닭을 쫓는다.
> 닭이 아이에게 쫓긴다.

2. 의미의 분석과 의미장

2.1. 성분분석

단어의 의미는 단어가 소속된 위치 즉 그와 관련성 있는 다른 여러 단어들과의 대립에서 그 의미가 결정되는데 이들 단어들의 대립 전체는 체계 속에 존재한다. 한 단어의 의미는 더 작은 여러 개의 의미 조각들로 이루어졌다. 한 단어의 의미를 이루고 있는 이들 의미 조각 즉 의미 구성 요소를 의미성분(semantic component)이라 한다. 가령, 단어 '총각'은 '[남성], [인간], [성숙], [미혼]'의 의미성분을 갖는다.

① 의미성분
  총각= [남성], [인간], [성숙], [미혼]
  bachelor = [HUMAN], [MALE], [ADULT], [UNMARRIED]

의미성분은 [　] 속에 넣어 대문자로 표시하며 하나의 추상적인 의미 단위로 간주된다. 이와 같이 단어가 가지고 있는 의미성분을 발견하고 조직하여 궁극적으로 어휘의 의미를 규정하는 것을 성분분석(componential analysis)이라고 한다.

성분분석이 등장하게 된 배경에는 구조주의 언어학자와 미국의 문화인류학자들의 연구 방법론이 있다. 문화인류학자들이 친척어휘를 기술하기 위해 성분분석 방법을 시도했다. 아메리카 인디언 언어에서 친족 명칭을 분석하는 수단으로 '성', '세대', '계통'의 세 가지 의미성분을 근간으로 성분분석 방법을 사용한 것이다. 구조주의 언어학자들은 몇 개의 변별자질을 이용하여 체계를 세워 어떤 자질이 있고(+), 없음(−)에 따라 음소를 분석하였는데 이러한 이원적 분류 방법이 의미론의 성분분석에서 동일하게 사용된다. 성분분석도 단어를 의미자질을 이용해 +, -로 양분하여 분석하는 이분법을 사용한다. 성분분석의 이분법은 단어 사이의 공통성과 시차성을 명시적으로 보여주기 때문에 특히 반의관계(man-boy/man-woman)에 있는 단어들의 특성을 설명하는 데 유익하다.

② 의미영역과 의미성분

man	[+HUMAN] [+MALE] [+ADULT]
boy	[+HUMAN] [+MALE] [−ADULT]
woman	[+HUMAN] [−MALE] [+ADULT]
girl	[+HUMAN] [−MALE] [−ADULT]

한 의미영역 '인간'에 속하는 모든 어휘가 공통으로 가지고 있는 성분 [+HUMAN]은 공통적 성분(common component)이며 한 의미영역에 속하는 어휘들의 의미 차이를 구별하는 데에 사용되는 성분은 진단적 성분 (diagnostic component)이 된다. 예를 들어 'man'과 'boy'의 의미 차이를 구별하기 위한 성분 [ADULT]는 진단적 성분이다.

한 의미영역에 속하는 동사가 특정한 목적어와의 결합만이 허용되는 통사적 선택제약을 가지고 있을 때 목적어의 속성이 진단적 성분으로 쉽게 파악이 될 수 있다. '모자를 머리에 쓰다, 마스크를 쓰다, 장갑을 손에 끼다, 티셔츠를 입다, 구두를 신다'에서 보이는 착용동사들이 신체 부위와 갖는 선택제약을 형식화하여 의미성분으로 표시한다.

③ 선택제약이 반영된 의미성분

쓰다	〔+착용〕〔+머리와 얼굴〕
끼다	〔+착용〕〔+손과 팔〕
입다	〔+착용〕〔+몸통〕
입다	〔+착용〕〔+발과 다리〕

성분분석은 다음과 같은 여러 가지 면에서 유용한 점이 있다. 성분분석은 상하관계, 양립불능관계, 동의관계, 포용관계 등 어휘의 여러 의미관계를 정의하고 설명하는 데에 유용하게 사용될 수 있다. 예를 들어 예

문 ④에 보이듯 상의어의 모든 의미성분은 하의어에 포함된다. '부인'의 모든 의미성분이 '어머니'의 의미성분에 포함되면 '어머니'는 '부인'의 하의어이다.

④ 부인=[+인간] [-남성] [+성숙] [+결혼] (상의어)
　어머니=[+인간] [-남성] [+성숙] [+결혼][+아이를 가진] (하의어)

또한 성분분석은 모순성, 함의, 중의성 등 문장의 의미관계를 설명하는 데에도 유용하다. '다혜가 국화를 사왔다'는 문장은 '다혜가 꽃을 사왔다'는 문장을 함의한다.

⑤ 다혜가 국화를 사왔다.
　다혜가 꽃을 사왔다.

그러나 성분분석은 문제점도 적지 않다. 우선 성분분석에서 한 단어의 의미를 이루고 있다고 가정하는 추상적인 의미자질인 의미성분이 메타언어로서 보편적으로 목록화하기 어렵다는 문제가 있다. 단어들을 체계적으로 분석하여 전체의 의미성분을 목록화하는 일은 굉장히 복잡하며 실제로 가능하지 않다. 문화와 사고방식, 해당 언어가 지닌 개별언어로서의 특수성을 고려할 때 다양한 언어를 아우르는 보편적인 목록을 작성하는 것도 어렵지만 작성된 목록이 성분분석에서 동일한 자질로 설명이 될 것인지도 명확하지가 않기 때문이다.

성분분석이 명쾌하게 이루어지는 경우는 분류체계가 잘 짜인 어휘나 구체적 사물을 지시하는 어휘일 때이다. 성분분석이 이러한 제한적인 범위를 벗어나 추상적인 어휘에도 적용되기에는 한계가 크다. 성분분석에 사용되는 의미성분은 개념적 의미를 근간으로 설정되기 때문에 어휘가 지닌 다양한 의미 즉 정서적 의미, 사회적 의미, 내포적 의미 등을 기술하는 것에도 한계가 있다.

2.2. 의미장

단어의 의미는 그 단어 단독으로 밝히기 어렵고 그 단어가 다른 단어와 맺고 있는 관계 즉 어휘 체계에서 그 단어의 위치를 밝힘으로 비로소 결정된다. 단어 '밝다'는 가까이는 '어둡다, 희미하다, 환하다' 등과 같은 명암에 속하는 단어이고 색의 밝기인 명암은 시각에 속하고 시각은 후각, 미각, 청각 등과 같이 감각에 속한다. 이처럼 의미에 있어서 서로 밀접한 연관이 있는 단어들의 집합을 의미장(semantic field)이라 한다.

① {춥다/차다/따뜻하다/덥다…}
② 날이 + 춥다

의미장은 구성 요소 사이의 어떤 공통성에 의하여 맺어진 관계로 주어진 맥에서 서로 대치될 수 있는 요소들의 집합인 계열적 관계(paradigmatic relations)와 구성 요소들이 선적 연쇄를 이루는 관계인 통합적 관계(syntagmatic relations)에 의해 형성된다. ①은 날씨라는 공통점을 지닌 단어들의 묶음으로 서로 갈아들 수 있는 선택적 관계이지만 ②는 주어 '날이'와 결합하여 통사적 연쇄를 이루는 결합 관계이다. 만약 주어가 '커피'라면 '춥다'와 결합했을 때 비문이 된다.

다음은 '생각'과 연관 있는 단어들을 계열관계와 통합관계에 따라 제시한 것이다. 의미장을 기술해 보면 관련 단어들의 관계 속에서 단어의 의미가 보다 분명해지고 단어의 용법을 세밀하게 파악할 수 있음을 알게 된다.

<표 5-3> '생각'의 의미장

생각	통합관계	생각 +[동사]	생각하다, 생각나다, 생각이 돌다, 생각을 가지다, 생각이 떠오르다, 생각이 들다, 생각이 많다, 생각이 있다, 생각이 없다, 생각에서 벗어나다, 생각이 간절하다, 생각을 바꾸다, 생각이 꿀떡 같다, 생각이 굴뚝같다. 생각이 샘솟다
		[형용사] +생각	좋은/나쁜/미친/허황된/얕은/깊은/짧은/오랜/… 생각
		관련 속담	고양이 쥐 생각 올챙이 적 생각은 못하고 개구리된 생각만 한다.
	계열관계	유의어	소감, 상념, 사상, 이념, 의식, 견해, 의견, 의중, 의사, 의향, 의도, 심중, 사고, 사색, 사유, 연구, 심사숙고, 묘안, 묘책, 대안, 명안, 아이디어, 속생각, 꿍꿍이, 속셈, 궁리, 작정, 결단, 결의… 念 案 感 思 考 想 慮 顧..

의미장은 언어에 따라 달리 나타난다. 사용하는 언어가 다르면 그에 대응하여 사고방식이나 세계관이 다르다. 가령 색채의 스펙트럼은 물리적으로 동일하지만 언어에 따라 범주화가 다르게 나타난다. 한국어의 '푸르다'는 영어의 'blue'와 'green'에 대응할 수 있다. 또 친족어의 경우도 성별과 나이의 위아래의 구분에 있어 범주화가 다르게 나타난다. 영어의 'sister'와 'brother'에 대응하는 표현이 한국어에서는 '누나, 형, 언니, 오빠, 아우, 남동생, 여동생, 누이'와 같이 다양하게 나타난다.

의미장에는 어휘가 체계를 이룰 때 간혹 비어있는 부분이 있다. 개념적으로 있을 법하지만 실제로 어휘화가 되어 있지 않은 현상으로 이를 어휘장의 빈자리 혹은 어휘 공백이라 한다. 어휘장의 빈자리는 해당 언어의 문화적 특성을 반영한다.

③ 손가락의 고유어 명칭: 엄지 - 검지 - [ ] - [ ] - 애지(애끼)

④ 날짜의 고유어: 그제 - 어제 - 오늘 - [   ] - 모레 - 글피
⑤ 빨강 - 주황(朱黃)/오렌지색(orange色) - 분홍(粉紅)/핑크(pink) - 파랑/
블루(blue/sky blue/dark blue) - 보라색…

한국어에서 ③과 ④에 보이는 어휘장 속의 빈자리는 한자어를 차용하
여 ③은 [장지(長指)]와 [무명지(無名指)=약지(藥指)]가 ④는 [내일(來日)]이 빈
자리를 대신한다. ⑤의 색채어의 경우는 고유어, 한자어, 몽골어, 영어와
같이 다양한 언어에서 차용되고 있다. 다양한 색채를 좀 더 세밀하게 구
분해야 하는 필요성이 있을 때 외국어를 그대로 가져와 어휘장의 빈자리
를 채우는 일이 있다.

3. 의미 관계

소리(형식)와 의미의 관계에서 단어를 구분하면 하나의 소리에 하나의
의미가 대응하는 단의어와 형식이 다른 둘 이상의 단어가 동일한 한 가
지 의미를 가지는 동의어(유의어), 하나의 형식이 두 가지 이상의 의미를
가지는 다의어로 나뉜다.

① 유의어와 다의어의 관계

② 다의어와 동음어의 관계

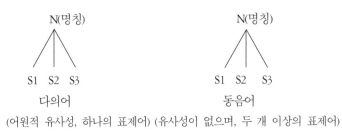

(어원적 유사성, 하나의 표제어) (유사성이 없으며, 두 개 이상의 표제어)

3.1. 유의어

두 개 이상의 단어가 서로 소리는 다르나 의미가 비슷할 때, 이들을 유의관계에 있다고 한다. '미장원 : 미용실', '서점 : 책방', '축구 : 사커(soccer)', '맹장염 : 충수염', '신장 : 콩팥'과 같이 의미와 용법이 완전히 같아서 어떠한 환경에서도 자유롭게 환치되는 단어를 동의어라고 한다. 그러나 엄밀한 의미에서 뜻이 완전히 똑같은 단어쌍은 언어경제적인 측면에서 존재하기 어렵다. 이들 단어들은 개념의미만 동일하고 모든 문맥이 아닌 제한된 문맥에서만 치환이 가능하고 내포적 의미, 주제적 의미, 관용어나 비유를 통한 확장된 의미 등이 다를 수 있기에 유의어로 보는 것이 더 타당하다.

유의 관계에 있는 다음 단어쌍 '값 : 가격, 관심 : 흥미, 다투다 : 싸우다'의 사용 문맥은 다음과 같다.

① 쌀 값, 옷 값, 밥 값, 버스 값, 값이 오르다, 값이 내리다
  농수산물 가격, 청소기 가격, 가격 인상, 가격 인하
② 난 한국 문화에 관심이/흥미가 있어요
  어려운 사람에게 관심을 가져야 합니다.
  *어려운 사람에게 흥미를 가져야 합니다.

③ 다혜가 지환이와 다투었다/싸웠다.
　　어른들이 칼을 가지고 *다투었다.
　　어른들이 칼을 가지고 싸웠다.
　　개와 고양이가 *다투었다.
　　개와 고양이가 싸웠다.

　위의 문맥 속에서 유의 관계에 있는 단어들을 살펴보면 단어의 의미가 명확해짐을 알 수 있다. '값'이 가격보다 더 넓은 범위에서 쓰이며 '가격'은 주로 한자어 명사와 함께 쓰인다. '관심'은 무엇을 더 알거나 계속해 보고 싶은 마음이라면 '흥미'는 재미로 무엇을 더 알고 싶은 마음임을 알 수 있다. '다투다'는 어떤 사람이 다른 사람에게 육체적 피해를 주지 않으면서 말로 잘잘못을 가리는 행위라면 '싸우다'는 사람이나 동물이 힘, 무기 따위로 상대편을 이기려고 하는 행위다.

　유의어가 발생하는 원인은 다음 사례에서 보듯 다양하다.

④ 아내/집사람/마누라/와이프/부인, 열쇠/키, 공책/노트, 경기/게임
⑤ 하루살이/날파리/날타리/깔따구/누니누니
⑥ 염화나트륨/소금, 명의/이름, 곡차/술
⑦ 맘마/밥/진지, 청소부/환경미화원, 형무소/교도소, 친구/동무
⑧ 죽다/돌아가다/숨지다/눈감다/타계하다/열반하다/하늘나라에 가다

　한국어 어휘는 어종에 따라 고유어, 외래어, 한자어로 대별해 볼 수 있는데 이들은 ④와 같이 문체나 격식성에 의한 유의어를 만든다. ⑤는 동일한 지시대상이 방언 차이에 의해 달리 표현된 사례이다. 이들은 지역적 차이가 드러나는 사회적 의미를 제외하면 거의 완전하게 동일한 의미를 지닌다. 입말과 글말, 고유어와 한자어나 외래어, 본말과 준말 사이

에 유의 관계가 성립한다. ⑥은 단어가 사용되는 사용맥락에 의해 유의어가 발생하는 경우인데 전자는 전문적인 영역에서 사용되는 단어들이고 후자는 일상의 단어라 할 수 있다.

⑦에 제시된 단어들은 내포적 의미 차이로 인해 생겨난 유의어라고 할 수 있다. 이러한 단어에는 화자의 감정이나 판단 가치가 들어있다. 동일한 지시 대상을 기존의 단어보다 더 긍정적인 의미가 내포된 단어로 순화하며 유의 관계가 성립한다. '형무소'는 죄에 대한 형벌을 복무하는 뜻이 강하다면 '교도소'는 죄인을 바로잡아 올바르게 이끈다는 의미를 전달한다.

'진지-밥'과 같이 한자어와 고유어로 대응되는 유의어의 경우 고유어보다 한자어가 예의바르게 느껴진다. '나이-춘추/연령, 술-약주, 집-택, 이름-성함' 등도 그러한 사례라 할 수 있다. 고유어끼리의 유의어도 경우에 따라 한 쪽이 속된 느낌을 주기도 한다. 예를 들면 머리-대가리, 배-배때기, 입-주둥이, 얼굴-낯짝, 목-모가지, 눈-눈깔, 코-코빼기 등에서 후자의 경우가 그렇다.

⑧은 죽음이라는 금기적인 내용을 완곡하게 표현하고자 하는 동기에서 발생한 유의어들이다. 죽음 외에도 질병, 두려움, 불결한 것, 성, 신체 특정 부위와 같은 것은 직설적인 표현을 피하고 완곡어를 사용하여 직접 표현과 그것을 나타내는 완곡 표현 사이에 유의 관계가 성립한다.

단어들이 유의 관계에 있는지를 판별하기 위해 문맥 속에서 해당 단어들이 등가어로서 대치 가능한지를 살펴보는 문맥치환법을 적용해볼 수 있다.

⑨ 소변: 오줌
　소변이 마렵다 – 소변을 보다

오줌이 마렵다 - *오줌을 보다
⑩ 밥통: 위장
　소의 밥통 - 그는 밥통같이 그것도 모른다.
　소의 위장 - *그는 위장같이 그것도 모른다.
⑪ 달리다: 뛰다
　차가 달리다. - *차가 뛰다.
　*물가가 달리다. - 물가가 뛰다.

단어들이 유의 관계에 있는지를 판별하기 위한 또 다른 방법은 대립 검증법을 사용하는 것이다. '맑다'는 다른 것이 섞이거나 흐리지 않다는 의미인 반면에, '깨끗하다'는 때나 먼지가 없어 더럽지 않다는 의미이다. 따라서 예문 ⑨와 같이 대립 개념인 '흐리다-더럽다'를 통해 '맑다'와 '깨 끗하다'의 의미 차이를 쉽게 구별할 수 있다.

⑨ 맑다: 깨끗하다
　물이 맑다. - 물이 흐리다.
　물이 깨끗하다. - 물이 더럽다.

3.2. 반의어

한 쌍의 단어가 서로 반대되거나 대립되는 의미를 가지고 있을 적에, 그 둘은 반의관계에 있다고 한다. 이러한 관계를 맺고 있는 단어들을 반 의어라고 부른다. 한 쌍의 단어가 반의어가 되려면, 동일 의미 영역에 있 으면서 그 둘 사이에 공통적인 의미요소가 있으며 한 개의 요소만 달라 야 한다. 가령 '남편 : 아내'는 [인간], [성숙], [결혼], [부부]와 같은 의미 요소들은 모두 같으면서, 다만 의미요소 [성별]에서만 대립을 보인다. 또 한 반의어가 되기 위해서는 '기쁘다 : 슬프다, 기쁜 : 슬픈'에서와 같이 품사와 형태가 동일하게 나타나야 한다. 그리고 반의어는 유의어와 마찬가지로 쌍으로만 나타나는 것이 아니라, 하나의 단어에 대하여 여러 개의 단어들이 대립하는 경우도 있다.

① 남자: 여자, 남편 : 아내, 총각 : 처녀
② 기쁨: 슬픔, 기쁘다 : 슬프다, 기쁜 : 슬픈
③ 벗다: (옷)입다/(모자)쓰다/(시계)차다/(양말)신다/(장갑)끼다
   열다: (문)닫다/(뚜껑)덮다/(입)다물다/(마개)막다/(자물쇠)잠그다

반의어의 유형은 상보 반의어, 등급 반의어, 관계 반의어로 구별된다.

(1) 상보 반의어
이쪽이 아니면 저쪽이라고 자동적으로 정해지는 반의로서 원칙적으로 양극만 있고 그 중간항이 없는 양극적인 상호 배타적인 관계가 성립되는 반의를 상보적 반의어 또는 배타적 반의어라고 한다.

① 겉-속, 기혼-미혼, 남자-여자, 생존-사망, 죽다-살다
② 그는 남자이다. = 그는 여자가 아니다.
③ † 남자도 여자도 아니다. † 남자이면서 여자이다.
④ † 그는 덜/매우 남자이다.

상보 반의어는 ②와 같이 한 단어의 긍정적인 면이 다른 단어의 부정적인 면을 함의하는 관계이다. 따라서 ③과 같이 대립되는 두 단어를 동시에 긍정하거나 부정하면 모순이 된다. 또한 ④에 보이듯 정도어의 수식을 받을 수 없고 비교 표현과 함께 쓰이지 않는다. 반의어의 상보성을 판별하는 기준은 절대적 개념이기 때문에 판단하는 사람이 그 누가 되어

도 항상 동일한 기준이 적용된다.

 (2) 등급 반의어
 등급 반의어는 상보적 반의어와는 달리 대립되는 두 단어 사이에 명확한 경계선이 존재하지 않고, 양극간의 연속성 면에서 정도 차이가 존재하는 반의관계를 등급 반의어 혹은 정도 반의어나 단계적 반의어라고 한다. 등급 반의어에는 전형적으로 형용사가 많고, 특히 등급화가 가능한 측정 형용사가 주류를 이룬다.

> ① 크다 - 작다, 높다 - 낮다, 넓다 - 좁다, 늙다 - 젊다, 많다 - 적다
> ② 그는 크지 않다. ≠ 그는 작다.
> ③ 그는 크지도 작지도 않다.
> ④ 그는 덜/매우 크다.

 정도 반의어는 두 단어 사이에 중간 상태가 있을 수 있기 때문에 ②와 같이 한 쪽을 부정하는 것이 바로 다른 한쪽을 의미하는 것은 아니다. 한쪽 단어의 단언과 다른 쪽 단어의 부정 사이에 일방함의 관계가 성립한다. ③의 '크지도 작지도 않다'처럼 양쪽 모두를 부정할 수 있다. 그리고 ④와 같이 정도 부사의 수식을 받을 수 있으며, 비교 표현에도 쓰일 수 있다. '덜 크다'처럼 비교를 나타내는 단어와 어울린다. 또한, 주어진 발화마다 일정한 기준(norm)이 존재하고, 이 기준에 따라 상대적으로 단계를 이룬다. 예를 들면, 새끼 코끼리는 큰 코끼리에 비하여 작지만, 쥐에 비해서는 엄청나게 크다. 등급 반의어는 두 단어 가운데 한 단어가 더 기본적이고 일반적으로 쓰이는 것이 있다. '크다'의 경우 '작다'보다 더 기본적이고 일반적이다. ⑤가 중립적인 질문이라면 ⑥의 경우는 화자가 이미 그 사람이 작다고 전제하고 하는 질문이 된다.

⑤ 그 사람은 얼마나 크니?

⑥ 그 사람은 얼마나 작니?

(3) 관계 반의어

관계 반의어는 두 단어가 상대적 관계를 형성하고 있으면서 의미상 대칭을 이루고 있는 반의어이다. 어떤 중심점을 상정하여 서로 다른 방향성을 나타내는 반의 관계를 뜻한다.

① 오른쪽-왼쪽, 앞-뒤, 남편-아내, 스승-제자, 주다-받다

② 밀다-당기다, 가다-오다, 접다-펴다, 늘다-줄다, 차다-비다

③ 시작-끝, 꼭대기-밑바닥, 요람-무덤, 머리-발끝, 하나-열

①은 'x가 y의 A이다 = y가 x의 B이다'와 같은 동치 관계가 성립할 때 A와 B는 역의관계(converse)를 맺고 있음을 보인다. 가령 '빵집은 우체국 왼쪽에 있다'를 '우체국은 빵집 오른쪽에 있다'와 같이 환언했을 때 기준점 '빵집'을 중심으로 한 쪽의 방향을 다른 쪽에 상대적으로 명시하여 두 단어 사이의 관계를 나타낸다. 논항 '빵집'의 위치가 바뀌면서 '왼쪽'의 반의어 '오른쪽'이 사용되어 환언관계가 된다.

②는 단어가 한 방향(→)으로 이동하는 것을 나타내고 다른 단어는 반대방향(←)으로 이동하는 것을 나타내는 역행관계(reverse)이다. 역행관계는 행위나 상태의 변화를 나타내는 동사가 주류를 이룬다. ③은 두 단어가 방향의 양쪽 끝을 나타내는 대척관계(antipodal)에 의한 반의어이다. 어떤 상황의 양 극단을 말할 때 쓰는 'x에서 y까지'라고 하는 표현은 대척어가 미치는 범위를 나타낸다.

3.3. 다의어

한 단어가 기본적 의미 외에 부차적 의미를 하나 이상 가지고 있는 단어를 다의어라고 한다. 이 때 한 단어가 지닌 둘 이상의 의미는 어원적으로 형태나 기능면에서 유사성을 가지며 시간과 공간적으로 인접성을 갖고 있다. 다의어가 지닌 여러 의미는 기본적 의미인 중심의미와 이에서 확장된 주변의미로 구분된다. 주변의미는 대체로 구체적인 현상에서 추상적인 현상으로 확대된다. 가령 '먹다'는 기본의미 '음식물을 입을 통해 배 속에 들여보내다'에서 '행위 주체가 수동적으로 대상물을 받아들이다, 주체가 외부적 요인에 의해 변화를 입다, 주체가 대상 환경의 한 부분이 되다, 주체가 대상물을 능동적으로 차지하다, 주체에 대상물이 받아들여지거나 흡수되다'와 같은 내포적이며 주변적 의미로 확장된다.

① 먹다
[밥 ⇒ 담배/욕/마음/겁/나이/더위/서울물/편/뇌물/화장…]을 먹다

그리고 다의어는 동음어처럼 하나의 형태에 다양한 의미를 갖지만, 동음어가 사전에서 여러 개의 사전 표제어로 제시되는 것과 달리 다의어는 하나의 표제어로 나타난다.

다의어가 발생하는 원인은 적용의 전이, 고유명사의 보통명사화, 사회 환경의 특수화, 비유적 언어, 동음어의 재해석, 외국어의 영향을 들 수 있다. 인간은 다채로운 표현을 구사하기 원하고 새로운 지시물이 출현할 때마다 이에 대한 명칭의 필요성을 느끼게 된다. 이때 기존 단어의 의미 영역을 확장하는 것은 언어경제성의 원리에 의한 것이다.

② '밝다'

　　[빛 ⇒ 색/표정/분위기/귀/사리…]가 밝다

③ 재생: 되살아 남

　　[생물학] 상실된 생물체가 다시 자라나는 현상

　　[심리학] 기억이 되살아 남

　　[방송] 소리를 다시 들려주거나 화면을 다시 보여줌

　　[종교] 신앙을 가져 새로운 생활을 시작함

④ 강태공(강려상) ⇒ 낚시꾼

　　클랙슨(Klaxon) ⇒ 경적

　　바바리(burberry) ⇒ 레인코트, 스프링코트, 장교용 정복의 겉옷

⑤ 삿대질

　　상앗대를 써서 배를 밀어 감

　　⇒ 주먹이나 손가락 따위를 상대편 얼굴 쪽으로 내지름

⑥ 녀름(여름, 夏), 여름(열매, 實) ⇒ 여름

⑦ launder(영어) 세탁하다, 결점을 없애다 ⇒ 돈/학력/호적 세탁하다

　②는 '밝다'가 물리적인 의미로 사용되다가 사용 문맥에 따라서 많은 상이한 양상을 갖게 되는 것을 보인다. '불빛 따위가 환하다'는 중심의미에서 감각이나 지각 능력, 생각이나 태도, 분위기, 표정, 인지가 깨어 발전된 상태에 있는 부분으로까지 의미가 확장되며 전이되는 모습을 보이는 것이다.

　③는 일반 사회에서 널리 쓰이는 단어가 특정한 사회 환경 내에서 특수화된 전문적 의미를 지니게 되어 다의어가 되는 모습을 보인다. ④은 고유명사가 일반적인 용어로 사용되어 다의 현상이 생기는 사례이다. 인명인 강태공(강려상)이 보통명사로서 '낚시꾼'을 뜻하고, 자동차 경적 제조 회사의 상품명인 클랙슨(Klaxon)과 회사 이름이자 제품명인 바바리(burberry)가 보통명사로 쓰여 일반적인 의미로 경적과 코트라는 뜻으로 쓰이게 되

며 다의성을 획득한 것이다.

하나의 단어는 원래의 의미를 지닌 채 하나 이상의 비유적인 의미를 가질 수 있는데 이 두 의미는 한 단어의 다의어로서 존재할 수 있다. ⑤의 삿대질은 사물의 유사성에 바탕을 둔 은유 표현으로 의미가 확장된 것이다. ⑥은 원래 어원적으로 별개의 단어였던 '녀름'과 '여름'이 오랜 세월이 지나 철자의 변화가 초래되고 이로 인해 동음어가 되었는데 언중이 이들 사이에 의미적 관련성을 부여하면서 동음어가 다의어로 해석되는 사례이다. ⑦은 단어 '세탁하다'가 '옷을 빨다'의 기존 의미에 영어 단어 'launder'가 지닌 '결점을 없애다'는 의미를 차용함으로써 본래의 의미에 덧붙여 새로운 의미를 얻게 되어 다의어가 된 경우이다.

3.4. 동음어

언어는 음성과 의미의 이원적 체계를 이루고 있는데 무한한 의미를 한정된 음성에 담게 된다. 이로 인해 음성은 같으면서도 의미가 다른 단어가 만들어질 수밖에 없다. 한 언어 내에서 발음이나 철자는 동일하나 뜻이 다른 둘 또는 그 이상의 말을 이루는 것을 동음성이라 하고, 동음성으로 이루어진 단어들을 동음어 또는 동음이의어라 한다.

① 몫-목, 입-잎, 낫-낟-낯
② 말(馬)-말(斗, 18리터)
③ 적다([ĉkt'a], 기록하다), 적다([čə : kt'a], 소량)

①은 철자는 다른데 발음이 같고 의미가 다른 동음이철어(同音異綴語)이며 ②는 철자와 발음이 같으면서 의미가 다른 동음동철어(同音同綴語)의 사례이다. 그리고 ③은 철자는 같은데 음이 다른 동철이음어(同綴異音語)이다.

동음어들은 의미 사이에 서로 관련성이 전혀 없다. 어원으로 보아 전혀 다른 두 단어가 우연히 형태가 같아진 경우다. 설령 두 형태가 역사적으로 동일 어원에서 나왔다고 하더라도 현재 그 의미가 서로 동떨어져 연관성을 찾기 어렵다.

동음어가 발생하는 이유는 앞서 언급한 언어가 의미와 음성이라는 이원적 체계를 지닌 것에서 기인하는 것이 크다. 이 외에도 본래 역사적으로 다른 형태였던 단어들이 음운변화의 과정을 거치면서 결과적으로 동일한 형태의 동음어가 되는 경우가 있다.

④ 음운변화에 의한 동음어
　/·/의 소실: 눌>날[刀]-날[日]
　ㅂ계 병서와 ㅅ계 병서의 소실: 쓰다[用, 苦, 冠]>쓰다[書]
　구개음화: 뎔>절[寺]-절[禮]

그리고 외래어의 영향으로 동음어가 생성되기도 한다. 외국어가 들어와 수용 언어의 음성 체계에 동화되는 과정에서 '북(北)-북(book), 코트(coat)-코트(court)'와 같이 외래어가 기존의 단어와 형태가 일치하면서 동음어가 되는 것이다.

3.5. 상의어와 하의어

두 개의 단어 중 한 단어의 의미가 다른 단어의 의미에 포함하거나 포함될 때, 그들의 관계를 상하 관계 또는 포함 관계라 한다. 어휘의 상하 관계는 어휘장 속에서 명확하게 발견할 수 있다. 한 단어가 구성하는 어휘장과 그것의 부분장 속에 있는 단어 사이에서, 상위의 단어는 하위의 단어의 의미를 포함하고 있으며, 두 단어는 상하관계에 있다고 한다.

① 꽃 ⊃무궁화, 장미, 국화, 목련, 진달래 …
② 이동하다 ⊃ 가다, 오다, 다니다, 돌아다니다 …

'꽃'은 '무궁화, 장미' 등을, '이동하다'는 '가다, 오다' 등을 포함한다. 이와 같이 다른 단어의 의미를 포함하는 단어를 상의어(上義語), 또는 상위어(上位語)라 한다. 반면에 '꽃'의 종류에 속하는 '무궁화, 장미' 등과 '이동하다'의 세부 행위에 해당하는 '가다, 오다' 등은 '꽃'과 '이동하다'의 의미에 포함되는 단어를 하의어(下義語),, 또는 하위어(下位語)라 한다. 이처럼 상하관계에 있는 단어는 계층적 구조 속에 존재하는데 상의어는 계층적으로 위에 있는 단어로서 하의어보다 일반적이고 포괄적인 의미영역을 갖는다. 그리고 하의어는 계층적으로 아래 있는 단어이며 상의어에 비해 보다 구체적이고 특수한 의미영역을 갖는다. 결과적으로 상의어로 올라갈수록 의미영역이 넓어지고 하의어로 내려갈수록 의미영역이 좁아지기 때문에 상의어보다 하의어가 더 많은 의미정보를 갖게 된다.

4. 의미변화

4.1. 의미변화의 개념

언어는 공시적으로는 사회성을 지녀 불역성의 특성을 갖지만 통시적으로는 꾸준히 변하여 가변적이다. 의미변화(semantic change)란 어떤 말의 중심적 의미가 편향된 사용으로 말미암아 다른 의미로 바뀌는 언어의 통시적 변화 현상이다. 지시물이 변하든가 언중의 지시물에 대한 관심이나 태도의 변화로 인해 의미에 변화가 초래된다. 의미변화는 중심적 의미 A

가 과도기적 과정을 거쳐서 중심적 의미 B로 바뀌는 현상이다. ①과 ②에 보이듯 '어리다'는 '어리석다'의 의미로 사용되다 '나이가 적다'라는 의미와 함께 공존하는 시기를 지나 '나이가 적다'로 의미가 바뀌었고, '어엿브다'는 본래 '불쌍히 여기다'는 의미였으나 '불쌍히 여기다'와 '아름답다'는 두 의미가 공존하는 시기를 지나 '아름답다'의 의미로 변화했다.

① 어리다[어리석다] > 어리다[어리석다, 나이가 적다] > 어리다[나이가 적다]
② 어엿브다[憐 불쌍히 여기다] > 어엿브다[憐], 어엿브다[美] > 어엿브다[美] > 어여쁘다(예쁘다)

4.2. 의미변화의 원인

울만(Ullman, 1962)은 의미변화의 원인으로 다음과 같은 여섯 가지 원인을 제시한 바 있다.

(1) 언어적 원인

언어적 원인은 언어의 내적 요소 즉 음운, 형태, 통사적 원인으로 의미변화가 초래된 것이다. 어떤 단어가 다른 일정한 단어와 여러 맥락 속에서 함께 나타나다 그러한 결합이 관습화되어 한 단어에 다른 단어의 의미가 전이되는 것을 언어의 전염(contagion)이라 한다. 이렇게 관습화되어 생긴 의미는 본래 단어의 기본 의미에 변화를 가져온다. 가령 ①의 '별로'는 긍정문과 부정문에 모두 사용할 수 있는 표현이었으나 부정어와 관습적으로 쓰이면서 부정어의 의미에 전염되어 부정적인 의미를 지니게 되었다. 그리고 ②의 '안절부절'은 '마음이 초조하고 불안하여 어찌할 바를 모르는 모양'을 뜻하는 말로 '하다'와 호응해야 올바른 표현이 되지만 이 역시 부정어 '못하다'와 어울려 '안절부절 못하다' 전체가 부정의 뜻으로 굳어졌다. 끝으로 ③은 합성된 단어의 구성요소가 서로 의미적 영향을 미치다 구성요소 가운데 하나가 생략(ecllipsis)된 채 기존 의미를 전달하는 경우이다. '콧물'의 경우 나란히 사용된 단어 '코'와 '물' 가운데 '물'을 생략해도 남은 단어 '코'에 생략된 단어의 의미가 전이되어 '코'만으로도 '콧물'을 뜻하게 된다.

① 별로 좋다 > 별로 좋지 않다.
　　A: 이거 좋아해? B: 별로.
② 안절부절하다 ⇒ 안절부절 못하다
③ 콧물 ⇒ 코, 머리털 ⇒ 머리, 아침밥 ⇒ 아침

(2) 역사적 원인

역사적 원인은 통시적 요인에 의한 의미변화로 과학, 기술, 제도, 풍속 등의 변화로 해당 언어의 지시 내용이 변했는데 언어 형식인 명칭은 바뀌지 않고 그대로 사용되어 의미변화가 발생한 것이다.

① 차(인력거 ⇒ 자동차), 바가지(박⇒플라스틱), 신발(짚신⇒고무신⇒
　　운동화, 구두…)
② 양반, 대감, 영감
③ 일출, 일몰(해가 뜨고 짐 ⇔ 지구의 자전)
④ 감옥 ⇒ 형무소 ⇒ 교도소 , 파출부 ⇒ 가사도우미

역사적 원인에 의한 의미변화는 ①처럼 지시물 자체가 변한 경우와 ②와 같이 지시물 자체가 소멸되었지만 그 명칭은 사용함으로써 의미변화가 초래된다. 그리고 지시물에 대한 지식의 변화 역시 의미변화의 원인

이 된다. 가령 ③의 '일출'과 '일몰'이 지시하는 바는 과거나 현재가 동일하지만 그 의미는 다르다. 과거에는 해가 뜨고 지는 것을 의미했다면 지금은 일출과 일몰이 지구가 자전을 하기 때문에 발생하는 현상으로 지식 자체에 변화가 생겼다. 명칭은 그대로이나 지시 내용에 변화가 초래되어 의미변화가 일어난 것이다. ④는 지시물에 대한 태도의 변화로 의미변화가 발생한 사례이다. 지시물에 대한 부정적인 감정을 긍정적인 감정으로 바꾸면서 단어에 대한 정서적 태도에 변화를 이끌어 오고 결국은 단어의 개념도 바꾸게 된다.

(3) 사회적 원인

사회적 원인은 일반 사회와 특수 사회 간의 언어 이동이 원인이 되어 사회적 환경 변화 속에서 의미변화가 생기는 경우이다. 사회를 구성하고 있는 계층이나 사회 영역에 따라서 사용하는 말의 의미가 다른데 한 집단의 말이 다른 집단에 차용될 때 일어나는 의미변화이다.

> ① 왕(왕정의 최고 책임자) ⇒ 판매왕, 암산왕(제1인자)
> ⇒ 왕방울, 왕눈이, 왕거미(큰 것)
> ② 박사[학술분야 최고의 학위] ⇒ 척척박사, 만물박사(아는 것이 많거나 능통한 사람)
> ③ 말씀 ⇒ 기독교(성경)
> ④ 출혈 ⇒ 금융/증권/재정(손해)

①과 ②는 특수한 사회 집단의 언어가 보다 넓은 사회 집단에서 채택되어 새로운 일반적 의미를 갖게 되거나 일반적인 용법으로 차용되는 의미의 확대 혹은 의미의 일반화 사례이다. 왕정의 최고 책임자를 뜻하는 '왕'이 제1인자나 큰 것을 의미하면서 일반 사회에서 두루 사용되어 쓰

임이 넓어진 것이다. 반면 ③과 ④는 일반 사회에서 널리 쓰이던 말이 특수 집단에서 쓰이게 되면서 의미가 전문화 되는 의미의 축소 또는 의미의 특수화 사례이다. 일반어휘 '말씀'이 기독교 집단에서 사용되면 '성경'이라는 특수한 의미를 지닌다.

(4) 심리적 원인

심리적 원인은 화자의 중심에 깊이 뿌리박고 있는 어떤 인식이나 경향에 의해서 일어나는 의미변화이다. 이는 화자의 감정적 요인과 결부되어 있다. 대표적인 것이 금기 현상인데 금기는 인간이 어떤 대상에 대해 직접 언급하거나 접근하는 것을 기피하는 행위라 할 수 있다. 어떤 어휘나 표현을 쓰지 않기 위해 다른 어휘나 표현을 쓰기도 하고 남의 기분을 나쁘게 하지 않기 위해 완곡한 표현을 구사하기도 한다.

① 천연두 ⇒ 손님
② 똥 ⇒ 대변, 도둑질 ⇒ 손장난
③ 음근 ⇒ 고추, 유방 ⇒ 가슴

①은 공포감에 대한 두려움 때문에 그 대상을 직접 말하지 않고 다른 말을 대신 사용함으로써 의미가 변한 사례이다. ②는 불쾌한 것을 직접 말하는 것을 꺼려 완곡하게 표현한 것이고 ③은 성이나 신체 부분, 욕설 등은 직접 말하지 않는 것을 예의로 여겨 비유적 표현을 쓰거나 다른 표현을 쓰게 되는 사례이다.

(5) 외국어의 영향

어떤 단어가 그 때까지 없던 의미를 같은 계열의 외국어 단어에서 차용할 때에도 의미변화가 발생한다. 가령 영어 'star'의 의미 '인기 연예인'과 '장군'을 차용하여 한국어 '별'에 의미 내용이 확장되는 경우가 그렇다(뜨는 별, 장성(將星), 삼성장군(三星將軍)). 그리고 단어 '세탁하다'가 '옷을 빨다'의 기존 의미에 영어 단어 'launder'가 지닌 '결점을 없애다'는 의미를 차용함으로써 본래의 의미에 덧붙여 새로운 의미를 얻게 되어 다의어가 된 경우도 이에 해당한다.

(6) 새로운 명칭의 필요성

새로운 사물이나 사고, 또는 행위가 나타나면 그것을 지시하는 새로운 명칭이 필요하게 된다. 이때 새로운 개념을 나타나기 위해 새말을 창조하거나 외국어를 차용하기도 하고, 기존단어의 의미를 확장하게 된다. 기존단어의 의미가 확장되면서 의미변화가 초래된다. 가령 '사람이 살기 위하여 벽 따위로 막아 만든 칸'을 의미하는 '방'이 빨래방, 놀이방, 노래방, 만화방, 게임방과 같은 새로운 시설이 등장하면서 그 의미가 확대되어 쓰이는 경우가 그러하다.

4.3. 의미변화의 결과

의미변화의 결과로 단어의 지시 범위가 변하게 된다. 어떤 단어의 의미가 변화하여 지시 범위가 원래의 범위보다 넓어지는 경우를 의미 확대라고 부른다. 반면 의미가 변화하여 지시 범위가 원래의 범위보다 좁아지는 것을 의미 축소라 하고 단어의 의미가 확대되거나 축소되는 일이 없이 단순히 다른 의미로 바뀌는 것은 의미 전이라 한다.

① 식구[입]>[가족], 놀부[인명, 고유명]> [욕심쟁이, 보통명사]
② 놈[사람, 평칭] >[남자, 비칭], 새마을[新村]> [국민운동명]/[열차명]
③ 싁싁ᄒ다[엄하다 ⇒ 씩씩하다]

　위 사례는 모두 단어의 지시 범위에 있어 변화가 초래된 것이다. ①의 ‘식구’는 부분을 나타내는 말이 전체로 확대된 경우이고 ‘놀부’는 특정 대상에 국한된 고유명사가 보통명사로 확대되어 지시 범위가 넓어진 것이다. ②의 ‘놈’은 사람 전체에 대해 쓰던 표현이 좁은 범위로 좁혀져 특수한 의미로 사용된 것이고 ‘새마을’은 일반적인 단어가 경제운동과 열차에 국한되어 쓰이며 의미의 특수화가 일어나 지시 범위가 축소된 사례이다. ③의 경우는 중세국어에서 ‘엄하다’의 뜻을 가졌던 ‘싁싁ᄒ다’가 현재는 전혀 다른 뜻으로 변한 사례이다.

　의미에 변화가 일어나면 위와 같은 지시 범위의 변화만 초래되는 것이 아니라 의미가 지닌 가치에 있어서도 변화가 초래된다. 대상이 지닌 본래 의미보다 낮게 변하는 것을 의미 하락이라 하고 원래 가지고 있던 의미보다 높게 변화하는 것을 의미 향상이라 한다. 대체로 의미 하락이 언어에서 일반적인 현상이다.

④ 선생님(스승) ⇒ 나이가 어지간히 든 사람
⑤ 장인(비천한 계급) ⇒ 자신의 기술에 긍지를 가지고 일생을 바쳐 일
　하는 사람

　‘선생님’은 가르침을 베푸는 스승의 의미로 여전히 쓰이지만 일반적으로 사회에서 나이가 어지간히 든 사람을 호칭할 때 쓰는 표현이 되면서 본래 의미보다 가치가 하락되었다. ‘장인’은 신분제 사회에서 ‘대장장이, 석수장이, 땜장이, 미장이’를 일컫는 말로 비천한 신분을 뜻했으나 지금

은 이들의 직업이 지닌 가치가 높은 평가를 받으며 보존하고 계승할 기능이나 재능을 가진 사람을 높여 대우하는 표현이 되었다.

5. 문장의 의미

문장의미론 혹은 통사의미론은 문장 단위의 의미를 연구하는 의미론의 한 분야이다. 문장의미론에서는 문장의 의미를 구성하는 원리를 찾아내거나 서술문, 의문문, 청유문, 감탄문, 요청문, 모순문, 중의문, 주제문, 전제문, 함의문과 같은 문장 유형의 의미를 기술한다. 또한 문장들 간의 의미론적 관계인 동의 관계, 반의 관계, 함의 관계, 능-피동 관계, 주사동 관계, 긍-부정 관계를 다룬다.

문장은 단어들이 모여 이루어지고 이들 단어의 의미가 문장의 의미를 결정하는 데 중요한 역할을 하지만 그렇다고 단어의 의미를 그대로 합한 것이 문장 전체의 의미가 되지는 않는다. 합성어, 구, 문장 등의 언어 표현이 갖는 총체적 의미는 그것을 구성하는 요소들의 의미와 구성요소를 결합하는 통사규칙에 의하여 결정된다. 이를 합성성의 원리(priciple of compositionality)라고 부른다.

    ① 개 + 고양이 + 물다.
    ② 개가 고양이를 물었다.
    ③ 고양이가 개를 물었다.
    ④ 고양이가 개에게 물렸다.
    ⑤ *꽃이 개를 물었다.

그런데 합성성의 원리만으로는 문장의 의미를 온전히 파악할 수 없다.

문장 ② ~ ④는 동일한 문장 구성요소 ①을 갖고 있으나 그 의미는 각기 다르다. 이는 통사적 역할을 담당하는 통사범주와 의미적 역할을 담당하는 의미구조가 항상 1대1의 대응관계에 있지 않지 않기 때문이다. 문장 ②와 ③은 행위의 주체가 서로 다르기 때문에 문장의 의미가 다르다. 또 문장 ③과 ④는 문장에서 주어로 동일하게 제시되었으나 ③의 주어는 행동주인 반면 ④의 주어는 행위가 미치는 대상이기 때문에 두 문장의 의미는 다르다. 문장 ⑤는 통사구조는 올바르지만 의미론적으로는 비문이다. '꽃'은 무는 행위를 할 수 없기 때문에 주어와 서술어가 선택제한을 어긴 표현이다. 문장의 의미는 단어의 합일 수도, 그 이상일 수도 있다. 문장은 단순한 단어의 결합이 아닌 독립적인 의미단위로 이해될 필요가 있다.

5.1. 동의성

(1) 동의문

서로 다른 형태의 언어 표현이 동일한 중심의미로 해석되는 언어적 현상을 동의성(synonymy)이라 하고 동의 관계에 있는 문장을 동의문이라 한다.

> ① 경찰이 도둑을 잡았다.
> ② = 도둑이 경찰한테 잡혔다.
> ③ 선생님은 <u>무남독녀인 자녀</u>를 시집보냈다.
> ④ = 선생님은 <u>하나뿐인 자식인 딸</u>을 시집보냈다.

위 예문은 표현 형식은 다르지만 중심의미가 같은 동의 관계를 보여준다. 이처럼 동의문은 상호함의(mutual entailment)의 관계를 맺는다. 문장 ①

이 참이면 문장 ②도 참이고 문장 ②가 참이면 문장 ①이 참이 된다. ③
은 ④로 쉽게 풀어서 쓸 수 있다. 같은 내용을 다른 말로 풀어쓰는 환언
(paraphrase)에 의한 언어 표현은 대부분 동의관계에 있다.

(2) 동의문의 유형

동의문은 어휘적 동의문과 통사적 동의문으로 대별할 수 있다. 어휘적
동의문은 동일한 전달 내용에 대해 화자가 선택하는 어휘가 다름으로 해
서 동의성이 발생한다. 동의어를 사용한 동의문, 단어의 의미를 풀어쓴
동의문, 반의어를 부정하여 생성한 동의문, 동일한 지시 대상에 대한 화
자의 관점이 투영된 다채로운 표현을 사용한 동의문은 어휘적 동의문에
해당한다.

① 민아는 왼쪽 <u>신장</u>을 수술하기로 했다.
　= 민아는 왼쪽 <u>콩팥</u>을 수술하기로 했다.
② 그는 무슨 일에든 <u>소심하다.</u>
　= 그는 무슨 일에든 <u>대담하지 못하고 조심성이 지나치게 많다.</u>
③ 우리 체육 선생님은 여자이다.
　= 우리 체육 선생님은 남자가 아니다.
④ 민아가 다혜에게 꽃을 주었다.
　= 다혜는 민아에게서 꽃을 받았다.
⑤ 나는 운전면허시험에 떨어졌다.
　= 나는 운전면허시험에 낙방했다.
　= 나는 운전면허시험에 붙지 못했다.
　= 나는 운전면허시험에서 미역국을 먹었다.

위의 모든 사례는 화자의 개성과 표현 방식에 따라 전달하고자 하는
내용에 해당하는 어휘를 다르게 선택하면서 동의성이 발생한 경우이다.

이와 달리 통사적 동의문은 화자가 전달하고자 하는 의미는 그대로 보존된 채 문장의 통사구조만 바꾸는 것이다. 능동과 피동의 대응문, 피동문, 사동문, 부정문의 장단형 구조에 의한 대응문, 내포문의 성분이 모문으로 이동하면서 문장 구조가 달라진 문장들, 생략이나 어순 변화로 인한 동의문들이 이에 해당한다.

> ① 엄마가 아기를 안았다.
>   = 아기가 엄마에게 안겼다.
> ② 신문기자는 진실을 밝혔다.
>   = 진실이 신문기자에 의해 밝혀졌다.
> ③ 엄마가 동생에게 약을 먹이셨다.
>   = 엄마가 동생에게 약을 먹게 하셨다.
> ④ 민아는 오늘 학교에 안 간다.
>   = 민아는 오늘 학교에 가지 않는다.
> ⑤ 민아는 다혜가 미인이라고 생각한다.
>   = 민아는 다혜를 미인이라고 생각한다.
> ⑥ 민아는 빵을 먹고, 다혜는 밥을 먹고, 지환이는 라면을 먹었다.
>   = 민아는 빵을 , 다혜는 밥을, 지환이는 라면을 먹었다.
> ⑦ 바람이 불어서 꽃이 모두 떨어졌다.
>   = 꽃이, 바람이 불어서, 모두 떨어졌다.
>   = 꽃이 모두, 바람이 불어서, 떨어졌다.

①은 능동사 '안다'와 피동사 '안기다'가 이룬 능동문과 피동문이 동의문을 만든 사례이고 ②, ③, ④는 각각 피동문, 사동문, 부정문의 장단형 구조에 의한 동의문이다. ⑤는 첫 번째 문장에서 '다혜가'는 내포문의 주어이지만 두 번째 문장에서 '다혜를'은 모문의 목적어로 나타나 내포문의 성분이 모문으로 이동하면서 문장 구조가 달라진 문장들이 이룬 동의

문이다. ⑥은 완전문과 문장 속의 어떤 요소가 생략된 생략문이 동의관계에 놓인 사례로 접속문에서 동일한 성분을 생략할 때 주로 발생한다. ⑦은 한국어가 비교적 문장성분의 자리 옮김이 자유롭기 때문에 쉽게 볼 수 있는 동의문 유형이다.

5.2. 중의성

(1) 중의문

중의성(ambiguity)은 한 가지 형식의 문장이 두 가지 이상의 의미를 가진 문장을 뜻한다.

(2) 중의성의 유형

중의성의 유형은 크게 언어내적 요인에 의한 것과 언어외적 요인에 의한 것으로 대별된다. 언어내적 요인에 의한 것으로는 어휘적 중의성, 구조적 중의성, 영향권 중의성이 있다. 언어외적 요인에 의한 중의성은 발화 장면에 의해서 해석을 달리하는 발화의 화용적 특성에 의해서 생성되는 중의성이어서 화용적 중의성이라고도 한다. 가령 엄마가 시험을 앞둔 큰 아이에게 "동생은 시간이 늦었는데 아직도 공부한다."라고 말한다면 이는 동생이 공부한다는 단순한 사실을 전달하는 것일 수도 있고 동생이 늦게까지 공부하는데 시험을 앞둔 큰 아이가 공부를 안 하고 있으니 어서 공부를 하라는 의미로도 해석할 수 있다. 여기서는 언어내적 요인에 의한 중의성을 살펴보기로 한다.

어휘적 중의성은 문장 속에 사용된 어휘의 특성에 의해 나타나는 중의성이다. 다의어와 동음어로 인한 중의성, 동작과 상태의 두 가지 의미로 해석되는 동사에 의한 중의성이 있다. 그리고 언어 표현이 관용적 의미를 지니거나 은유적 의미를 지닐 때에도 중의성이 발생한다.

　① 길이 있다.
　② 민아는 배를 그렸다.
　③ 민아는 청바지를 입고 있다.
　④ 그들은 입을 맞추었다.
　⑤ 저기 햇병아리들이 온다.

　예문 ①의 '길'은 다의어로서 '도로, 방책, 지혜, 도리, 수단'과 같은 다양한 의미를 지니고 있다. 마찬가지로 ②의 동음어 '배' 역시 신체부위, 탈것, 과일의 의미가 있다. 다의어와 동음어는 의미가 다양하기 때문에 중의성이 발생한다. ③의 '입다'는 동작과 동작의 결과로서 남아 있는 상태의 두 가지 의미를 지닌 접촉성 동사이다. '쓰다, 벗다, 신다, 매다, 감다, 달다, 열다, 닫다'와 같은 동사들은 상태와 진행의 두 가지 의미를 지닌다. ④의 '입을 맞추다'는 입맞춤이라는 의미로도 해석되지만 관용적 의미로 '서로의 말이 일치하도록 하다'는 의미로 해석될 수도 있다. ⑤는 직설적 의미와 은유적 의미에 의해 생긴 중의성인데 동물 햇병아리를 뜻할 수도 있고 갓 입학한 어린 학생이나 사회 초년생을 가리킬 수도 있다.

　구조적 중의성은 문장을 이루고 있는 성분들 사이의 통사적 관계에 의해서 나타나는 중의성을 뜻한다. 수식관계나, 서술어와 호응하는 주어나 목적어의 범위에 의해 중의성이 발생하기도 하고 관계 관형사절에서 중의성이 발생하기도 한다.

　⑥ 키가 큰 민아의 동생은 바이올린을 연주한다.
　⑦ 엄마는 나보다 영화를 더 좋아한다.
　⑧ 다혜가 보고 싶은 친구들이 많다.

⑥은 '키가 큰'이 민아를 수식하는 것인지 민아의 동생을 수식하는 것인지에 따라 의미가 달리 해석되는 수식 관계에 의해서 일어나는 중의성이다. ⑦은는 비교의 주체와 대상에 따라 중의성이 발생하는 사례이다. 엄마가 나와 영화 중에 영화를 더 좋아한다는 의미일 수도 있고 내가 영화를 좋아하는 것보다 엄마가 훨씬 더 영화를 좋아하는 정도가 크다는 의미일 수도 있다. ⑧은 관계 관형절을 [다혜가 보고 싶은]으로 볼 것인지 [(친구들이) 보고 싶은]으로 볼 것인지에 따라 의미가 달라지는 경우이다. 첫 번째 경우는 보고 싶어 하는 사람이 다혜라는 것이다. 이를 '다혜가 보고 싶어 하는 친구들이 많다.'로 다시 쓸 수 있다. 두 번째 경우는 보고 싶어 하는 사람이 친구들일 때이다. '다혜를 보고 싶어 하는 친구들이 많다'는 의미로 해석할 수 있다.

끝으로 영향권 중의성은 어떤 단어가 의미 해석에 영향을 미치는 작용역(scope)이 달라짐으로써 생기는 중의성이다. 영향권 중의성은 주로 양화 표현과 부정 표현에 의해 발생한다.

⑨ 모든 아이들이 사과 한 개를 먹었다.
⑩ 민아는 학교에 가지 않았다.
⑪ 모든 아이들이 학교에 가지 않는다.

⑨는 양화사(quantifier)에 의한 중의성으로 모든 아이들이 사과 하나를 나누어 먹었다는 의미로 해석되는가 하면 아이들 각자가 사과 하나씩 먹었다는 의미로 해석될 수 있다. ⑩은 부정사(negative)에 의해 중의성이 발생한 사례로 민아가 아닌 다른 누군가가 학교에 갔다는 의미나 민아가 학교가 아닌 다른 곳 이를테면 교회에 갔다는 뜻으로 해석될 수 있다. ⑪은 양화사와 부정사가 모두 사용되어 중의성이 발생한 경우이다. 아무도

학교에 가지 않는다는 의미와 일부 아이들만 학교에 간다는 의미를 담고 있다.

(3) 중의성의 해소

지금까지 언어내적 요인에 의한 중의성을 살펴보았다. 일상생활에서 이러한 중의성이 발생할 가능성은 매우 높지만 사람들은 별 어려움 없이 의사소통을 잘 해내고 있다. 여기서는 중의성을 해소하는 방법에 대해 살펴보기로 한다.

우선 중의성은 해당 어휘가 공기하는 서술어의 선택제약에 의해 해소되는 일이 많다. '배를 많이 먹어서 배가 아프다. 그래서 배를 탈 수가 없었다'와 같이 '먹다, 타다, 아프다'와 같은 서술어와 공기되는지를 살펴보는 것이다. 중의성은 대체로 문맥에 의해 해소되는 일이 많다. 어휘가 사용되는 문맥을 의미를 보다 명확하게 해주기 때문이다. '가령 철수는 배를 그렸는데 너무 작게 그려서 갈매기보다 작았다.'의 경우 철수가 그린 그림은 바다에 배가 떠다니고 갈매기가 나는 그림일 것이라고 추정하게 된다. 이러한 문맥의 의미를 해석하는 데에는 언어적 지식뿐만 아니라 세상지식이 관여한다.

연접, 억양이나 강세에 의해서도 중의성은 해소된다. 가령 '키가 큰 민아의 동생'은 '키가 큰 민아의 (+) 동생'으로 떼어 발음하면 민아가 키가 큰 것이 되고 '키가 큰(+) 민아의 동생'으로 떼어 발음하면 민아의 동생이 키가 큰 것이 된다. 그리고 보조사 '-는'에 의해서도 중의성이 해소된다. '민아는 학교에는 가지 않았다.'는 보조사 –는에 의해 초점이 주어짐으로써 '학교에'가 부각되어 민아가 학교가 아닌 다른 곳에 갔다는 의미를 전달하게 된다.

■ 의사소통에 관여하는 언어 외적 요소는 무엇인가?

■ 한국어의 직시 표현에는 어떠한 것들이 있나?

■ 한국어에서 함축적 의미는 어떻게 표현되나?

1. 화용론

1.1. 화용론의 연구 범위

의사소통이 효과적으로 이루어지려면 말소리, 단어, 문장 등의 언어적 단위와 더불어 언어적 표현이 쓰인 상황과 장면까지도 고려해야 한다. 화용론(pragmatics)은 말의 쓰임을 연구하는 언어학의 한 분야이다. 화용론은 언어형식과 발화 장면과의 관계 속에서 발화 사용의 원리와 의미를 밝혀낸다.

화용론은 화자와 청자의 관계 속에서 의미를 기술하고 다루는 의미의 범위도 의미론에서 파악되지 않는 의미의 모든 측면을 다룬다. 특정 담화 상황에서 의미를 도출해 내기, 화자가 지시하는 것 알아내기, 신정보를 구정보에 연결하기, 발화된 것의 의미를 화자의 담화 배경에 대한 지식에서 찾기, 화자가 말하지 않은 부분을 유추해 내기 등 언어가 실제로 수행되는 상황에서 언어 사용자가 언어를 사용하는 방식을 설명한다. 요컨대 화용론은 언어형식과 맥락과의 관계 속에서 발화 사용의 원리와 의미를 연구하는 언어학의 한 분야이다.

화용론은 화자가 전달하고자 의도한 의미를 발화 맥락 속에서 구체적으로 다룬다. 화자가 어떤 시간, 장소, 환경에서 발화를 구사했는지에 따라 구체적인 의미가 다르다. 언어 사용자와 발화 맥락, 발화를 생산하고 전달하고 해석하는 데에 관여하는 사회 문화적 요인은 화용론에서 주요한 연구 분야가 된다. 맥락(context)은 어떤 발화를 둘러싼 그 발화의 산출 및 이해와 관련이 있는 것들의 총체로 언어적 맥락, 사회적 맥락, 사회 문화적 맥락으로 대별해 볼 수 있다. 언어적 맥락은 어떤 언어 표현의 앞이나 뒤에 오는 표현과 때로는 그 표현을 포함하는 더 넓은 범위의 담화 구조를 말한다. 언어적 맥락은 지시어가 가리키는 대상을 확인하거나 문장의 연결 관계 살펴 의미의 흐름을 찾기 위해 이용된다. 사회적 맥락은 사교적 맥락이라고도 불리는데 하나의 문장이나 담화를 개인적 차원이 아닌 상호적 차원에서 해석하기 위해 필요하다. 동일한 문장이나 담화가 어떤 사회적 집단에서 발화되었는가는 의미 해석에 있어 차이를 가져올 수 있다. 사회 문화적 맥락은 사회적 공론이나 제도 및 문화를 발화 해석을 위한 거시적 틀로 삼는 것이다.

화용론은 발화가 행해질 때 발화의 이면에 숨어있는 말하지 않은 것이 의사소통의 한 부분으로서 어떻게 인식되는지를 연구하며 화자가 표현하고자 하는 대상을 물리적 혹은 심리적으로 어느 정도 거리를 두고 표현하는지에 대해서도 다룬다. 이 외에도 화용론에서는 직시 표현, 발화 행위, 전제, 함축, 대화 협력 및 예의의 원리, 담화 분석과 대화의 책략 등을 연구한다.

1.2. 발화와 담화

발화(發話)는 한 덩어리의 이야기를 구성하는 단위로서 '문장'과 대개 일치한다. 이야기는 발화들이 연결되어 이루어진다. 발화는 화자, 청자,

그리고 장면에 따라 구체적인 의미가 결정된다. 그리고 이러한 발화들이 모여서 이루어진 통일체를 담화(discourse)라고 한다. 담화는 화자와 청자를 중심으로 문장이 실현되는 구체적인 맥락의 단위로서 실질적 의미나 기능을 파악하는 데 필요한 단위다. 즉, 사물을 말이나 글로 나타내는 행위가 둘 이상의 연속된 문장으로 이어졌을 때, 이 연속체를 담화라 하고, 담화의 구조분석을 담화분석(談話分析, discourse analysis)이라 한다[30].

언어는 정보전달의 기능 외에도 발화를 통해서 수행되는 여러 행위를 할 수 있다. 발화는 명령, 요청, 질문, 제안, 약속, 경고, 축하, 위로, 협박, 선언, 칭찬, 비난 등 다양한 기능을 지닌다. 이러한 발화의 실제적인 기능은 담화의 장면에 의해 결정되는 일이 많다. 발화는 상대방이나 자신을 움직이는 특별한 기능을 지니며, 발화의 기능은 직접적으로 표현되기도 하지만, 간접적으로 표현되어 발화 장면에 따라 해석되기도 한다.

1.3. 담화의 구성 요소

담화가 성립되기 위해서는 말하는 이(발신자, 화자)와 듣는 이(수신자, 청자)가 있어야 한다. 화자와 청자를 중심으로 이루어지는 이야기에는 화자와 청자 이외에 화자와 청자 간의 주고받는 내용이 있어야 하며, 이들이 존재하기 위한 시간적, 공간적인 조건이 필요하다. 이를 담화의 장면이라고 한다. 이야기 장면의 상황은 다양한 현실 세계를 장면으로 하여 성립

---

30) 언어의 분석에는 크게 담화분석(discourse analysis)과 텍스트분석(text analysis)으로 나눌 수 있으며, 담화분석은 청자와 화자 간의 주고받는 상호 의사소통 체계의 언어구조를 분석하는 것이다. 따라서 단순한 회화뿐만 아니라 스피치, 강의 등을 수반하는 상호 의사소통 체계인 음성언어(Spoken language) 구조에 대한 분석을 의미한다. 반면에 텍스트 분석은 문자언어(written language)에 적용된다. 이에 전자를 담화에 연결시켜 Spoken discourse 라 하고, 후자를 텍스트에 접맥시켜 Written text라 한다(박덕유, 2017:281)

된다. 우선, 말하기의 경우에 화자와 청자가 한 공간에서 마주보며 이야기하는 상황, 화자는 존재하지만 청자는 존재하지 않는 독백의 상황, 화자와 청자가 모두 참여하면서도 전화 통화의 경우처럼 동일 공간에 존재하지 않는 상황이 필요하다. 그리고 글의 경우에는 글쓴이는 결정되어 있지만, 독자는 누구라고 결정되지 않은 경우의 상황, 글쓴이와 독자가 위치하는 공간이 서로 다른 상황이 있다.

담화는 여러 개의 발화들이 연결되어 이루어지지만, 발화가 이어졌다고 하여 담화가 되는 것은 아니다. 발화의 연속체가 담화로 되려면 일정한 구조를 가지고 있어야 한다. 우선 내용면에서 하나의 주제로 통일되어야 한다. 제대로 짜인 이야기가 되기 위해서는 일관된 주제 아래 발화들이 유기적으로 통일되어야 한다. 예를 들어 주제가 '한국어 교육의 필요성'이라면 글을 구성하는 발화들은 통일된 주제를 향하여 결집되어 있어야 하고, 각각의 발화에 담겨 있는 내용들이 모두 이 주제를 보충하여 주는 역할을 해야 한다.

또한 담화를 구성하는 발화들은 형식면에서 발화의 내용들을 연결시킬 수 있는 언어형식을 갖추어야 한다. 발화내용의 연결형식으로 '그것은, 이는'과 같은 연결사, '이, 그'와 같은 지시어, '그래서, 그리고' 등의 접속부사를 적절하게 사용하여 자연스럽게 발화들을 연결시킬 뿐만 아니라, 발화 내용 사이의 관계를 형성하는 데도 이들을 적절히 사용해야 된다.

2. 대화 함축

2.1. 함축의 개념

함축은 발화 속에 담고 있는 또 다른 의미로 화자가 발화 문장의 명시적인 의미 이상의 다른 의미를 발화 속에 넣어서 말하기도 하는데 이때 직접적으로 전달된 것 이상으로 추가된 의미를 뜻한다. 말하고자 하는 바를 화자가 문장으로 실제 발화한 것은 아니지만 그 발화 속에 암시되어 있는 명제라고 할 수 있다. 함축 의미는 대화 속의 화자와 청자가 서로 협력한다는 가정과 추론 속에서 얻어진다.

그라이스(Grice, 1975)에 따르면 발화를 통하여 말해진 것과 함축된 것이 전달된다고 한다. 말해진 것은 문장 그대로의 의미로 발화된 문장이 논리적으로 참인지 거짓인지를 판별할 수 있는 내용이지만 함축된 것은 화자가 간접적으로 돌려서 전하는 내용으로 전달하는 것에서 말해진 것을 제외한 부분이다.

2.2. 협력 원리와 대화 격률

대화에 임하는 화자와 청자는 의사소통을 성공적으로 이끌기 위해 일정한 규칙을 따르며 서로 협력한다. 그라이스는 대화 참여자들이 의사소통을 위해 상호 협력하기 위한 지침을 제시한 바 있는데 이를 협력의 원리(cooperative principle)이라 한다. 대화의 협력 원리는 다음과 같은 네 가지 격률로 구성된다.

<그라이스(Grice, 1975)의 협력 원리>

1. 일반 원리: 대화가 진행되는 각 단계에서 대화의 목적이나 방향에 의해 요구되는 만큼 대화에 이바지하게 하라
2. 대화 격률
   1) 양의 격률
      ① 대화의 목적에서 현재 필요한 만큼의 정보를 제공하라.
      ② 필요 이상의 정보를 제공하지 말라.
   2) 질의 격률
      ① 거짓이라고 믿는 것은 말하지 말라.
      ② 적절한 증거가 없는 것은 말하지 말라.
   3) 관계의 격률: 관련성이 있게 하라.
   4) 태도의 격률: 명료하고 정확하게 하라.
      ① 불명료한 표현을 피하라.
      ② 중의성을 피하라.
      ③ 간결하게 하라.
      ④ 순서에 맞게 하라.

이 협력원리는 대화 참여자가 대화를 성공적으로 이끌기 위해 수행할 행동을 기술한 것이다. 화자는 협력원리에 충실하게 정보를 제공하고 청자는 협력원리에 의해 화자가 의도한 함축적 의미를 추론해 낸다. 그러나 때로는 대화 참여자가 의도적으로 격률을 위배하여 의도한 바를 간접적으로 전달하기도 한다.

(1) 양의 격률

양의 격률은 대화의 목적에 필요한 만큼의 정보를 제공하는 것과 관련이 있다.

① A: 이번 방학에 뭐 해?
   B: 부산에 놀러 가.

② A: 민아는 오늘 소개팅에서 어떤 사람을 만났을까?

B: 소개팅을 주선한 사람이 데려온 사람이겠지.

[⇒ 민아가 만난 사람이 어떤 사람인지 나도 모른다./

⇒ 민아가 누구를 만나든 난 별로 관심이 없다.]

①은 양의 격률이 지켜진 경우이고 ②는 양의 격률이 위배된 것이다. ①은 A가 방학에 무엇을 할지 묻는 질문에 B는 시시콜콜하게 할 일을 전부 나열하여 필요 이상의 정보를 주지 않고 B에게 있어 방학 동안 특별하거나 의미 있다고 생각되는 일에 대하여만 언급함으로써 대화 목적에 부합한 정보를 전달한 사례이다. 반면 ②는 A의 질문에 B가 충분한 정보를 전달하지 않음으로 함축이 발생한다.

화자가 대화 격률을 준수하는 정도에 관하여 언급하는 한정적 표현을 격률 울타리라고 한다. 양의 격률에 관련된 울타리 표현은 '더 이상의 설명이 필요 없이, 알고 있는지 모르지만, 거두절미하고' 등이 있다.

(2) 질의 격률

질의 격률은 거짓을 말하지 말고 적절한 증거가 없는 것은 말하지 말라는 것이다.

① A: 벽에 누가 낙서했니?

B: 잘못 보았는지 모르겠지만 현수가 뭔가 쓰던데.

[⇒ 화자는 현수가 낙서하는 것을 보았다고 믿고 있다]

② A: 먹고 싶은 것을 먹을 때에는 살이 찌지 않아.

B: 맞아. 맛있는 것을 먹으면 더 살이 찌지 않지.

[⇒ 화자는 먹고 싶은 것을 먹을 때 살이 찌지 않을 리가 없다고 믿고 있다.]

③ 내 마음은 호수요. 그대 노 저어 오오.

①은 질의 격률을 준수한 것으로 화자가 본 것을 증거로 제시할 수 있다는 것을 함축한다. 그러면서 동시에 화자가 잘못 보았을 수도 있기에 화자가 전달한 함축을 취소할 가능성도 있음을 뜻한다. 질의 격률에 사용되는 울타리 표현으로는 '사실대로 말씀드리면, 사실인지 확실치 않습니다마는' 등이 있다.

반면 ②는 질의 격률을 위배한 것으로 A가 잘못된 사실을 말하자 B는 이를 직접 반박하지 않고 의도적으로 거짓을 말하여 A의 진술이 잘못되었음을 알린다. 은유나 반어법도 질의 격률을 의도적으로 위반하여 수사적 효과를 달성한 사례에 해당한다.

(3) 관계의 격률

관계의 격률은 관련성이 있는 것을 말하라는 것이다.

① A: 민아가 집에 갔니?
  B: 오늘은 화요일이야.
    [⇒ 민아는 화요일에 오케스트라 연습을 하느라 집에 안 갔다.]
② A: 이번 면접은 어떻게 되었어?
  B: 너 밥 안 먹었으면 같이 밥이나 먹자.
    [⇒ 면접에 대해서 말하고 싶지 않다. 면접을 잘 치르지 못했다.]

①은 A의 질문에 B가 엉뚱한 대답을 한 것처럼 보이지만, 관계의 격률을 준수한 것으로 화요일이면 오케스트라 연습이 있어서 민아가 늦도록 집에 갈 수 없음을 알고 있을 때 사용한 표현이다. ②는 관계의 격률을 위반한 것으로 화자가 면접과 관련해서 말하고 싶지 않음을 뜻하며 면접에 성공하지 못했음을 함축하게 된다.

(4) 태도의 격률

태도의 격률은 명료하고 정확하게 말하라는 것으로 말하는 방식과 연관이 있다. 중의성을 피하고 명료하게 말하되 순서에 맞게 간결하게 말할 것을 원리로 제시한다.

　　① A: 오늘 뭐 했어?
　　　B: 보고서 쓰고 콘서트에 갔었지.
　　　[⇒ 화자는 콘서트에 가기 전에 보고서를 썼다.]
　　② A: 선생님, 우리 아이가 작가가 될 글쓰기 재능이 있나요?
　　　B: 네. 뭐, 지금은 아직 나이가 어려서 삶의 경험이 많지 않으니까요.
　　　많은 책을 읽으면서 생각하는 힘도 기르고 또 열심히 살면서 노력해봐야겠지요. 요즘은 사람들이 평생직장 개념보다는 여러 가지 일을 직업으로 갖는 거 같아요. 좋아하는 일이 직업이 될 수도 있지만 다른 일을 하면서 좋아하는 일을 할 수도 있잖아요.
　　　[⇒ 아이에게 작가로서의 재능이 부족하거나 없는 것 같다]

①은 순서에 맞게 말하라는 태도의 격률을 준수한 것이다. B의 말을 들으면서 A는 B가 보고서를 다 쓰고 콘서트에 갔다고 추론한다. ②는 명료하고 정확하게 말하라는 태도의 격률을 위배한 사례이다. 아이의 장래 진로를 문의하는 질문에 선생님은 재능이 있다고 명확하게 말하는 대신에 길고 장황하게 우회적으로 아이에게 그다지 글쓰기 재능이 없음을 전달하고 있다.

2.3. 함축의 유형

그라이스(Grice, 1975)는 함축의 유형을 대화함축과 고정함축으로 나누었다. 대화함축은 대화 격률과 같은 화용론적 원리에 의해서 추론되는 함축으로 화자의 가정과 청자의 추론에 의해서 파악된다. 대화함축은 특별한 맥락이나 배경지식이 필요 없이 추론되는 일반대화함축과 특별한 맥락이나 배경지식이 필요한 특정대화함축으로 나뉜다. 고정함축은 특정 어휘의 자질에 의해서 일어나는 함축으로 협력원리나 대화 격률이 고려되지 않는다.

    ① A: 보고서 쓰고 발표 준비 다 했어?
       B: 보고서는 썼어.
         [⇒ 화자는 발표 준비를 다 하지 못했다.]
    ② A: 다음 달에 배드민턴 대회에 같이 나갈래?
       B: 이번 달은 야간 근무가 많아. 게다가 무릎이 안 좋네.
         [⇒ 화자는 배드민턴 대회에 나갈 수 없다.]
    ③ A: 그 일은 내가 해도 할 수 없다.
         [⇒ 화자는 능력자이다.]
       B: 그 일은 내가 해도 할 수 있다.
         [⇒ 화자는 무능력자이다.]

①은 어떠한 맥락에서도 동일한 함축을 유발하는 일반대화함축의 예이다. A는 별도의 배경지식이나 발화 맥락 없이 B의 말만으로 B가 발표 준비를 하지 못했음을 추론할 수 있다.

반면 ②는 청자가 특별한 맥락이나 배경지식이 있어야만 발화된 내용의 의미를 추론할 수 있는 사례이다. A의 제안에 대한 B의 대답은 표면적으로는 관련성이 없어 보인다. 따라서 A는 대화 내용의 관련성을 찾기 위해 맥락과 배경지식을 활용하게 된다. 배드민턴 대회에 나가기 위해서는 퇴근 후 함께 연습을 해야 하는데 B가 야간 근무를 해야 하니 연습할 시간이 없다는 것을 추론하게 된다. 또 B가 무릎이 안 좋기 때문에 뛰는 것이 몸에 무리가 될 수 있어 배드민턴을 치기 어렵다는 것도 추론할 수 있다. 이처럼 청자가 맥락이나 배경지식을 활용하여 발화 내용의 의미를 추론하는 것을 특정대화함축이라 한다.

①과 ②와 달리 ③은 협력원리나 대화격률과 상관없이 특정 단어에 의해 함축이 발생하는 고정함축의 사례이다. ③에 사용된 양보나 가정의 뜻을 담고 있는 연결어미 '-어도'는 최후의 지점을 의미하는 극성(polarity)을 함축한다. 따라서 A의 발화는 A가 능력자여서 대부분의 일은 다 할 수 있는데 그 일은 할 수 없을 정도로 어렵다는 의미를 함축한다. 그러나 B의 발화는 그 일은 잘 하는 일이 거의 없는 무능력자 B도 할 수 있는 쉬운 일임을 함축한다.

3. 화행

3.1. 화행 이론

오스틴(Austin, 1962)은 발화를 일종의 행위로 규정하고 이를 체계화한 화행이론(speech act theory)을 제창하였다. 문장이 단순한 발화에 그치지 않고 각각 하나의 행위를 실천한다고 본다. '내일 밥 살게.'라고 말할 때 이것은 단순한 발화가 아니라 '약속'이라는 실제적인 수행력을 갖는 행동을 이끌어낸다.

화행(speech act)이란 언어를 사용하여 수반되는 발화 행위로서 발화 의도를 내포한다. 즉 화자의 발화와 함께 취해지는 행위를 화행이라 한다. 화행은 생성된 발화의 언어 형식이 지닌 표면적 의미와 더불어 화자가 말하고자 하는 발화 의도를 함께 다룬다. 또한 화자가 생성한 발화에만 관심을 두는 것이 아니라 청자가 발화를 듣고 수행하는 행위에도 관심을 기울인다.

3.2. 발화 행위의 유형

오스틴은 발화를 행위의 측면에서 발화 행위, 발화 수반 행위, 발화 효과 행위라는 세 가지 행위와 관련하여 설명한다. 발화 행위(locutionary act)는 언표적 행위라고도 하는데 의미를 가진 문장을 발화하는 행위를 뜻한다. 무언가를 말하는 행위라고 할 수 있다. 다음으로 발화 수반 행위(illocutionary act)는 언표적 행위와 함께 수행되는 행위를 말한다. 발화 수반 행위는 발화 행위로 발화된 문장이 지닌 의도나 기능에 대한 것이다. 끝으로 발화 효과 행위는 청자가 발화를 듣고 발화의 의도나 기능을 파악하여 어떤 행위를 표현하는 발화의 결과로 일어나는 행위라고 할 수 있다.

① "오늘 날이 좋다." - [화자가 언급한 말]
② "오늘 날이 좋다." - [같이 산책 가자는 제안]
③ "오늘 날이 좋다." - [모자와 마실 것을 챙겨오는 청자의 행위]

화자가 ①과 같이 발화한 것 자체는 발화 행위가 된다. 그런데 실제로 화자가 의도한 것이 ②에서처럼 날이 좋으면 산책가기로 했으니 우리 산책가자는 의미를 담는 것이라면 발화 의도는 제안이 된다. 이를 발화 수반 행위라고 한다. 화자의 의도를 파악한 청자가 ③과 같이 산책할 준비를 행하게 되면 이는 발화의 결과로 얻어진 행위가 된다. ③의 행위 자체를 발화 효과 행위라고 한다. 오스틴은 발화 행위, 발화 수반 행위, 발화 효과 행위 중에서 발화가 실제로 어떤 행위를 수행하는 점을 가장 잘 나타내는 것은 발화 수반 행위로 본다.

화행 이론에서는 진술 발화와 수행 발화를 구분한다. 진술 발화는 참과 거짓을 판정할 수 있으며 현실 세계를 알리거나 보고하는 데 사용되는 발화이고 수행동사가 쓰임으로써 언표내적 행위의 특성을 갖는 발화는 수행 발화이다. 수행 동사는 수행적 행위를 명시적으로 나타내는 동사로 상위문에 나타난다.

④ 아이들이 교실에서 뛰어 놀고 있다.
⑤ 나는 어희들이 교실에서 정숙할 것을 명령한다.
⑥ 나는 너에게 선물을 사 줄 것을 약속한다.
⑦ 나는 너에게 선물을 사 주겠다.

④는 현실 세계와 발화의 대응 관계를 살펴 참과 거짓을 판정할 수 있는 진술 발화이고 나머지 ⑤, ⑥, ⑦은 명령과 약속 행위를 수반하는 수행 발화이다. ⑤와 ⑥은 수행동사 '명령하다'와 '약속하다'가 문장의 표면에 노출되어 있는 명시적 수행 발화이고 ⑦은 수행동사 없이 수행적 행위를 나타내는 비명시적 수행 발화이다. 오스틴은 그의 연구 초기에 진술 발화와 수행 발화를 구별하였으나 이후에 진술 역시 발화 행위의 한 유형으로 보았다. 진술 발화 ④를 '나는 너에게 아이들이 교실에서 뛰어 놀고 있다고 말한다'와 같이 진술의 수행동사 '말하다'를 상정하여 수행 발화로 보는 것이다.

오스틴은 수행동사를 다음과 같은 다섯 가지로 분류하였다. 어떤 사실에 대해 판단하는 판정형 수행동사(평가하다, 측정하다 등), 행동이나 주장에 대해 자신의 결정을 내리는 행사형 수행동사(주장하다, 경고하다, 제안하다, 추천하다, 권고하다 등), 어떤 것에 대한 행위를 보증하는 약속형 수행동사(약속하다, 보장하다 등), 자신의 반응이나 태도를 표현하는 행위형 수행동사(감사하다, 축하하다, 사과하다 등), 발화를 어떤 방식으로 제시하는지에 관한 설명형 수행동사(설명하다, 언급하다, 기술하다, 묘사하다 등)가 이에 해당한다.

그리고 오스틴의 제자 설(Searle, 1977)은 발화의 목적에 따라 발화 수반 행위를 진술, 지시, 약속, 표현, 선언의 다섯 가지로 분류하였다. 진술은 화자가 사실이라고 믿는 것에 대해 말하는 행위로 참 또는 거짓의 진리치를 갖는 단언이다. 화자가 믿고 있는 세계를 묘사하거나 기술하여 청자에게 정보를 제공한다. 가령 '톰은 한국어를 배운다' 혹은 '톰은 머리가 좋은 학생이다'와 같은 발화는 참과 거짓을 판별할 수 있는 발화인데 실제 세계에 발화가 들어맞으면 참이 된다. 화자는 톰이 한국어를 배우고 있으며 머리가 좋다고 믿고 있으며 이를 근거로 진술 행위를 수행한 것이다.

지시 행위는 화자가 청자에게 무언가를 하도록 시키는 행위이다. 명령이나 요청, 제안, 질문, 충고 등의 화자의 지시 내용을 청자가 수행할 것을 원하는 화자의 바람이 담긴 발화 수반 행위이다. 지시 행위의 목적은 청자가 변화된 어떤 상황을 이루는 것이라 할 수 있다. 예를 들어 '방을 깨끗이 청소해라'는 화자가 청자로 하여금 방을 깨끗이 청소할 것을 바라기 때문에 생성된 발화이다. 그리고 청자는 화자의 발화에 맞추어 자신의 세상을 바꾸게 된다.

약속 행위는 화자 스스로 미래에 행할 의무를 지는 것으로 화자 자신이 행할 미래의 상황을 의도하는 발화 수반 행위이다. 약속, 위협, 경고, 거절, 맹세 등은 화자가 자신의 발화를 통해 앞으로 행할 일에 자신을 구속하는 행위이다. '다음에 밥 살게'는 화자가 미래에 밥을 사는 의무를 제시하는 것이고 화자는 자신의 발화에 맞추어 세상에 변화를 가져온다.

표현 행위는 발화 내용에 담겨 있는 사건에 대해 화자가 감정적으로 느낀 것을 진술하는 것이다. 화자가 느끼는 기쁨, 슬픔, 고통, 즐거움 등의 심리적 태도를 표현한다. 감사하기, 사과하기, 환영하기, 인사하기 등과 관련된 발화들은 표현 행위를 수행한다. '항상 배려해 주셔서 감사합니다.'와 같은 표현 행위는 화자의 주관적인 감정을 나타낸다.

선언 행위는 발화를 통해 세상에 변화를 가져오는 행위로 선고, 포고, 임명, 명명, 판결 등의 발화에서 주로 이루어진다. 선언 행위는 이를 수행할 수 있는 제도적 역할을 맡은 사람에 의해서 이루어진다. '본 재판관은 피고에게 유죄를 선고합니다.', '이로써 두 사람의 성혼을 선포합니다.'와 같이 재판관이 재판정에서 판결을 내리거나 주례를 맡은 이가 결혼식에서 혼인성사를 발화하는 것은 선언 행위로 볼 수 있다. 선언 행위가 성공적으로 수행되면 발화 내용과 일치하는 변화가 일어난다. 화자의 선언 행위 내용에 맞게 청자의 지위나 조건에 변화가 일어난다.

설(Searl)은 발화가 상황에 맞게 적정하게 쓰였는가를 판별하기 위해서 필수적으로 지켜져야 할 조건으로 다음의 네 가지 적정조건을 제시한다. 발화에는 명제 내용이 명시되어야 한다는 명제내용조건, 발화가 수행되기 전에 요구되는 조건인 예비조건, 발화가 성실하게 수행되기 위해 갖추어야 할 성실조건, 행위가 객관적으로 어떠한 효과를 노리는 것으로 간주되는가를 따지는 본질조건이 이에 해당한다.

⑧ 약속 발화의 적정조건
　　ⓐ 명제 내용 조건: 발화된 문장의 명제내용(P)은 화자(S)의 미래 행위(A)를 서술하여야 한다.
　　ⓑ 예비 조건: 1. 청자(H)는 화자(S)의 행위(A)를 긍정적으로 생각한다.
　　　　　　　　 2. 화자(S)는 자신이 그 행위(A)를 할 수 있다고 생각한다.
　　ⓒ 성실 조건: 화자(S)는 행위(A)를 행하기를 진심으로 원한다.
　　ⓓ 본질 조건: 명제내용(P)을 발화함으로써 화자(S)는 그 행위(A)를 해야 하는 의무를 갖게 된다.

발화 '나는 당신과 결혼할 것을 약속한다.'의 명제 내용 조건은 화자가 미래에 청자와 결혼이라는 행위를 수행할 것을 서술한 것이다. 이 화행이 수행되기 위해 요구되는 전제가 예비 조건이다. 청자는 화자가 결혼을 약속하는 것에 대해 긍정적으로 생각하고 화자는 자신이 결혼을 할 능력이 있다고 생각하는 것은 예비 조건이 된다. 또한 화자가 청자와의 결혼을 진심으로 원하는 것은 성실 조건이며 청자에게 한 화자의 발화가 화자에게 이를 수행할 의무를 지니게 하는 것은 본질 조건이 된다.

3.3. 직접화행과 간접화행

언어를 사용하여 할 수 있는 행위의 종류는 보고, 진술, 경고, 약속, 명령, 지시, 선언, 표현, 주장, 경고, 감탄 등 다양하다. 이들 화행 중 일부가 문법 범주화된 것을 문장 유형이라 한다. 화행의 종류 즉 발화의 기능은 문장 유형이 표현하는 의사소통의 목적과 밀접한 연관이 있지만 화용론에서 다루는 화행의 종류와 통사론에서 다루는 문장 유형이 동일한 영역으로 대응되지는 않는다.

화행의 다양한 종류 중 일부인 진술, 질문, 명령, 청유, 감탄 행위만이 평서문, 의문문, 명령문, 청유문, 감탄문의 문장 유형으로 나타나기 때문에 나머지 화행의 종류는 문법 범주화된 문장 유형 중 하나로 나타날 수밖에 없다. 예를 들어 '금연하자'는 제안 화행은 '금연을 하는 게 좋겠어요(평서문), 금연을 하는 게 낫지 않을까요?(의문문), 금연합시다(청유문)와 같이 다양한 문장 유형으로 표현된다. 또한 문장의 유형이 평서문이라 할지라도 항상 진술로만 쓰이는 것이 아니며 약속, 명령, 경고, 요청 등으로 사용될 수 있다.

따라서 발화의 화행은 화행의 유형과 문장 유형의 관계를 기준으로 직접 화행과 간접 화행으로 나뉜다. 직접 화행은 문장의 유형과 그 문장의 발화 수반 행위가 일치하는 경우이다. 평서문이 진술 화행을, 의문문이 질문 화행을, 명령문이 명령 또는 요청 화행을 수행하게 되면 직접 화행이 된다. 그러나 문장의 유형과 문장의 발화 수반 행위가 일치하지 않는 경우는 간접 화행이라 한다. 즉 문장 유형의 본유의 발화 수반 행위가 아닌 다른 발화 행위를 표현하는 것은 간접 화행이다. 예를 들어 ①은 청자가 의문문의 본유의 화행인 질문으로 발화를 해석하고 경복궁의 위치를 안다고 대답한 것이다. ①의 의문문은 직접화행으로 해석되었다. 반면 ②는 청자가 동일한 의문문을 요청 화행으로 받아들여 경복궁의 위치를 알려주는 대답을 했다. 이는 동일한 의문문이 간접화행으로 받아들여진 것이다.

> ① A: "경복궁이 어디 있는지 알아요?"
> B: 네, 알아요.

> ② A: "경복궁이 어디 있는지 알아요?"
> B: 네, 저기 사거리 지나서 왼쪽으로 가세요.

이처럼 화자의 의도가 직접적 언어 표현으로 나타난 것을 직접화행이라 하고 상황이나 맥락의 도움을 받아 추론의 과정을 거쳐서 화자의 의도가 간접적으로 드러나는 것을 간접화행이라 한다. 일반적으로 간접화행은 직접화행보다 부드럽고 공손한 표현으로 받아들이는 경우가 많다.

4. 직시

4.1. 직시의 개념

직시(deixis)는 화자, 청자, 발화 시간, 발화 장소와 같은 발화의 맥락을 이루는 요소들을 말로써 직접 가리키는 문법적 현상이다. 직시 표현은 의사소통 과정에서 화자와 청자가 공유하는 맥락 속에서만 구체적인 의미를 알 수 있다.

① 다혜는 지환이랑 4월 5일에 제주도에 간다.
② 나는 너와 내일 제주도에 간다.
③ 너, 너, 너만 남고 모두 집에 가도록.

예문 ②는 문법적으로 올바른 문장이지만, 단지 문장만 가지고는 예문 ①과 같이 화자와 청자 그리고 시간에 대한 구체적인 정보를 알 수가 없다. ②에 제시된 '나', '너', '내일'의 구체적 지시 대상은 발화 맥락에 따라 가변적이기 때문이다.

또 예문 ②의 '너'는 청자를 의미하기 때문에 몸동작 없이 맥락 속의 지시 대상을 파악할 수 있는 직시 표현이다. 몸동작이 필요 없이 직시 표현을 해석할 수 있는 것은 청자가 발화 장소와 시간, 대화 참여자의 위치와 사회적 신분 등 맥락에 의존하는 정보에 대한 지식을 가지고 있어서이다. 그러나 ③의 '너'는 화자가 손가락으로 가리키는 동작 없이는 구체적으로 누구를 가리키는지 알 길이 없다. 이처럼 직시 표현 중에는 반드시 몸동작이 수반되어야 하는 것도 있다.

지시어는 언어와 상황의 관계가 반영되는 가장 뚜렷한 예이다. 한국어 지시어 '이, 그, 저'에는 화자와 청자로부터의 거리에 따라 사물, 장소, 동작, 상태 등을 지시하는 다양한 표현법이 존재한다.

④ '이·그·저'의 직시 체계
　이: 이것, 이이, 이곳, 여기, 이번, 이때, 이렇다, 이러다
　그: 그것, 그이, 그곳, 거기, *그번, 그때, 그렇다, 그러다
　저: 저것, 저이, 저곳,　저기, 저번, 저때, 저렇다, 저러다
⑤ 너, 이것을 저번에 그곳에 두었다고 하지 않았니?

지시어 '이'는 화자 가까이에 있는 것, '그'는 청자 가까이에 있는 것, '저'는 발화 장면 내에 있으면서 화자와 청자로부터 멀리 있는 것을 가리 킨다. ⑤에서 '너'는 청자를, '이것'은 화자 가까이에 있는 물건을, '저번' 은 화자와 청자가 모두 알고 있는 시간이지만 발화 시점과 멀리 떨어져 있는 지난 시간을, '그곳'은 청자 가까이에 있는 장소를 의미한다.

직시 표현은 발화 맥락에 따라 그 의미가 달라지기에 기준점이 있어야 하는데 이를 직시의 중심(deictic center)이라 한다. 가령 '왼쪽'은 누구를 기 준점으로 했는가에 따라 상대적인 개념이 된다. 레빈슨(Levinson, 1983)은 직 시의 중심을 다섯 가지로 제시한 바 있다. 직시의 중심인물은 화자이며, 중심 시간은 화자가 발화를 한 시간이다. 중심 장소는 발화를 한 시간에 화자가 위치한 곳이고 담화 중심은 발화 시 화자가 존재하는 지점이다. 사회 중심은 청자 혹은 제3자와 대응되는 화자의 사회적 지위 및 신분이 된다. 직시의 중심은 이렇게 화자 중심으로 구성된다.

⑥ (친구 집에 가면서) 내가, 지금 갈게.
⑦ (화장실에 가기 위해 잠시 자리를 비우며) 곧 올게.

그러나 직시의 중심이 화자가 아닌 다른 사람으로 이동한 경우가 있는

데 이를 직시의 투사(deictic projection)라고 한다. ⑥은 화자가 청자가 있는 곳으로 이동하면서 화자의 입장에서 이동방향을 표현한 것이다. 그런데 ⑦은 화자가 청자와 동일한 장소에 있으면서 화자가 잠시 후에 이동할 장소(화장실)에서 청자의 관점에서의 이동방향을 표현한 '오다'를 사용하였다. ⑦은 직시의 투사가 일어난 것이다. 또 다른 사례로 전화 자동 응답기의 '지금은 외출 중입니다'인데 이때 '지금'은 화자가 음성녹음을 남긴 시간이 아니라 청자가 전화를 걸었을 때의 청자의 위치에서의 시간이 된다.

4.2. 직시의 유형

직시의 유형은 인칭 직시, 시간 직시, 장소 직시, 담화 직시, 사회 직시로 구분된다. 인칭 직시(person deixis)는 발화 상황에서 대화 참여자의 역할이 언어 요소로 나타내는 것이다. 1인칭은 화자를 2인칭은 청자를 3인칭은 화자와 청자가 아닌 사람이나 물건을 가리킨다.

> ① A: 우리 밥 먹으러 가자.
> B: 미안, 난 아직 할 일이 남아서.
> A: 그럼 우리끼리 갈게. 혹 일이 빨리 끝나면 너도 와.

①의 1인칭 복수 표현인 '우리'는 화자와 청자를 지시하기도 하고 '우리끼리 갈게'에서처럼 청자를 배제한 화자와 다른 사람들을 지시하기도 한다. 그런데 우리의 겸양 표현인 '저희'는 청자도 함께 낮추는 의미가 될 수 있기에 청자를 포함하지 않는다. 1인칭 직시 표현인 '나'는 청자와의 관계에 따라 '저, 본인, 소녀' 등 선택되어 쓰인다. 또 한국어에서는 '우리 학교', '너희 학교'에서처럼 단수의 뜻을 나타내는 복수대명사가

쓰이기도 한다.

시간 직시(time deixis)는 화자가 사건이 일어난 시간을 직접 가리키는 것이다. 시간 직시 표현은 다양한 언어 형식으로 나타난다. 시간을 가리키는 부사 및 명사, 시간적 위치를 나타내 주는 '전, 후, 이번' 등과 결합된 표현, 시제 선어말 어미는 시간 직시 표현으로 사용된다. 일반적으로 시간 직시의 경우 화자의 발화시와 청자의 수신시가 같다. 그러나 예문 ②와 ③처럼 발화시와 수신시가 일치하지 않는 경우도 있다. 이러한 경우는 발화시가 언제인지 명확하지 않아 청자가 지시하는 시간을 파악하기 어렵다. 동일한 사건이라도 직시의 중심이 어디에 있느냐에 따라 시제 표현이 다를 수 있다. ④는 화자가 쓴 글의 일부이다. 화자가 A와 같이 표현할 때는 화자의 발화시에 중심을 두고 현재시제를 쓴 것이지만 B는 화자가 글을 쓰면서 청자의 수신시로 직시의 중심을 이동하여 과거시제를 쓴 것이 된다.

② [병원 안내문] 30분 후에 진료를 시작합니다.
③ [옷 가게 안내문] 내일부터 30% 할인행사를 합니다.
④ A: 나는 이 글을 파리에서 쓴다.
　 B: 나는 이 글을 파리에서 썼다.

장소 직시(spatial deixis)는 발화와 관련된 사람이나 사물의 공간적 위치를 직접 지시하는 것을 뜻한다. 한국어의 장소 직시 표현에는 이, 그, 저와 (의존)명사가 결합된 합성어, 공간이나 장소를 나타내는 명사와 부사, 이동방향을 나타내는 부사나 명사, 이동 동사 등이 있다.

⑤ (행사장 부스에서)
　 A: 여기는 사람이 많이 모였는데 거기는 어때?

B: 거기는 사람이 많구나. 여기는 아직 별로 없어.
⑥ 여기는 내 친구 이승미라고 평가원에서 근무해.
⑦ 다혜 앞에 있는 사람이 지환이야.
⑧ (식당에서 식사를 마치고 밖으로 나온 어머니와 딸의 대화)
　　A: 다혜야, 학원 끝나면 집으로 빨리 오렴.
　　B: 네, 그렇게 할게요.

　⑤에서 여기는 화자가 있는 곳이고 거기는 청자가 있는 장소이다. 따라서 화자와 청자가 A와 B 중 누구인지에 따라 가리키는 장소가 달라진다. ⑥에서 화자는 친구를 청자에게 소개하고 있는데 장소 직시 표현 '여기'를 사용하여 장소가 아닌 사람을 가리키고 있다. 이처럼 사람을 가리키는 직시 표현 '여기'는 사람의 신원을 서로 분명하게 알기 이전에 사용된다. 직시 표현 '오른쪽, 왼쪽, 앞, 뒤' 등은 화자의 시점에서 특정 방향을 지시할 때 사용되며 직시적 용법과 비직시적 용법으로 사용된다.

　⑦에서 '앞'이 화자의 발화 위치에서 앞을 의미하면 직시적 용법이 되지만 다혜의 앞을 뜻하면 고정된 의미로만 쓰이는 비직시적 용법이 된다. ⑧은 대화 참여자들이 실제로 식당 앞에 있으나 그들의 실제 위치가 아닌 규범적인 위치로 직시의 중심이 이동한 사례이다. 즉 발화위치를 도착예정지인 집으로 투사하여 이동의 방향을 지시하였다.

　담화 직시(discourse deixis)는 담화의 한 부분을 이루고 있는 언어적 표현을 직접적으로 지시하는 것을 말한다. 담화 직시는 발화 상황을 구성하는 요소가 아닌 발화 그 자체를 가리킨다. 담화 직시는 '앞, 위, 다음, 아래'와 같이 대체로 시간 직시나 장소 직시에 사용되는 직시 표현으로 실현된다. '앞'과 '위'는 선행 담화를 '다음'과 '아래'는 후행 담화를 가리킨다. 그리고 '이, 그, 저'의 경우는 선행하는 담화나 후행하는 담화를 모두 가리킬 수 있다.

⑨ 앞에서 언급한 대로, 위에서 우리는, 다음 장은, 아래 예문에서
⑩ 민아는 수호를 사랑하지 않아. 이것은 내가 장담할 수 있는 말이야.
　이것은 내가 장담할 수 있는 말이야. 민아는 수호를 사랑하지 않아.

사회 직시(social deixis)는 대화 참여자들의 사회적 지위나 관계 혹은 대화 참여자와 다른 지시 대상과의 사회적 관계를 언어 구조로 나타낸 것이다. 사회 직시 표현을 통해 화자와 청자와의 관계, 화자와 지시 대상과의 관계, 화자와 주변 배경과의 관계를 알 수 있다. 한국어의 사회 직시는 높임법과 직접적인 관계가 있다.

⑪ 할아버지, 할머니께서 아버지께 제주도에 같이 가자고 하셨습니다.

⑪에서 화자는 손주이고 청자는 할아버지이며 주체는 할머니, 객체는 아버지가 된다. 청자, 주체, 객체가 모두 화자보다 상위자이기 때문에 주체높임의 '-께서'와 '-시-', 객체높임의 '-께', 상대높임의 아주높임 하십시오체가 사용되었다.

4.3. 직시와 대용

대명사가 상황 속에서 존재하는 대상을 가리키는 경우는 직시적 용법이라 하지만 상황이 아닌 맥락 속에서 이미 언급된 사물을 다시 지시하는 것은 대용(anaphora)이라 한다.

① 그분은 영어 선생님이셔.
② 영어 선생님이 캐나다에서 오셨대. 그분은 학교에서 인기가 많아.

①의 '그분'은 발화 상황 속에서 직접 가리킬 수 있는 대상으로 직시적 용법으로 쓰인 것이다. 그러나 ②의 '그분'은 발화 상황에 존재하는 것이 아니라 선행문장 '영어 선생님이 캐나다에서 오셨대'에서 언어적 표현으로 나타난 '영어 선생님'이 가리키는 지시체다. 즉 영어 선생님과 그분은 동일한 지시 대상을 가리키는 공지시적 관계에 있다. '그분'은 언어 맥락에서 이미 언급된 것을 지시하는 대용적 용법으로 쓰였다.

대용에는 앞에서 언급한 것을 다시 가리키는 전방 대용과 뒤에 언급할 대상을 앞에서 미리 지시하는 후방 대용이 있다.

> ③ 민아는 오늘 반지를 잃어버렸다. 그것은 수호에게 받은 생일 선물이다.
> ④ 민아는 중년이 되어서도 그것을 잊지 못한다. 학창시절 벚꽃이 흐드러지게 핀 봄날 친구들과 떠났던 배낭여행을 쉽사리 잊지 못한다.

③에서 '그것'은 앞에 언급된 '반지'를 가리키고 ④의 '그것'은 뒤에 언급된 '여행'을 가리킨다.

1. 의미의 유형을 구체적인 사례를 들어 설명하시오.

2. 다음 기사를 바탕으로 '오락'과 '도박'을 성분분석하시오.

판례는 판돈과 도박한 사람의 직업과 수입 정도 그리고 함께 도박한 사람들과의 관계, 도박에 건 재물의 크기와 도박에 이르게 된 경위 등을 종합적으로 고려해 판단하고 있는데요. 세무사 등 전문직에 종사하는 사람들이 점당 500원의 고스톱을 친 경우, 판례는 도박이 아니라고 판결했는데, 재판부는 "소득수준에 비춰 점 500원의 고스톱 정도는 도박으로 볼 수 없다"며 일시적인 오락이라고 판단하였습니다. 또한, 한 달에 200만원 버는 사람이 판돈 10만원을 걸고 점당 100원짜리 고스톱을 친 경우도 사회통념상 오락으로 판단했습니다. 반면, 수입이 전혀 없거나 한 달에 30~40만원을 버는 사람이 이런 고스톱을 친 경우에 대해서는 오락행위를 넘어선 도박행위로 처벌된 사례가 있습니다.

	〔참여자의 친밀도〕	〔판돈의 액수〕	〔참여 횟수〕	〔행위의 목적〕	〔수입 정도/직업〕
오락					관계없음
도박					관계가 큼

3. 다음 예문에 제시된 '듣다'의 의미를 설명하시오.

(1) 종소리를 듣다.

(2) 부모님 말씀을 잘 듣다.

(3) 내 말을 듣는 게 좋다.

(4) 그 약은 감기에 잘 듣는다.

(5) 부탁을 들어주다.

(6) 빗방울이 지붕에 듣는다.

4. □□에 공통으로 들어갈 단어를 쓰고 다의어와 동음어의 개념을 제시하시오.

　(1) 합성세제를~ 인부를~ 한턱을~ 존댓말을~　□□

　(2) 이름을~ 소설을~ 곡을~　□□

　(3) 모자를~ 우산을~ 누명을~　□□

　(4) 커피가~ 약이~　□□

　(5) 선산에 묘를~　□□

　(6) 윷놀이에 말을 ~　□□

5. □□에 들어갈 단어를 쓰고 다의어의 의미 확장(적용의 전이)에 대해 논의하시오.

　(1) 피부가~ 밀가루가~ 말투가~ 숨소리가~ 운전이~ 성격이~ 문장이~
　　□□□

　(2) 테이프를~ 관계를~ 흐름을~ 술을~ 전기를~ 기차표를~ 전화를~
　　□□

6. 다음은 사회 환경 속에서 의미가 특수화된 사례이다. 공통으로 들어갈 단어를
적으시오.

　(1) [경제] 자금의 투자 혹은 회수　□□

　(2) [도축업] 도축 □□

　(3) [연애] 이성을 꾀는 일 □□

7. 예문을 통해 주어진 단어의 특성을 파악하고 올바른 의미를 제시하시오.

　(1) 흉내 / 시늉
　　ㄱ. 아이들은 장사꾼 (흉내, 시늉)을/를 냈다.

ㄴ. 아이들에게 공부를 하랬더니 (흉내, 시늉)만 했다.

ㄷ. 아이가 우는 (흉내, 시늉)을/를 했다.

(2) 조성 / 조장

ㄱ. 지금부터 명절 분위기가 서서히 (조성, 조장)된다.

ㄴ. 과소비를 (조성, 조장)하는 광고를 게재하지 않는다.

ㄷ. 사람들 사이에 위화감을 (조성, 조장)하여 이득을 보려고 하지 말자.

8. 다음 예문의 밑줄 친 부분에 대한 의미변화를 설명하시오.

(1) 우리 남편은 참 점잖은 양반이야.

(2) 이번 달 우리 학교의 암산왕은 누구지?

(3) 나는 어린 시절의 대부분을 할머니와 살았다.

9. 다음에 주어진 문장의 의미를 해석하시오.

(1) 아름다운 어머니와 딸이 산책을 한다.

(2) 훌륭한 대학의 학생들이 불우이웃을 돕고 있다.

(3) 모든 사람이 누군가를 사랑한다.

10. 다음 대화를 읽고 주어진 발화가 함축하는 의미를 제시하시오.

(1) (자주 새벽에 늦게 들어온 남편에게 부인이 하는 말)

부인: 또 새벽에 늦게 들어왔더군요.

남편: 응, 어제 갑자기 김 과장 아버지가 돌아가셨어.

부인: 당신 회사 사람의 아버지는 이제 다 돌아가시고 없을 텐데요. ⇒

(2) 어머니: (운전면허 시험을 보고 딸이 들어오자) 이번 시험에 합격했니?

딸: (어두운 표정으로) 제 얼굴을 보세요 ⇒

11. 다음 발화에 해당하는 발화 수반 행위의 유형을 제시하시오.

(1) 민아는 참으로 진실한 사람이야.

(2) 예배 시간에는 핸드폰을 꺼두게.

(3) 내일 꼭 과제를 도와줄게.

(4) 늦어서 죄송합니다.

(5) 본 재판관은 피고에게 무죄를 선고합니다.

12. 다음 발화를 직시의 중심과 관련하여 설명하시오.

(1) 어머니가 딸의 등교 여부를 알고 싶어 딸의 담임 선생님께 전화를 걸어 다음과 같이 말한다.

어머니: 선생님, 우리 다혜가 학교에 왔습니까?

(2) 친구에게 전화를 걸었는데 자동응답기에서 다음과 같은 음성녹음이 들린다.

지금은 부재중이니 메시지를 남겨주세요.

참고문헌

강범모(2012), "남성과 여성 발화의 어휘적 차이", 한국어학 58.

강연임(2006), "광고 문구에 나타난 '화용적 대립어'연구", 한국어 의미학 20.

강현화(2013), 한국어 어휘 교육 내용 개발 ,1, 2, 3, 4단계, 국립국어원.

고영근·구본관(2008), 우리말 문법론, 집문당.

고영근·남기심(1985), 표준국어문법론, 탑출판사.

고재설(1999), "동사 '하-'와 형용사 '하-'", 국어학 33.

구본관(2007), "한국어에 나타나는 언어적 상상력", 국어국문학 146.

구본관·박재연·이선웅·이진호·황선엽(2015), 한국어 문법 총론, 집문당.

국립국어원(2005), 외국인을 위한 한국어 문법1, 커뮤니케이션북스.

국립국어원(2010), 국제 통용 한국어 교육 표준 모형 개발.

국립국어원(2011), 국제 통용 한국어 교육 표준 모형 개발 2단계.

김경아(2001), "국어의 변별적 자질체계 연구 – 위치자질을 중심으로-", 국어학 38.

김광해(1993), 국어어휘론 개설, 집문당.

김광해(1995), 어휘연구의 실제와 응용, 집문당.

김광해(1997), 국어지식교육론, 서울대출판부.

김광해(2003), 등급별 국어교육용 어휘, 박이정.

김기혁(1996), 국어 문법 연구: 형태, 통어론, 박이정.

김기혁(2010), "타동의 자동함축과 사동과 피동", 한국어학 46.

김은혜(2011), "동사 '먹다'를 통해 살펴본 한국어 고급 학습자의 다의 관계 인식 양상", 국어교육학연구 41.

김은혜(2012), "연상을 활용한 한국어 어휘 의미 교육 연구", 인하대학교 박사논문.

김은혜(2017), 외국어로서의 한국어 어휘 교육론, 역락.

김지형(2003), 외국인 학습자를 위한 교육용 기초한자 선정,

김진해(2000), "언어의 계열 관계 연구", 국어학 35.

김진해(2007), "연어 관계의 제자리 찾기", 한국어학 37.

김진해(2010), "관용표현 연구의 새로운 쟁점", 한국어학 49.

김차균(1990), 우리말 시제와 상의 연구, 태학사.

김호정·박재현·김은성·남가영(2007), "문법 용어를 통한 문법 지식 체계 구조화 연구:음운", 국어교육학연구 28, 국어교육학회.

노은희(2000), "한국어 교육을 위한 한국어의 문형 빈도 조사". 국어교육106, 한국국어교육연구회.

문금현(2003), "한국어 어휘 교육을 위한 한자어 학습 방안", 이중언어학 23, 이중언어학회

문금현(2004), 한국어 유의어의 의미 변별과 교육 방안, 국제한국어교육학회, 65-94.

문금현(2006), "한국어 어휘 교육을 위한 다의어 학습 방안-동사 '보다'를 중심으로", 이중언어학 30, 143-177.

민현식(1999), 국어문법연구, 역락.

민현식(1999), 국어정서법 연구, 태학사.

민현식(2001), "국어 사용 능력 향상을 위한 어법 및 어휘의 수준별 교육방안 연구", 국어교육 105, 한국국어교육연구회.

박덕유 외(2011), 한국어학습자를 위한 음운교육 연구, 박문사.

박덕유 외(2012), 한국어학습자를 위한 문법교육 연구, 박문사.

박덕유(1996), "현대국어의 시간표현에서의 시제와 상에 대하여," 어문연구 91호.

박덕유(1997), 현대국어의 동사상 연구, 인하대학교 박사논문.

박덕유(1998), 국어의 동사상 연구, 한국문화사.

박덕유(1999a), "상의 본질적 의미와 동사의 자질에 대한 재고찰", 국어학 33, 국어학회.

박덕유(1999b), "학교문법에 나타난 상의 문제점과 그 해결방안 연구", 국어교육 100, 한국국어교육연구회.

박덕유(2002), 문법교육의 탐구, 한국문화사.

박덕유(2003), "현대국어의 예정상에 대한 고찰", 어문연구 119, 한국어문교육연구회.

박덕유(2005), 문법교육의 이론과 실제, 역락출판사.

박덕유(2006), 학교문법론의 이해, 역락출판사.

박덕유(2007), "효율적인 음운교육의 학습 방안 연구", 새국어교육 제77호, 한국국어교육학회.

박덕유(2007), 한국어의 상 이해, 제이앤씨.

박덕유(2009), 학교문법론의 이해(개정판), 역락.

박덕유(2010), 중세국어문법의 이론과 실제, 박문사.

박덕유(2016), 한국어학의 이해, 한국문화사.

박덕유(2017), 이해하기 쉬운 문법교육론, 역락.

박덕유(2018), 중세국어문법의 이론과 실제(개정판), 박문사.

박덕유·이옥화·송경옥(2013), 한국어문법의 이론과 실제, 박문사.

박덕유·강미영(2018), 쉽게 풀어쓴 한국어 문법, 한국문화사.

박동호(1998), "대상부류에 의한 한국어 어휘기술과 한국어 교육", 한국어 교육 9-2.

박동호(2001), "한국어 어휘기술 방법론과 어휘교육", 한국어 교육 12-2, 397-414.

박동호(2004), "한국어 문법 연습", 국외 한국어 교사 초청 교육 교재, 국립국어원.

박만규(2003), "관용표현의 범주적 정체성 확립을 위하여", 국어학 41.

박승윤(1986), "담화의 기능으로 본 국어의 주제", 언어 11-1, 한국언어학회.

박영순(1976), "국어 경어법의 사회언어학적 연구", 국어국문학, 72-73.

박영순(1998), 한국어 문법교육론, 박이정.

박영순(2009), 한국어 화용론, 박이정.

박재연(1999), "국어 양태 범주의 확립과 어미의 의미 기술", 국어학 34.

박재연(2013), "한국어 인식론적 범주와 관련한 몇 문제", 국어학 66.

박진호(2003), "관용표현의 통사론과 의미론", 국어학 41.

박진호(2007), "유형론적 관점에서 본 한국어 대명사의 체계", 국어학 50.

박진호(2011), "시제, 상, 양태", 국어학 60.

박진호(2012), "의미지도를 이용한 한국어 어휘요소와 문법요소의 의미 기술", 국어학 63..

박철우(2006), "'이다'구문의 통사구조와 {이}의 문법적 지위", 한국어학 33.

배주채(2003), 한국어의 발음, 삼경문화사.

배주채(2011), 국어음운론개설, 신구문화사.

서상규 외(1998), "외국어로서의 한국어 교육을 위한 기초 어휘 선정", 한국어 세계화 추진을 위한 기반 구축 사업 1차년도 결과보고서.

서울대학교 국어교육연구소, 한국어교육학 사전, 하우.

서정수(1984), 존대법 연구, 한신문화사.

성기철(2007), 한국어 대우법과 한국어교육, 글누림.

손지영(2006), "장이론을 활용한 외국어로서의 한국어 어휘교육", 상명대 석사논문.

송영빈(2009), "고등학교 일본어 어휘목록 선정과 활용", 한국사전학 13, 한국사전학회.

송원용(2005), "신어의 어휘부 등재 시점 연구", 국어학 46.

송원용(2010), "형태론 연구의 쟁점과 전망", 한국어학 44.

송철의(1989), 국어의 파생어형성 연구, 서울대 박사논문.

송향근(2001), "음운이론과 한국어의 발음 교육", 한국어학 50.

시정곤(1994), "X를 하다와 X하다의 상관성", 국어학 24.

신명선(2004), "유의어 변별 능력과 국어적 사고력의 관계에 대한 연구-'구분, 분류, 분석, 구별'을 중심으로", 한국어학 22, 215-243.

신명선(2007), 의미, 텍스트, 교육, 한국문화사.

신명선(2009), "텍스트 결속 기제로 작용하는 국어 명사의 특징에 대한 연구", 한국어학 42, 193-219.

신명선(2010), "어휘 선택과 표현의 효과-상하위어를 중심으로", 작문연구 10, 77-107.

신서인(2007), "한국어의 어순 변이 경향과 그 요인에 대한 연구", 국어학 50.

신지영(2000), 말소리의 이해, 한국문화사.

신지영·차재은(2004), 우리말 소리의 체계, 한국문화사.

신창순(1992), 국어정서법연구, 집문당.

신현숙(1998), "한국어 어휘 교육과 의미 사전", 한국어 교육 9-2, 국제한국어교육학회.

신현정(2000), 개념과 범주화, 아카넷.

심재기 외(2011), 국어 어휘론 개설, 지식과 교양.

심재기(1981), 국어어휘론, 집문당.

심재기(1982), 국어어휘론, 집문당.

심재기(2000), 국어어휘론 신강, 태학사.

안명철(1999), "보문의 개념과 체계", 국어학 33.

안명철(2001), "이중주어문과 구동사", 국어학 38.

안희제(2006), "본용언 형용사 '하다'의 선행성분에 대하여", 국어학 48.

양정석, 시정곤(2001), "'이다'의 문법 범주와 의미", 국어학 37.

엄정호(2011), "격의 개념과 한국어의 조사", 국어학 62.

연재훈(2012), "유형론적 관점의 한국어 관계절 연구", 국어학 63.

우인혜(1997), 우리말 피동 연구, 한국문화사.

유혜원(2009), "'이/가'와 '을/를' 교체 구문에 대한 연구", 국어학 56.

윤평현(2008), 국어의미론, 역락.

이관규(2002), 학교문법론, 월인.

이광호(2005), "연결망과 단어형성", 국어학 46.

이기연(2014), "북한이탈주민의 표준어 어휘 사용 양상과 외래어 익히기", 북한이탈주민의 언어 적응 지원을 위한 북한이탈주민 지원 교사 연수 교재, 국립국어원.

이남순(1995), "국어의 syntagm과 paradigm을 위하여", 국어학 25.

이봉원(2007), "음성학에 기반을 둔 국어 음운론의 현황과 전망", 한국어학 37.

이익섭(1992), 국어표기법연구, 서울대학교출판부.

이익섭(2000), 국어학개설, 학연사.

이익섭(2005), 한국어 문법, 서울대학교 출판문화원.

이익섭·임홍빈(1983), 국어문법론, 학연사.

이정복(2006), "국어 경어법에 대한 사회언어학적 접근", 국어학 47.

이정훈(2004), "'이다' 구문의 '-으시' 일치 현상", 국어학 43.

이주행(2011), 알기 쉬운 한국어 문법론, 역락.

이진호(2005), 국어 음운론 강의, 삼경문화사.

이진호(2006), "음운 규칙의 공시성을 바라보는 시각", 국어학 47.

이찬규(2007), "의미 형성의 기반이 되는 유연성 원리로서의 배의성", 한국어학 38, 269-306.

이찬규(2008), "인지·화용적 관점에서의 의미의 본질과 유형", 어문논집 38, 95-121.

이철수(1997), 한국어음운학, 인하대출판부.

이철수, 문무영, 박덕유(2004), 언어와 언어학, 역락출판사.

이해영(2006), "한국어 교육에서의 대우 표현 연구", 국어학 47.

이현근(1990), "개념의 원형이론에 의한 연구", 언어연구 7, 91-108.

이현근(1995), "원형이론과 개념론에 의한 어의 비교 연구", 언어연구 11, 167-181.

이홍식(1999), "명사구 보문", 국어학 34.

이훈호(2008), "의미장 접근법을 활용한 한국어 어휘 교수·학습 방안 연구", 한국외대 석사논문.

임근석(2011), "한국어 연어 연구의 전개와 쟁점에 대하여", 국어학 61.

임근석(2012), "국어 어휘소 {이다}의 분할에 대하여", 한국어학 57.

임동훈(2005), "'이다' 구문의 제시문적 성격", 국어학 45.

임동훈(2008), "한국어의 서법과 양태 체계", 한국어 의미학 26.

임동훈(2011), "한국어의 문장 유형과 용법", 국어학 60.

임지룡 외(2010), 문법 교육론, 역락.

임지룡(1992), 국어의미론, 탑출판사.

임지룡(1997), 인지의미론, 탑출판사.

임지룡(2006), "인지언어학적 관점에서 본 의미의 본질", 한국어 의미학 21.

임지룡(2007), "인지의미론 연구의 현황과 전망", 우리말 연구 21.

임지룡(2008), "한국어 의미 연구의 방향", 한글 282, 195-234.

임지룡(2009), "다의어의 판정과 의미 확장의 분류 기준", 한국어 의미학 28, 193-226.

임지룡(2010), "어휘의미론과 인지언어학", 한국어학 49, 1-35.

임지룡(2011), "국어 어휘범주의 기본층위 탐색 및 의미 특성 연구", 담화와 인지 18-1, 153-182.

임홍빈(1998), 국어 문법의 심층 Ⅰ, Ⅱ, Ⅲ, 태학사.

전혜영(2012), "구어 담화에 나타나는 'X는 X다' 표현의 화용 양상", 국어학 64.

정희자(1994), "시제와 상의 화용상 선택조건", 애산학보 15.

조명원·나익주(1997)역, 인지언어학이란 무엇인가, 한국문화사.

조현용(2000), 어휘 중심 한국어 교육방법 연구, 경희대 박사논문.

채현식(2013), "어휘부란 무엇인가", 국어학 66.

최상진(2006), "21세기 현대사회와 한자", 한자 교수 학습 방법의 이론과 실제, 한국어문회.

최형강(2009), "'형성소'와 '어근' 개념의 재고를 통한 '어근 분리 현상'의 해석", 국어학 56.

최형용(2000), "단어 형성과 직접 성분 분석", 국어학 36.

한정한(2013), "한국어 교육에서의 어휘와 문법- 조사와 어미 선정 과정을 중심으로", 한국어학 57.

홍종선 외(2003), 한국어 문법론의 연구 현황과 과제, 박이정.

홍종선 외(2015), 쉽게 읽는 한국어학의 이해, 한국문화사.

황화상(2010), "단어형성 기제로서의 규칙에 대하여", 국어학 58.

Austin, J. L.(1962), How To Do Things With Words, Oxford: Clarendon Press. 김영진 옮김(1992), 말과 행위, 서광사.

Bloomfield, L. (1933), Language, New York, Holt, Rinehart & Winston.

Brown, G., & Yule(1983), Discourse Analysis, Cambridge, Cambridge University Press.

Chomsky, N.(1957), Syntactic Structures, Hague:Mouton.

Chomsky, N.(1965), Aspects of the Theory of Syntax, Mass:The MIT Press.

Chomsky, N.(1981), Lectures on Government and Binding, Dordrecht:Foris.

Chomsky, N.(1995), The Minimalist Program, Mass:MIT Press.

Clark, E.(1993), The Lexieon in Acquisition, Cambridge.

Comrie, B.(1976), Aspect, Cambridge Univ. Press.

George Lakoff(1987), Women, Fire, and Dangerous Things: What Categories Reveal about the Mind, The University of Chicago. 이기우 옮김(1994), 인지 의미론: 언어에서 본 인간의 마음, 한국문화사.

George Yule(1985), The study of language, cambridge University Press.

Grice, H. P.(1975), Logic and Conversation, In D. Davidson & G. Harman. eds.(1975), The Logic of Grammar, Encino, CA: Dickenson Pub.

Halliday, M. A. K.(1973), Explorations in the Functions of Language, London: Edward Arnold.

Halliday, M. A. K. & Hasan, R.(1976), Cohesion in English, London, Longman.

Harris, Z.(1952), Discourse Analysis, Language 28.

Hockett, C. F.(1954), Two Models of Grammatical Description, Word 10.

Hymes, D.(1964), Language in Culture and Society, New York, Harper & Row.

Jespersen, O.(1924), The Philosophy of Grammar, London, George Allen & Unwin Ltd.

Kate K.(2000), Semantics, Macmillan Press. 이영헌 · 유재근 옮김(2003), 의미론의 신경향, 한국문화사.

Labov, W.(1973), The boundaries of Words and Their Meaning, In Bailey, C. J. and Shuy, R. W.(eds), New Ways of Analysing Variation in English, Georgetown University Press.

Lakoff, G.(1987), Women, Fire, and Dangerous Things: What Categories Reveal About the Mind, University of Chicago Press.

Langacker, R. W.(1987), Foundations of Cognitive Grammar, Stanford University.

Leech, G. N.((1981), Semantics, Penguin Books.

Leech, G. N.(1974), Semantics, Harmondsworth: Penguin.

Levinson, S. C.(1983), Pragmatics, Cambridge: Cambridge University Press. 이익환·권경원 공역(1992), 화용론, 한신문화사.

Michael Halliday(1973), The functional basic of language. In B. Bernstein(ed.), Class, Codes and Control, Vol Ⅱ, Routledge and Kegan Paul. 343-366.

Murphy, M. L(2003), Semantic Relations and the Lexicon, Cambridge University Press. 임지룡 · 윤희수 옮김(2008), 의미 관계와 어휘사전, 박이정.

Nida, E.A. & Taber, C.,(1969), The Theory and Practice of Translation, Brill: Leiden.

Nida, E.A.(1949). Morpholgy: The descriptive analysis of words, Univ. of Michigan Publication.

Ogden C. K. & Richards, I. A.(1923), The Meaning of meaning 10th ed. London: Routledge & Kegan Paul.

Palmer, F.R.(1976), Semantics: A New Outline, Cambridge University Press.

Pinker, S.(1994), The Language Instinct, Penguin Books.

Richards, I. A. & Ogden, C. K.(1959), The meaning of meaning, Brace.

Ronald Carter(1998), Vocabulary: Applied Linguistic Perspectives, 원명옥 역(1998), 어휘론의 이론과 응용, 한국문화사.

Sampson, G. (1985), Writing Systems : A Linguistic Introduction, Stanford University Press.

Sapir, Edward(1921). Language: An Introduction to the Study of Speech, New York: Harcourt Brace Jovanovich.

Saussure, Ferdinand(1916), Course de linguistique generale, Paris:Payot.

Sebastian Löbner(2002), Understanding Semantics, The Oxford University Press., 임지룡 · 김동환 옮김(2010), 의미론의 이해, 한국문화사.

Singleton, D.(2000), Language and the Lexicon-An introduction, London: Arnold, 배주채 옮김(2008), 언어의 중심 어휘, 삼경문화사.

Sturtevant, Edgar H.(1947), An Introduction to Linguistic Science, New Haven, Yale University Press.

Taylor, J.(1995), Linguistic Categorization, Oxford University Press. 조명원 · 나익주 옮김(1997), 인지언어학이란 무엇인가-언어학과 원형이론, 한국문화사.

Ulman, Stephen(1951), The Principles of Semantics: A Linguistic Approach of meaning, Glasgow, Jackson, Oxford, Blackwell.

Ulman, Stephen(1962), Semantics: An Introduction to the Science of Meaning, Oxford: Basil Blackwell.

Vachek, J. (1973), Written Language : General Problems and Problems of English, The Hague, Mouton.

Van Dijk, T. A.(1977a) Connectives in Text Grammar and Text Logic, Grammars and Descriptions, eds. by van Dijk & Petofi, Berlin, Water de Gruyter.

Van Dijk, T. A.(1977b), Text and Context, London, Longman.

Vygotsky, L.(1962), Thought and Language, Mass:The MIT Press.

Wittgenstein, L.(1956), Philosophische Untersuchungen, Suhrkamp. 이영철 역(1994), 『철학적 탐구』, 서광사.

박덕유

인하대학교 국어교육과 교수

저서 『국어의 동사상 연구』(1998), 『문법교육의 탐구』(2002), 『문법교육의 이론과 실제』(2005), 『학교문법론의 이해』(2006,2009), 『한국어의 상 이해』(2007), 『중세국어문법의 이론과 실제』(2010, 2018), 『한국어문법의 이론과 실제』(2013), 『한국어학의 이해』(2016), 『이해하기 쉬운 문법교육론』(2017), 『쉽게 풀어쓴 한국어 문법』(2018)

김은혜

인하대학교 교육대학원 강의교수, 교육학 박사
인하대학교 국어교육과 외국어로서의 한국어교육 전공 강의
인천광역시 평생학습관 학점은행제 <외국어로서의 한국어학> 전공 강의

저서 『국어교육의 전략과 탐색』(공저, 2010), 『한국어학습자를 위한 문법 교육 연구』(공저, 2012) 『외국어로서의 한국어 어휘 교육론』(2017), 『학습자 모어 특성에 따른 한국어 교수법』(공저, 2017)

외국어로서의 한국어학

초판 1쇄 인쇄 2019년 8월 22일
초판 1쇄 발행 2019년 8월 30일

저　자 박덕유·김은혜
펴낸이 이대현
편　집 홍혜정
표　지 안혜진

펴낸곳 도서출판 역락
주　소 서울시 서초구 동광로 46길 6-6 문창빌딩 2층
전　화 02-3409-2058, 2060
팩　스 02-3409-2059
등　록 1999년 4월 19일 제303-2002-000014호
이메일 youkrack@hanmail.net
홈페이지 www.youkrackbooks.com

ISBN 979-11-6244-424-5 93710

이 저서는 2018년도 인하대학교 교내연구비 지원에 의하여 발간되었음.